国家自然科学基金项目（71762014）资助

# 高质量经济发展视角下的营商环境改善与公司财务决策

罗劲博 著

中国财经出版传媒集团
中国财政经济出版社

图书在版编目（CIP）数据

高质量经济发展视角下的营商环境改善与公司财务决策／罗劲博著．－－北京：中国财政经济出版社，2021.9

ISBN 978－7－5223－0622－3

Ⅰ.①高… Ⅱ.①罗… Ⅲ.①投资环境－影响－企业管理－财务决策－研究－中国 Ⅳ.①F279.23

中国版本图书馆 CIP 数据核字（2021）第 121384 号

责任编辑：彭　波　　　　　责任印制：史大鹏
封面设计：卜建辰　　　　　责任校对：徐艳丽

中国财政经济出版社 出版

URL：http：//www.cfeph.cn

E－mail：cfeph@cfeph.cn

（版权所有　翻印必究）

社址：北京市海淀区阜成路甲 28 号　邮政编码：100142
营销中心电话：010－88191522
天猫网店：中国财政经济出版社旗舰店
网址：https：//zgczjjcbs.tmall.com
北京财经印刷厂印刷　各地新华书店经销
成品尺寸：170mm×240mm　16 开　16.25 印张　256 000 字
2021 年 9 月第 1 版　2021 年 9 月北京第 1 次印刷
定价：68.00 元
ISBN 978－7－5223－0622－3
（图书出现印装问题，本社负责调换，电话：010－88190548）
本社质量投诉电话：010－88190744
打击盗版举报热线：010－88191661　QQ：2242791300

# 前　言

经过 40 余年的高速发展，追求高质量的发展成为中国经济发展的新战略，经济高质量发展的战略思维凝聚了发展的真谛。经济发展史表明，经济可持续发展建立在有效、有质、稳中求进的基础上，当前世界已经进入以信息产业为主导的新时期，中国经济发展正处于转变发展方式、优化经济结构、转换增长动力的关口，跨越这个关口必须着眼长远，突出重点，抓住关键，只有积极推动经济高质量发展，大力进行质量变革、效率变革、动力变革，才能全面增强国家实力，才能为建成社会主义现代化强国奠定雄厚基础，并增强人民群众的幸福感。

但与此同时我国经济发展也出现了诸多现实问题，如资源浪费严重、生态环境破坏、能源消耗高、结构失衡等问题，面临着发展难题。长期以来，一直是发达国家来主导全球经济发展大势，我国不仅中高端产业链遭受发达国家打压，就连中低端产业链也受到发展中国家的把持，因而只有加快中国经济发展转型，坚持新发展理念的引领，逐渐实现由高速度到高质量发展，才能使我国经济逐步迈向全球链高端。如今世界经济发展进入转型期，在数字化时代的全面到来以及技术革命兴起的背景下，全球竞争力日益激烈，西方国家贸易保护主义抬头、国际贸易规则不断演化、世界科技发展酝酿着突破、新一轮产业革命和技术革命兴起的背景下，世界格局和治理模式正在进行深度调整，发达国家开始"再工业化"，由于此背景的影响，我国长期以来追求的"GDP 至上"的旧的发展思路必须进行刮骨疗伤式的转变，传统的以追求高速度的数量型粗放经济的发展模式已经走到了尽头，因此，推动经济高质量发展是中国经济由大到强、更好应对国际挑战、紧抓新一轮科技革命机遇的重大决策。

要实现经济的高质量发展目标，必须对所有市场主体创造公平、公正与透明的营商环境，最大限度地调动不同产权性质主体企业的干事创业和敢打敢拼的创新和创业的内在动力，而在其中，营商环境是非常重要的因素。事实上，党中央对营商环境越来越重视，中央财经领导小组多次在重要会议上表示：营商环境对于改善投资环境，营造公平稳定的市场环境至关重要，营商环境是否公平、是否透明直接影响了中国市场运行的效率，从而影响着中国经济发展的步伐。建立法治化、国际化、便利化的营商环境有利于企业的创新发展。因此，研究营商环境与企业创新的关系对于现阶段的企业转型具有重要的理论价值。中国转型期由于区域文化、经济发展和改革步伐等不同，各城市营商环境制度逻辑演化的进程存在差异（杜运周等，2020），转型期政府逻辑与市场逻辑共同存在（Marquis and Raynard，2015；Peng，2003；Rao et al.，2019），形成了彼此竞争和互补的复杂制度环境。在这种环境背景下，政府在与企业的关系中扮演着3类角色——"看不见的手""帮助之手"和"掠夺之手"（Frye and Shleifer，1997）。换言之，为了实现微观企业的高质量发展目标，需要在营造优质营商环境中规范政府和企业的行为，为所有企业创造公平和公正的竞争环境，正是基于以上时代背景和现实问题的综合考虑。本书将对以下几个方面的问题进行研究。

首先，基于制度环境的视角，针对企业的盈余质量问题，结合公司代理问题，分析了高管的在职消费如何影响企业的盈余质量，同时分析了在不同产权性质的企业内部和不同的市场化水平下，该影响的具体差异为何。此外，基于我国地市级市委书记的变更而带来的政策不确定性视角，研究了上市公司所在地的市委书记变更而引起的政策不确定性与企业代理成本之间的关系，并进一步研究企业的产权性质、变更官员的籍贯、企业的市场化水平等外部条件对两者关系的影响。此外，劳动保护法等法律也是一个不容忽视的外部环境。本书也检验了《劳动合同法》实施对公司业绩薪酬敏感性的影响，进一步分析了其对公司高管与员工的业绩薪酬敏感性的影响及其差异，同时研究了该影响在不同劳动密集型公司间的差异。

其次，本书以很多上市公司高管在各种类型的行业协会类组织兼任额外职务为具体研究现象，一方面，以高管的"红顶商人"身份为研究对象，分析了高管的"红顶商人"身份对公司商业信用资源的影响，具体研究了市场竞争程度和宏观经济环境等两个外部因素的调节作用。并在考虑国有企业与民营企业间的差异后，分析了该影响差异的具体内容和作用机制。另一方面，由于行业协会是国家与社会、企业的利益互动平台，并且也是企业构建社会网络的一个渠道，本书以2006~2014年A股上市公司为研究样本，研究公司的核心高管在行业协会任职是否会带来一定的过度投资，分析政府干预是否是两者关系的一种新的影响机制？并研究市场竞争和媒体报道两个外部治理机制对两者关系的影响。此外，本书继续以我国A股市场2004~2016年的上市公司数据为研究样本，分析上市公司的董监高等高管在行业协会任职的数据，分析了高管的行业协会任职对企业并购决策的影响。

最后，营商环境也会对公司治理与公司的财务决策带来显著的影响。其中高管的过度自信既是高管的一类个体特征，也是公司治理结果的具体表现，本书也分析研究了管理者过度自信对会计稳健性的影响，并分析了会计稳健性在管理者过度自信与公司业绩之间的调节效应，以及此调节效应在盈利或亏损企业间的差异。进一步，高质量发展特别强调绿色共享的新理念，本书继续利用2006~2014年上市公司财务数据，应用了双倍差分法研究"PM2.5爆表"后政府的环境监管对上市公司中重污染企业的投资支出和投资机会敏感度等投资行为的影响，并分析了其在国企与民企、东部企业与西部企业，以及重污染行业内部企业间的差异，进一步研究了环保监管政策实施的动态效应。

本书的系列研究的理论和现实意义也特别明显，首先，有助于落实在追求高质量发展目标下，上市的财务决策在贯彻和落实新发展理念时，如何充分在提高营商环境质量的背景下，为实现个体企业的经济利润目标而保驾护航，本书将从企业内部和外部多个角度探究营商环境影响因素对企业财务决策及其关联的公司治理的影响。总之，本书的某些思想观点及分析具有一定的创新性，有助于为推动构建中国经济高质量发展理论体系做出贡献，同时本书也丰富了公司财务和公司治理领域中营商环境对公司财务决策问题影响的文献，并提供必要的理论和经验证据，此外，法律作一个重要的正式制度，也需要在依法治国的理念支持下，发挥法律的重要作用。随着我国人口红利开始逐渐衰减，当劳动力市场总体供求关系出现质的变化，使过去供大于求的劳动力结构变为结构性供需不平衡时，一项劳动保护政策、制度和法律的出台务必要结合公司劳资双方的利益博弈现实，并加强宏观政策和微观企业决策的效果的深度融合。因此，劳动保护的落实需要结合企业的雇用现状，并权衡劳资双方在其中的博弈问题，而不是仅局限于单纯的法律条文的字面解释。

其次，本书的研究具有较强的现实意义，本书的结论表明，在新发展理念的影响下，地方官员、企业的产权、高管的社会关联和社会网络、企业所在地的空气质量等都是重要的营商环境要素，而在其中，很多问题与地方官员扭曲的"政绩观"有紧密的联系，为了降低和减少其对企业经营的冲击和干扰，从而真正提高实体企业的经济质量，特别需要规范官员的考核机制和思路，本书的研究则为其提供了一定的借鉴。本书中高管的协会任职而所具有的资源优势，也为解决当下大量民营企业面临的"融资难""融资贵"的问题，提供了一定的借鉴，并为政策制定部门提供必要的启示。进一步地，本书从雾霾对企业投资影响的视角为未来重污染企业的环境管制以及降低"PM2.5爆表"事件的发生频率，提供了经验证据和政策制定的参考。而针对当前我国的忽悠式并购、虚假并购、跨界并购等并购乱象的多发态势，及其导致的监管机构面临较大监管压力的现实情况。本书的研究可能有助于监管部门优化和创新并购重组监管的思路和方法。此外，在职消费对公司业绩影响研究的基础上，探索性地研究了在职消费对公司盈余质量的影响，丰富和深化了在职消费对盈余质量影响的路径和机理，提高了对公司治理实践中在职消费所发挥作用的认识，并提供了经验证据。

著　者
2021 年 3 月

# 目　　录

第一章　导论 ………………………………………………………………… 1

第二章　研究概念与理论框架的构建 …………………………………… 4
 第一节　基本概念 ………………………………………………………… 4
 第二节　研究思路及框架 ………………………………………………… 6

第三章　制度环境、在职消费与盈余质量——基于 A 股上市公司的
   经验数据 ……………………………………………………………… 8
 第一节　研究问题的提出 ………………………………………………… 8
 第二节　文献回顾、制度背景及假设的提出 …………………………… 9
 第三节　研究设计 ………………………………………………………… 14
 第四节　实证结果 ………………………………………………………… 17
 第五节　结论与启示 ……………………………………………………… 25

第四章　政策不确定性与公司代理成本——基于市委书记变更的经验
   证据 …………………………………………………………………… 27
 第一节　引言 ……………………………………………………………… 27
 第二节　文献回顾 ………………………………………………………… 29
 第三节　理论分析与研究假设 …………………………………………… 32
 第四节　研究设计 ………………………………………………………… 39
 第五节　实证结果 ………………………………………………………… 42
 第六节　结论与启示 ……………………………………………………… 61

## 第五章 劳动保护：保护员工还是优待高管——基于业绩薪酬敏感性视角 ………… 63

第一节 前言 ………… 63
第二节 文献回顾与研究假设 ………… 65
第三节 研究设计 ………… 73
第四节 数据来源与描述性统计 ………… 76
第五节 实证结果 ………… 78
第六节 结论与启示 ………… 85

## 第六章 高管的"红顶商人"身份与公司商业信用 ………… 87

第一节 引言 ………… 87
第二节 文献回顾与假设的提出 ………… 89
第三节 研究设计 ………… 95
第四节 实证结果 ………… 98
第五节 结论与启示 ………… 110

## 第七章 "资源获取"还是"人情偿还"——高管的"行业协会"任职与过度投资 ………… 112

第一节 前言 ………… 112
第二节 文献回顾 ………… 114
第三节 制度背景与假说的提出 ………… 118
第四节 研究设计 ………… 125
第五节 实证结果分析及讨论 ………… 129
第六节 研究结论及启示 ………… 142

## 第八章 制度壁垒能否"穿越"——企业高管的"行业协会"任职与并购决策 ………… 144

第一节 引言 ………… 144
第二节 制度背景、理论分析与研究假设 ………… 146

# 目 录

第三节 研究设计 ………………………………………………… 151
第四节 实证结果 ………………………………………………… 157
第五节 研究结论 ………………………………………………… 172

## 第九章 管理者的过度自信影响公司的业绩吗——基于会计稳健性视角的经验证据 ………………………………………………… 174

第一节 引言 ……………………………………………………… 174
第二节 文献回顾 ………………………………………………… 175
第三节 理论分析与假设的提出 ………………………………… 176
第四节 研究设计 ………………………………………………… 179
第五节 实证结果分析 …………………………………………… 181
第六节 结论及启示 ……………………………………………… 187

## 第十章 雾霾影响企业的投资行为吗——基于"PM2.5爆表"的自然实验 ………………………………………………………… 188

第一节 引言 ……………………………………………………… 188
第二节 文献回顾与假设的提出 ………………………………… 190
第三节 研究设计 ………………………………………………… 196
第四节 实证检验 ………………………………………………… 200
第五节 进一步的分析 …………………………………………… 207
第六节 稳健性检验 ……………………………………………… 214
第七节 结论及启示 ……………………………………………… 215

## 第十一章 结论及展望 ………………………………………… 217

第一节 研究总结 ………………………………………………… 217
第二节 展望 ……………………………………………………… 219

## 参考文献 ………………………………………………………… 221

# 第一章

# 导　　论

## 一、研究背景

改革开放以来，中国经济迅速发展，人均GDP从1978年的156.4美元增长到2010年的4560.5美元，GDP增长率平均为9.9%，成为世界第二大经济体。2012年中国经济速度告别9%以上的高速增长，放缓至7.8%，标志着中国经济发展进入新阶段，呈现出中高速发展、结构优化、动力转换等新特征。经过持续努力和不断赶超，中国从低收入国家迈向中等收入国家，工农业生产力发展水平大幅提高，220多种主要工农业产品生产能力位居世界第一，供给由过去生产不足的状态转变为现在的过剩。中国无论是在产品的生产数量还是增长速度方面都备受瞩目，然而这种依靠传统要素驱动和投资拉动所取得的成就是不可持续的。

经济发展阶段由过去的高速增长过渡到现今的高质量发展，是对中国特色社会主义进入新的历史方位以及经济发展新变化所做出的重大论断，是突破中国经济发展"瓶颈"的现实抉择，也是破解新时代中国社会主要矛盾的最佳选择。2017年10月18日，习近平总书记在党的十九大报告首次提出："我国经济已由高速增长阶段转向高质量发展阶段。"高质量发展阶段的提出，是对现阶段所处经济发展形势的规律总结，意味着我国经济基本实现了量的积累、速度的追赶，继续速度粗放型发展已经不适应现阶段经济发展，同时发展不够均衡、不够协调、不够充分的问题突出，发展不够均衡就是经济发展质量低的表现，发展不协调就是低质量发展的表现，这不利于中国经济长期、可持续发展。因此，必须告别高速增长的阶段，打破低质量发展，转向追求高质量的发展，使提质增效成为经济发展的重心。在2017年12月18日至20日举行的中央工作会议上，习近平总书记强调："中国特色社会主义进入了新时代，我国经济发展也进入了新时代，基本特征就是我国经济已由高速增长阶段转向高质量发展阶段。推动高质量发展，是保持经济持续健康发展的必然要求，是适应我国社会主要矛盾变化和全面建成小康社会、全面建设社会主义现代化国家的必然要求，是遵循经济规律发展的必然要求。"在2018年国务院政府工作报告中再次强调了要"推动高质量发展"。可见，高质量发展是顺应经济发展新形势的迫切要求，因而必须坚持推动经济的高质量发展，坚持质量第一、效率优先的原则，以创新发展、以供给侧结构为主线，提高全要素生产率，着力加快建设新的产业体系，不断增强我国经济创新力和竞争力，真正实现高质量发展目标。

微观经济的高质量发展，是整个经济高质量发展的微观基础。微观经济发展的质量高低，主要取决于产品质量、市场效率、企业发展、创新驱动这四个方面的水平。构建经济高质量发展的评价指标体系，首先要构建微观经济的高质量发展评价指标体系。企业是经济的微观组成部分，企业的发展离不开整体的经济大环境，而营商环境就是这样的大环境，营商环境的公平与否以及是否透明，关系着企业的生存和发展，好的营商环境可以为企业的发展提供良好的外部环境。因此建立公平透明的营商环境对企业的发展非常重要。在经济高质量发展的大背景下，近年来，党中央、国务院对于营商环境的建设高度重视，各级政府积极响应党中央、国务院的号召，把提升地区的营商环境作为政府工作的重要内容。因为营商环境是一个综合指标，营商环境是否公平、透明，间接地反映了一个地区的政府治理能力，同时良好的营商环境可以吸引优秀的人才和企业落户当地，提升当地的整体竞争力。本书基于此背景，按照"外部制度环境—资本市场—企业内部治理"的逻辑框架，将分别从空气质量、官员变更、企业产权、高管的社会网络、公司代理、高管的个体特征等多个维度，围绕高质量发展与营商环境优化交融的主线展开研究，具体分析在两者的综合因素影响下，公司的投资决策、融资决策、公司治理质量和盈余质量等方面有何具体的表现。

## 二、研究的意义和价值

理论意义：在经济高质量发展背景下，如何优化和提高企业的营商环境对公司财务决策的影响，将是一个全新而又重要的课题。目前，从国内外的文献来看，这方面的研究比较匮乏，而系统性研究则更为稀缺，即使有个别论文间接涉及了这个问题，但也存在着明显的不深入、不具体等问题。本书正是针对上市公司的财务决策问题，分析在我国经济发展阶段全面转向高质量发展的阶段下，如何通过优化企业营商环境而为企业创造更加公平、公正而又透明的信息环境，缓解企业的融资约束等。本书通过深度研究，弥补了国内外文献在此方面研究的不足，对国家大力发展民营经济具有一定的指导意义。此外，绿色共享等新发展理念如何体现在上市公司的相关研究中，如日益严重的雾霾如何影响上市企业的投资等，此类文献也不多，本书也试图在这方面进行必要的突破和探索。

现实意义：一方面，中国经济进入高质量发展新时代，深入研究中国经济高质量发展问题，特别是高质量发展方略与制度建设问题，是全面推进我国社会主义现代化经济强国建设的迫切需要。我国正处于由传统经济体制向现代市场经济体制转型的关键阶段，比较完善的社会主义市场经济体制正在逐步形成。如何将新发展理念落实到上市公司的财务决策实践中，并通过优化营商环境而将高质量发展的具体目标体现在企业的实践工作中，为上市公司的监管和配套政策的出台而提供参考，本书将为这些问题的解决提供现实的指南和借鉴。另一方面，在高质量发展的总体战略部署具体的落实中，可能由于企业的实际、各地营商环境存在显著的差异等原因的影响，会存在许多的问题，本书不但会揭示企业的财务决策实施中所面临的制度性、机制性等方面的问题，而且也会针对具体的情况给出解决问题的思路和方向，因而本书的研究现实意义和价值比较突出和明显。

# 第二章

# 研究概念与理论框架的构建

## 第一节 基本概念

### 一、高质量发展的定义

"高质量发展,就是能够很好地满足人民日益增长的美好生活需要,全面体现和落实创新、协调、绿色、开放、共享的发展理念,并使产品服务质量得到普遍提升、社会经济效益更加优良。"高质量发展以新发展理念为指导,是顺应社会主要矛盾变化,人民美好生活需要得到满足的发展,囊括经济领域、社会领域、生态领域等多方面,不仅包括经济领域的高质量发展,也包括社会、文化、生态、国家治理等领域的高质量发展,高质量发展既强调提质增效,又重视变革。概而言之,高质量发展是全方位的变革,不仅是经济方面的质量、效率、动力变革,更是各领域各行业质量、效率的提升和结构的优化,朝着更加合理、科学的方向迈进,高质量发展的最终目的是满足人民美好生活的需要(王晓慧,2019)。而具体到微观企业层面,经济高质量发展是活力更强、效率更高、效益更好的发展,是产品质量、市场、企业和创新进阶至更高水平。

### 二、营商环境的内涵

"营商环境"词语最早来源于国际金融公司(IFC)成立的"Doing Business"项目调查小组（2002），"Doing Business"被很多学者译为"营商环境"，2003年以后，营商环境一词此后被广泛使用，世界银行发布了《营商环境报告》，这被认为是研究营商环境的起点。在营商环境之前大家普遍关注的是投资环境，20世纪80年代，中国改革开放初期，政府重视外资的引进，把建设好的投资环境作为吸引外商投资的重要内容。这里的投资环境既包括投资的软环境也包括投资的硬环境，软环境包括当地的人才资源以及政府的治理水平，硬环境是指一个地区的基础设施水平以及资源状况。同时，硬环境还包括一个地区的地理位置，以及一些自然资源，如矿产资源，还有一些配套的基础设施。

一般来说，营商环境被分为三类：一是要素环境。要素环境是指企业从事生产经营活动所需各种生产要素供给情况以及成本情况，要素主要包括水电气、能源、劳动力、土地、资金等。二是软环境。软环境是指企业注册、产权登记、税负水平、行政执法、公平竞争等指标，反映开办企业、产权登记的便利性、企业税费负担、政府行政执法公平公正以及企业之间竞争合理有序等。三是社会环境。主要是医疗、卫生、教育等配套服务情况，空气、水等自然环境等，主要反映当地政府社会管理和社会服务情况。

### 三、财务决策的定义及内容

按照最一般的企业背景，财务决策是对企业的财务方案、财务政策进行选择和确定的过程。财务决策与财务管理的框架是紧密联系的。按照财务决策的内容划分，它包含企业营运资本决策、企业投资决策和企业融资决策三个部分，其中的每个部分都涉及多项具体的决策内容，针对上市公司而言，股利分配、投资决策、融资决策是企业重要的三大财务决策，关系到企业的生存与发展。

新古典经济学是西方财务理论的基石，以经济学理论框架构建和诠释公司的财务行为已成为早期研究的一种范式。在"理性经济人"的假设前提下，财务行为主体会依据成本效益原则，做出效用最大化的最优财务决策。但随着20世纪70年代，"信息不对称""逆向选择""信号理论"等信息经济学概念以及"道德风险""委托代理"等代理理论概念的引入，使人们逐渐认识到新古典经济学的"贫困化"。大量的经验数据也证实，公司的财务决策常常会偏离最优目标，财务管理需要与公司治理相融合。

## 第二节　研究思路及框架

### 一、研究思路

为了更好地保证经济高质量发展的目标在上市公司中得到落实，应该应用新发展理念统领微观经济高质量发展。注重投入和产出的质量和效益；善于激发微观主体活力，注重市场配置资源的决定性作用；引导形成绿色生产和生活方式，促进人与自然和谐共生（张丽伟，2019）。进一步地，这些目标的实现必然会体现在企业的经营活动目标的实现中，最重要的是企业的财务决策，企业作为以追求利润最大化为其终极目标，所有的经营行为必然与财务决策行为有必然的且无法切割的联系，所以落实和完成高质量发展目标应该要体现在企业的财务决策中，否则这一发展战略会成为空谈。

在当前全球和我国各个省区市，以及同行业的企业之间的市场竞争程度已经呈现出焦灼化状态，不可否认，企业的经营目标实现的核心动力和主要责任必须靠自己对行业前景、产品定位和技术创新来实现，但企业外部的营商环境和内部的治理环境也是非常重要的因素，良好的营商环境可以给当地带来吸引力和创造力，从而提升当地的生产力，公平稳定的营商环境可以促进当地经济的发展。企业是经济的微观组成部分，企业的发展离不开整体的经济大环境，而营商环境就是这样的大环境，营商环境的公平与否以及是否透明，关系着企业的生存和发展，好的营商环境可以为企业的发展提供良好的外部环境，所以建立公平透明的营商环境对企业的发展非常重要。如政府对企业的干预、不同产权性质企业的平等对待、政府的治理水平、企业的市场化水平、劳动者权益的法律保护，以及所在地的空气质量等很关键，同时这些营商环境还会影响公司内部的治理环境，而这些因素必然会进一步影响企业的财务决策，正是基于以上逻辑分析，本书按照"自然环境—外部制度环境—企业内部环境"的纵向顺序，并与企业的"融资—公司治理—盈余质量—投资"的横向顺序等进行交叉进行研究，从而基于经济高质量发展的视角，挖掘营商环境对企业财务决策影响的丰富内涵。

## 二、样本研究的逻辑和框架

基于以上思路的介绍，本书将按照图2-1的思路和逻辑框架，基于我国的高质量经济发展的逻辑框架，并结合公司治理和公司金融的主流理论和观点。首先，分析企业的外部制度环境，结合高管的在职消费水平而分析其对会计盈余质量的影响，然后考虑到地方官员变更所带来的政策不确定性，考察其对公司代理成本的影响，以及相关的作用机制，接着分析了我国2008年的《劳动保护法》的实施对企业的业绩薪酬敏感性的影响。其次，基于企业内部治理视角，一方面从高管的社会网络出发，分析上市公司高管在行业协会任职对企业的商业信用的获取，以及对企业过度投资的影响；另一方面也探讨高管的行业协会任职对企业并购决策的影响及其具体表现，进一步研究了高管的过度自信等个体特征对会计稳健性的影响。再次，研究企业所在地的雾霾对企业投资的影响，并综合考虑企业的产权性质、企业的层级和市场化水平在其中的调节作用。最后是本书的研究结论和启示。

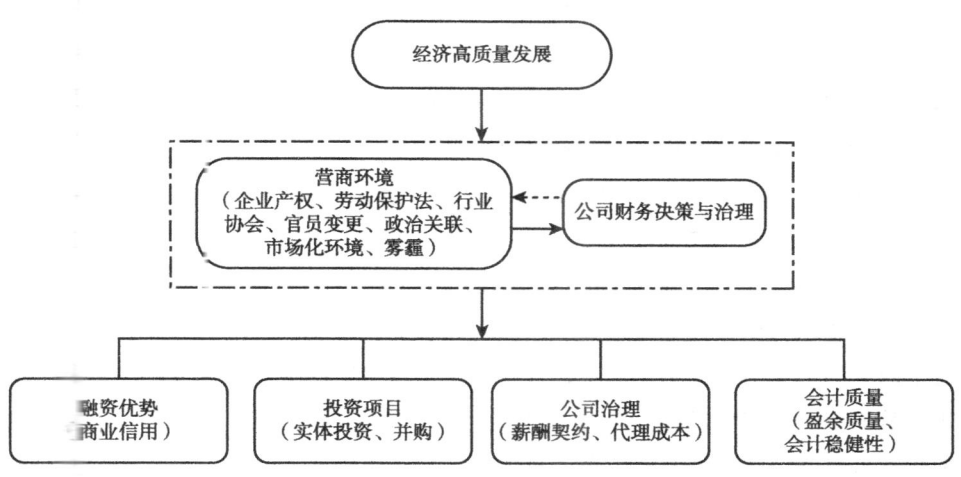

图2-1 研究的逻辑框架和结构

# 第三章

# 制度环境、在职消费与盈余质量——基于A股上市公司的经验数据

## 第一节

### 研究问题的提出

2011年4月,中石化的天价名片、天价茅台、天价灯等事件相继被曝光,同年4月28日,中石化云南分公司领导班子两年挪用640万元党员经费发年终奖被揭发;接着安徽省电力公司(国家电网安徽分公司)近年来以"车改"之名,为全系统约300名副处级以上干部配备公务自驾车被新华社报道,这些事件的连续披露使"在职消费"成为社会公众关注的焦点。为了有效遏制高频率的天价在职消费的发生,2012年财政部会同监察部、审计署和国务院国资委联合发布《国有企业负责人职务消费监督管理暂行办法》,明确规范国企负责人职务消费行为的"12条禁令";2012年12月7日,中央政治局通过了"厉行勤俭节约,严格遵守廉洁从政有关规定,严格执行住房、车辆配备等有关工作和生活待遇的规定"等"八项规定",再一次使在职消费成为全社会的"敏感话题"。对于政府公务人员而言,过度的在职消费既造成了社会财富的巨大浪费,又严重损害了政府的形象;对于企业而言,过度在职消费会增加企业的成本费用支出的负担,从而影响公司的经营业绩这一显性指标,而现有研究很少从盈余质量这一隐形指标入手研究在职消费对盈余质量的影响和作用机理,因此,研究在职消费如何影响盈余质量既具有很大的理论价值,也具有重要的实践指导意义。

在职消费是企业的管理层在行使职权、履行职责过程中所发生的由企业支出的货币消费以及由此派生的其他消费,它具有隐蔽性,且与正常经营支出难以区分等特点(梁彤缨和冯莉,2012)。在职消费有助于改善和提高公司高管的个人消费

质量，并产生货币性薪酬无法替代的效用从而提高公司的业绩和效率，但也有可能增加公司的代理成本。卢锐和魏明海等（2008）认为在职消费与管理层权力正相关，也就是说，高管因为具有特殊的权力，才有在职消费的机会，而中国企业在职消费、娱乐和旅游费用被广泛用于建立政企关系网络，以克服正式制度缺失对于企业发展的阻碍（Cai et al.，2005）。进行一定程度的在职消费后，公司高管会积累更多的社会资本和人力资本，因而其权力会更大。我们感兴趣的是高管为了满足个人利用的最大化目标，是否会利用这种更大的权力来掩盖或减轻在职消费的负面影响而进行盈余管理，进而间接影响公司的盈余质量，从而满足个人利益的最大化目标？而现有研究很少对此问题给出解释，本章旨在通过研究公司高管进行一定规模的在职消费后，实施盈余管理而对公司盈余质量的影响，并分析这种影响在不同产权性质和不同市场化进程地区等制度环境特征下是否有显著的差异？

本章通过考察我国 A 股上市公司 2006～2009 年的样本，研究表明，在职消费对盈余质量产生负面影响，而滞后一年的在职消费则会显著改善公司的盈余质量，在国有企业这种关系更显著，而在民营企业虽存在但不显著，并发现市场化进程较低地区公司的当年在职消费对盈余质量的负面影响要大于市场化进程高的地区，而且滞后一年的在职消费对盈余质量则会产生正面影响，而该影响则是市场化进程低的地区小于市场化进程高的地区。

在职消费既会对公司的经营业绩这一显性指标产生严重的负面影响，也有可能对盈余质量这一隐形指标产生影响。本书是对在职消费对公司业绩影响研究的基础上，探索性地研究了在职消费对公司盈余质量的影响，丰富和深化了在职消费对盈余质量影响的路径和机理，提高了在职消费在公司治理中所发挥作用的认识，丰富了不同产权性质的企业和市场化进程下在职消费与公司盈余质量之间的关系的相关文献，为有效解决公司的在职消费问题和提高公司盈余质量，提供了新的视角和方向。

## 第二节

### 文献回顾、制度背景及假设的提出

#### 一、理论基础、文献回顾与假设的提出

现有在职消费问题主要集中于在职消费与薪酬及业绩的关系上。自 LLSV

(1998)的《法与金融》发表后,第二类代理问题逐渐成为人们关注的热点,而在职消费则是其中无法回避的重要问题。管理层作为"理性经济人",在获得一定水平的薪酬后,最大化职务消费成为其最佳选择。罗宏和黄文华(2008)的研究表明,相对于非国有控股公司而言,国有控股公司高管的在职消费水平与公司的业绩呈负相关;卢锐等(2008)也发现,管理层权力大的企业,在职消费水平更高,而企业的业绩并未得到改善,在职消费与业绩负相关。总之,现有研究表明,在职消费与业绩之间存在负相关,而公司高管在职消费如何影响公司的盈余质量却是现有研究的盲点。

### (一)盈余质量与在职消费的关系

盈余质量的内涵包括以下内容:盈余的持续性、应计的范围、应计的残差、平滑度、及时亏损的确认、盈余基准点、反应系数、盈余误报等(DGS,2010)。孙谦(2010)认为盈余质量的组成要素包括四个方面,即盈余的时间序列特征,如持续性、可预测性和波动性。由此,我们不难发现盈余质量的内涵与判断标准客观上存在许多误差和噪声,主观上蕴含着更多的人为判断和估计的成分,因此,公司的高管既为了完成盈利目标,又需要在会计准则的约束下处理在职消费对公司业绩的影响,使其会有很强的动机去从事盈余管理,而盈余管理的程度体现出公司应计盈余质量的真实水平,公司高管盈余管理的程度和频率越大,表明公司的盈余质量就越低。

在职消费与公司高管为了构建自己的政治关系网络和个人社会资本密切关联(周炜、徐玉德,2011)。Cai 和 Fang(2011)通过来自世界银行的数据研究中国企业高管的休闲消费 ETC(Entertainment and Travel Costs),认为在职消费的产生途径有以下几种形式:为了获得更好的服务而对政府官员的贿赂、为了较低的税率而节约现金流、正常的管理开支和为了与供应商和客户建立关系的支出。在中国特殊的关系导向型社会中,公司高管尽管与公司有各种各样的契约关系,而中国特殊的文化制度背景决定了契约更多的是一种形式,并不能真正发挥实际作用,而发挥作用的是"关系"等社会资本和人力资本的集合体。高管为了完成自己的经营业绩,除自身的能力和禀赋外,更多地需要与自己上层管理者和公司外围的利益相关者建立比较和谐的关系和沟通机制,而在职消费就成为建立较好的关系和沟通机制的一种很好的方式,它可以使公司获得更多的外部无形资源,也会为公司高管个人积累更多的社会资本。当公司经营不能达到预定目标而可能会影响管理者的利益最大化目标时，管理者更有可能在自己所控制的范围实行盈余管理，盈余管理的程度越严重，盈余质量会越差。管理者在职消费的金额越大，在一定意义上表明自己已经"收买"有关监管者（管理者的上层、政府、重要的客户）的效果越好，公司高管在公司的权力基础就牢固，那么从事盈余管理的成本和风险也就越低，因此，公司高管有更大的可能性会进行一定程度的盈余管理，从而对盈余质量产生严重的负面影响。基于以上分析，提出如下假设。

H-1：在其他条件不变的情况下，在职消费的规模和频率越高，公司的盈余质量就越低。

对于非常精明（Smart）的公司高管而言，一定程度的在职消费是对股东财富的掠夺和公司价值的侵蚀，为了保持自己职业生涯的稳定性和出于个人声誉的考虑，以及公司治理机制的不断完善，过度在职消费不可能很频繁且数额不可能很大，因为在职消费更多的是为了解决某一特殊情况下的问题，因此，当公司和公司高管在度过面临的"危机"后，在一定时间段内，管理者出于安全和盈余管理产生的成本等问题的考虑，公司高管会主动降低盈余管理的程度和频率，因而盈余质量会相对提高。另外，已有研究也认为，实施过盈余管理的盈余会在未来时间段内反转（Reverse）（Dechow et al.，2012；Defond and Park，2001；Baber et al.，2011）。即以前某个年度操控过的盈余在未来会回到正常的水平，因而盈余质量会得到改善，基于以上分析，提出如下假设。

H-2：在其他条件不变的情况下，前一年的在职消费的规模和频率越高，其后一年的盈余质量就越会得到改善。

### （二）不同产权性质下的在职消费与盈余质量的关系

少数大中型国有企业与数量巨大的非国有企业并存是我国公司组成结构的明显特征。国有企业相对于民营企业最大的特点就是预算软约束，或者是预算的弹性很大，对某些项目管得很死，对另一些又放得很开。而薪酬管制的存在就证明了这一点，因而在职消费成为国有企业高管的一种替代性选择，在职消费内生于国有企业薪酬管制的约束（陈冬华、陈信元等，2005）。国有企业高管作为"理性经济人"，为了实现自己的效用最大化，在薪酬受到管制和约束下，通过适当的在职消费来满足自己的效用成为其必然选择。当然，从短期看适度的在职消费会产生货币薪酬激励无法替代的积极作用，Cai 和 Fang（2011）发现：在职消费的部分支出会对企业的经营业绩产生正面的影响，有利于业绩的改善和提高；Raghuram 和 Julie（2006）认为，一定程度在职消费与津贴会节省高管的旅行时间，从而能够更好地处理更重要和更多的公司事务；在职消费的程度可以体现公司高管在公司的地位和重要性，而且在职消费的部分也可以发挥明显的税盾的效应，会有效减轻企业自由现金流的负担。然而，从长期看，国有企业的在职消费与业绩负相关（罗宏，2008；卢锐，2008；陈冬华，2005），因此，国有企业高管为了完成国资委所下达的利润目标或业绩增长需要，为了减轻或者降低在职消费对利润指标的不利影响，在一定条件和范围内会从事盈余管理。另外，国有企业的高级管理层是"准公务员"，而且国有企业的高级管理者（总经理和董事长）可以在政府领导和国有企业领导之间进行岗位轮换，因此，国有企业的高级管理者除了在经济上想获得最大化的报酬外，更看重自己未来的政治前途和升迁问题，这些高管不但要经营好所任职的企业，而且要投入更多的精力和各类掌握自己升迁大权在握的政府官员和领导建立关系，而实现这一目的的主要途径是通过打着工作名义的在职消费。在此情况下，为了完成既定的业绩指标或者使之更加"漂亮"，国有企业的高管会进行一定程度的盈余管理，以便掩盖或者降低在职消费对公司业绩和个人职业声誉的负面效应，从而间接降低公司的盈余质量。

另外，由于在民营企业不会出现"所有者缺位"的现象，公司股东为了保证自己财产和利益的安全，会对公司的所聘任的高管进行严格的监督和制约。而且我国大部分的民营企业总体上还带有家族企业的色彩，企业实际控制权仍然掌握在家族成员或亲属手中，因此，民营企业的高管在获取自己应得的货币薪酬以外，进行在职消费的机会不多，所以民营企业公司高管不会有很强的动机去从事盈余管理。另外，民营企业高管的职位更多的是通过市场化的方式而获得的，完全是凭借自己的能力和经验而获取必要的货币薪酬，因此，相对于国有企业，他们通过在职消费而建立人脉网络和社会资本的内在动机就很弱，即使有一定数目的在职消费，一般都属于正常工作范围内或者得到民营企业实际控制人的许可，所以，进行盈余管理的程度和频率会大大降低，进而会明显提高公司的盈余质量，基于以上分析，提出以下假设。

H3-3：相对于民营企业，国有企业的在职消费越高，盈余质量就越低。

### 三）不同市场化水平下的在职消费与盈余质量的关系

市场化进程水平反映了某一地区市场在配置经济资源的效率和效果，而且我国的市场化进程水平表现出明显的地域和地区差异。在职消费对于企业的价值和业绩是一把双刃剑，利弊互存，因而考察在职消费对公司的绩效影响取决于其约束条件。讨论在职消费是符合效率观还是符合代理观，这与公司的内部治理和外部治理的有效性有密切的关系（万华林，2007）。一般认为，公司所在地区的市场化进程水平是一个很有效的外部治理机制，市场化进程的水平越高，主观因素在决定资源配置中的权重会越低，而市场的权重则会明显加大。在市场化进程水平比较高的地区，公司高管不会有很强的动机去从事以建立社会关系网络和社会资本为目标的在职消费，而且在市场化进程高的地区，由于信息的透明度很高，因此在职消费可能会被认为是一种不正当竞争，它与追求平等、公正、自由竞争的市场经济法则不一致，并且在这类地区政府对企业的干预程度会相对降低。因此，市场化进程水平高的地区的调查和信息成本、谈判和决策成本及制定和实施成本等三个方面都会大幅度降低，并且会使货币薪酬的交易成本减少，从而增加货币薪酬替代在职消费的权重（陈冬华，2010）。因此，在市场化进程比较高的地区，在职消费的比重下降既有利于企业业绩好转，也会降低高管为了实现更好的"数字业绩"而进行盈余管理的概率，进而有效地改善公司的盈余质量。

而在市场化进程水平较低的地区，政府对企业的干预程度较重，并且企业之间的契约意识不强，资源分配机制中的人为干预因素很多，公司的信息透明度相对于市场化进程较高的地区会低很多，并且在这类地区职业经理人市场不发达，公司高管的管理缺乏有效的激励机制和淘汰机制，会导致现有公司高管的职位具有明显的"固化"特征，从而公司高管现有职位被替代的概率会大大降低。较低的市场化进程水平也决定了较差的公司外部治理环境，从而会使公司高管会有相对较大的权力和自由支配权，很有可能会以"掠夺之手"侵蚀和蚕食股东的利益，从而进行在职消费会成为一种自然选择。因此，在市场化进程水平较低的地区，公司高管在职消费的规模和频率可能会更高，而公司高管为了给股东和其他利益相关者一个满意的"成绩单"，或者为了完成相应的业绩考核指标，该类地区的公司高管会有很强的动机进行盈余管理，掩盖在职消费或减轻在职消费对公司业绩的负面影响，进而对公司的盈余质量产生负面影响。基于以上分析，提出如下假设。

H3-4：在保持其他条件不变的情况下，相对于市场化进程较高的地区，市场化进程较低地区的在职消费越高，公司的盈余质量就越低。

## 第三节 研究设计

### 一、样本选取

本章研究样本选取的时间是2006~2009年，样本来自在深沪两个证券交易所挂牌交易的A股企业，由于在计算盈余质量时要用到上年和下年的经营现金流量，因此实际样本覆盖时间区间是2005~2010年，在样本选取时：(1) 剔除了金融类企业、ST、PT及发行B股等的样本；(2) 剔除了样本公司数据不全的公司；(3) 删除了当年IPO和SEO的样本，并且删除无法确认产权性质（实际控制人）的样本，在5%的水平上进行了Winsorize处理，行业划分标准按照证监会的行业门类标准来确定，制造业按照二级行业门类划分，其他按一级行业门类确定。最后共获得1733个样本观测值。主要数据来源CSMAR商业数据库，最终控制人性质的数据来源于CCER，市场化数据来源于樊纲（2010）的《中国市场化指数——各地市场化相对进程2009年报告》中"市场分配经济资源的比重"子数据，数据处理使用Stata 11.0统计软件。

### 二、变量的选取

1. 被解释变量。

盈余质量（EQ）：由于盈余质量的衡量指标很多，以前的多数研究采用可操控性应计评价盈余质量，但是在职消费与现金流的密切程度很高，因为现金流操控所导致的盈余持续性下降比应计操控导致的盈余持续性下降更为严重，现金流操控给企业带来的危害更大，它会严重影响企业未来的发展（张俊瑞等，2011），因此本章采用Dechow和Dichev（2002）中的模型来测度盈余质量刻画指标，该模型中采用本期应计与本期、上期、下期的经营现金流OLS

## 第三章 制度环境、在职消费与盈余质量——基于 A 股上市公司的经验数据

回归残差项的标准差作为盈余质量的代理变量,该值的绝对值越大说明盈余管理程度就越严重,对公司盈余质量的负面影响就越大。

二、解释变量。

在职消费(PC):现有的研究对在职消费的衡量并没有一致的标准,总体上分为两大类,即绝对值测度法与相对值测度法。绝对值测度法包括:陈冬华和陈信元(2005)将现金流量表中"支付的其他与经营活动有关的支出"中的下列项目界定为在职消费,即办公费、差旅费、业务招待费、通信费、出国培训费、董事会费、小车费和会议费;王兵和卢锐等(2009)采用管理费用减掉高管工资的部分作为在职消费。而使用相对值测度法的学者比较多,罗宏和黄文华(2008)在衡量在职消费时,是以上述八项费用与主营业务收入之比来衡量;张力和潘清(2009)则认为仅包括上述六项,即办公费、差旅费、业务招待费、通信费、董事会费和小车费;罗进辉和万迪昉(2009)以管理费用/主营业务收入来测度在职消费,然而由于相对值测度法不能反映在职消费的绝对水平,同时也有可能掩盖真实的在职消费。因此,本章采用绝对值测度法,以现金流量中"支付的其他与经营活动有关的现金"作为公司高管在职消费的代理变量,原因是,如果按照陈冬华(2005)的方法会导致有效样本很少,而现有公司的年报中很少披露在职消费的实际数据,基于稳健性的考虑就采用了绝对值测度法。

三、控制变量。

杠杆比率(LEVER):以资产负债率度量,Jensen(1986)指出,债务融资可以有效降低自由现金流的支付,所以预计该指标与盈余质量正相关;账面市值比(MB),以样本公司年末市场价值与账面净资产之比来度量,一般来讲,处于发展阶段的公司,在职消费一般会较高,所以预计其与盈余质量存在负相关关系;高管薪酬总额(GWAGE),包括公司所有高管的货币薪酬,通过高管薪酬总额与主营业务收入之比来衡量(陈冬华,2005),预计其与盈余质量正相关;独立董事薪酬总额(DWAGE),由于独立董事的监督职能的存在,预计其与盈余质量正相关;高管持股比例(MSH),高管持股比例越高,管理者与股东的利益会逐渐接近甚至一致,会降低和减少在职消费的可能性,预计其与盈余质量正相关;董事长和总经理两职合一(DUAL),两职合一,取 1,否则取 0,如果出现两职合一,董事长或总经理的决策权利会更大,在职消费的金额和频率会增加,预计其与盈余质量负相关;市场分配经济资源比

重（INDX），该值越大，在职消费的数量也会越多；第一大股东持股比例（CONCENTR1）、前四大股东持股比例之平方和（CONCENTR4），这两个变量都表示股权制衡度的程度，第一大股东持股比例和前四大股东持股比例之平方和越高，在职消费的规模和水平则越小（陈冬华，2010）。变量的定义及说明如表3-1所示。

表3-1　　　　　　　　　　变量的定义及说明

| 变量名代码 | 含 义 | 说 明 |
|---|---|---|
| EQ | 盈余质量 | 采用Dechow和Dichev（2002）模型计算的残差的标准差来计量 |
| PC | 在职消费 | 现金流量表中"支付的其他与经营活动有关的现金" |
| LEVER | 杠杆比率 | 用资产负债率替代 |
| MB | 账面市值比 | 样本公司年末市场价值与账面净资产之比 |
| GWAGE | 高管薪酬总额 | 公司董事、总经理、监事会成员的年薪酬总额 |
| DWAGE | 独立董事薪酬总额 | 仅包括独立董事 |
| MSH | 高管持股比例 | 所有高管持股份额的总和 |
| DUAL | 董事长和总经理两职合一 | 如果董事长和总经理两职合一，取1，否则取0 |
| LNTA | 公司的规模 | 公司年末总资产的对数 |
| MB | 账面市值比 | 公司年末市场价值/公司年末账面价值 |
| INDEX | 市场分配经济资源的比重 | 樊纲（2010）的《中国市场化指数——各地市场化相对进程2009年报告》 |
| CONCENTR1 | 第一大股东股权集中度 | 年末第一大股东持股比例 |
| CONCENTR4 | 前四大股东股权集中度 | 前四大股东持股比例的平方和 |

## 三、模型的设定

本章借鉴Dechow和Dichev（2002）、Bin和Gul（2011）的观点，将以下模型回归残差的标准差作为盈余质量的衡量指标。

$$\Delta WC = \alpha_0 + \alpha_1 CFO_{t-1} + \alpha_2 CFO_t + \alpha_3 CFO_{t+1} + \alpha_4 PPE_{it} + \alpha_5 \Delta Sales + \varepsilon_{2it}$$

(3-1)

其中，ΔWC（非现金运营工作资本的变化）=（本期流动资产的变化-本期现金流量的变化）-（本期流动负债的变化-短期债务的变化）；ΔSales代表主营业收入的变化，PPE 代表固定资产，$CFO_{t-1}$ 代表上年经营现金净流量；$CFO_t$ 代表本年经营现金净流量；$CFO_{t+1}$ 代表下一年的经营现金净流量；$\varepsilon_{2it}$ 代表残差项，通过对模型（3-1）的估计，以残差项的标准差作为盈余质量的代理变量。为了检验假设 H3-1，通过设计了模型 3-2 考察在职消费对盈余质量的影响，并在不同情况下分别控制了年度效应和行业效应。

$$DQ = \beta_0 + \beta_1 PC + \beta_2 LEVER + \beta_3 MB + \beta_4 GWAGE + \beta_5 DWAGE + \beta_6 MSH + \beta_7 DUAL + \beta_8 INDEX + \beta_9 CONCENTR1 + \beta_{101} LNTA + \sum YEAR + \sum INDUSTRY + \mu_{it} \tag{3-2}$$

为了检验假设 H3-2，为了分析前一期的在职消费对下一期盈余质量的影响，在模型 3-2 的基础上加入了在职消费的滞后一期。

$$DQ = \lambda_0 + \lambda_1 PC + \lambda_2 LPC + \lambda_3 LEVER + \lambda_4 MB + \lambda_5 GWAGE + \lambda_6 DWAGE + \lambda_7 MSH + \lambda_8 DUAL1 + \lambda_9 INDEX + \lambda_{10} cCONCENTR1 + \lambda_{11} LNTA + \sum YEAR + \sum INDUSTRY + v_{it} \tag{3-3}$$

为了检验假设 H3-3 和假设 H3-4，应用模型（3-3）并按照样本公司的产权性质和所属行政区域的市场化进程中"市场分配资源的比重"指数的大小进行分类，市场化进程高低以"市场分配资源的比重"指数的中位数为标准，将指数高于中位数地区称为高市场化进程地区，而指数低于中位数的地区称为低市场化进程地区，并依据公司实际控制人性质将所有公司分为国有和民营两个类别。

## 第四节

### 实证结果

#### 一、样本的行业及年度分布

从样本的年度分布看，2006 年有 407 家公司，2007 年、2008 年和 2009 年的样本都在 450 家左右，分布比较均匀；从行业分布来看，纺织业和石油化工业的公司较少，分别为 3 家，制造业公司为 1157 家，占样本公司总数的 66.7%，说明样本公司的选取符合我国沪深两个市场的实际。而制造业的业务复杂性为高管进行在职消费提供了客观条件，也为分析在职消费与盈余质量的关系提供了很好的环境（见表3-2）。

表3-2　　　　　　　　　样本的行业分布

| 行业 | 年度 | | | | |
|---|---|---|---|---|---|
| | 2006 | 2007 | 2008 | 2009 | Total |
| 农、林、牧、渔业 | 4 | 6 | 8 | 1 | 19 |
| 采掘业 | 3 | 0 | 1 | 2 | 6 |
| 纺织业 | 1 | 2 | 0 | 0 | 3 |
| 石油加工 | 0 | 1 | 1 | 1 | 3 |
| 化工塑料业 | 20 | 23 | 21 | 27 | 81 |
| 电子制造 | 31 | 32 | 34 | 31 | 128 |
| 金属冶炼 | 58 | 65 | 71 | 61 | 255 |
| 机械设备制造 | 111 | 116 | 120 | 120 | 467 |
| 生物、医药 | 46 | 49 | 51 | 48 | 194 |
| 其他制造业 | 4 | 3 | 4 | 5 | 16 |
| 制造业小计 | 271 | 291 | 302 | 293 | 1157 |
| 公用事业 | 39 | 41 | 40 | 39 | 159 |
| 建筑业 | 14 | 15 | 14 | 13 | 56 |
| 运输、仓储业 | 36 | 45 | 40 | 37 | 158 |
| 信息技术业 | 31 | 38 | 52 | 58 | 179 |
| 房地产开发 | 6 | 6 | 7 | 7 | 26 |
| 综合类 | 3 | 3 | 4 | 4 | 14 |
| 总计 | 407 | 445 | 468 | 453 | 1773 |

## 二、基本统计量

从表3-3的基本统计量可以看出，盈余质量的均值为0.114，中位数为0.091，样本有明显的右偏，但是方差为0.08，高管的薪酬、公司的负债率和第一大股东持股比例和市场化进程水平等几个变量的方差较大，说明这几个变量的样本分布比较离散，而中位数和均值都比较接近。公司规模、公司负债、市场化指数的均值和中位数分别为21.75、54.63、7.156和21.59、54.8、

7.43 样本公司的负债率平均超过了50%，说明样本公司存在明显的债务融资倾向，因而高管的自由现金流比较充足，有可能加剧在职消费的程度（罗宏和黄文华，2008）。

表3-3  样本的基本统计量

| 变量 | N | mean | sd | min | p50 | max |
| --- | --- | --- | --- | --- | --- | --- |
| EQ | 1773 | 0.114 | 0.0800 | 0.0420 | 0.0910 | 0.409 |
| PC | 1773 | 0.0560 | 0.0440 | 0.0130 | 0.0420 | 0.158 |
| LAWGE | 1773 | -7.231 | 2.395 | -18.16 | -7.203 | 25.02 |
| LNDAGE | 1773 | 11.42 | 0.874 | 1.386 | 11.51 | 14.39 |
| MSH | 1773 | 0.0320 | 0.121 | 0 | 0 | 0.926 |
| DUA | 1773 | 0.180 | 0.465 | 0 | 0 | 2 |
| LNT | 1773 | 21.75 | 1.162 | 15.77 | 21.59 | 26.57 |
| MB | 1773 | 5.689 | 1.910 | 0.400 | 3.419 | 123.9 |
| LEV | 1773 | 54.63 | 2.434 | 0.172 | 54.80 | 149.4 |
| MARDEX | 1773 | 7.156 | 2.877 | -23.31 | 7.430 | 10.48 |
| CONNTR1 | 1773 | 9.191 | 13.06 | 0.0720 | 4.117 | 78.94 |

## 三、相关系数的分析

从表3-4的相关系数可以看出，在职消费会对公司的盈余质量产生负面影响，相关系数为19.3%，初步支持了假设H3-1。盈余质量和财务杠杆之间显著正相关，相关系数仅为5.9%，第一大股东持股比例与盈余质量负相关系数为-13%，公司规模与盈余质量负相关且显著，相关系数为-70.8%，因为大公司的信息透明度会更高，管理更规范和严格，公司的高管从事盈余管理的机会更少，所以盈余质量会显著提高。独立董事薪酬与盈余质量的相关系数为-13.2%且显著，说明提高独立董事的薪酬待遇能够发挥独立董事监督作用；市场化水平与盈余质量没有显著的关系，但与在职消费有显著且负的相关系数，说明市场化水平高的地区，公司的盈余质量会得到改善，其余变量之间的相关性与理论预期基本一致。

表 3-4　　　　　　　　　　主要变量的相关系数

| 变量 | EQ | PC | LAWAGE | LNDWAGE | MSH | DUAL | LNTA |
|---|---|---|---|---|---|---|---|
| EQ | 1 | | | | | | |
| PC | 0.193*** | 1 | | | | | |
| LAWAGE | 0.424*** | 0.074*** | 1 | | | | |
| LNDWAGE | -0.132*** | 0.00500 | 0.191*** | 1 | | | |
| MSH | -0.068*** | 0 | -0.048** | -0.194*** | 1 | | |
| DUAL | -0.0240 | -0.00400 | -0.043* | -0.052** | 0.156*** | 1 | |
| LNTA | -0.708*** | -0.231*** | -0.537*** | 0.00100 | 0.145*** | 0.0190 | 1 |
| MB | -0.0150 | 0.00900 | -0.0340 | -0.0120 | -0.0210 | 0.0320 | 0.00600 |
| LEVER | -0.059** | 0.070*** | -0.00800 | 0.0130 | 0.0240 | -0.0140 | 0.080*** |
| MARINDEX | 0.0240 | -0.053** | -0.0340 | -0.077*** | -0.0250 | -0.00700 | 0.0370 |
| CONCENTR1 | -0.130*** | -0.0240 | 0.060** | 0.175*** | 0.0150 | 0.0310 | 0.080*** |

| VARIABL | MB | LEVER | MARINDEX | CONCENT1 |
|---|---|---|---|---|
| MB | 1 | | | |
| LEVER | -0.0250 | 1 | | |
| MARINDEX | 0.0150 | 0.0360 | 1 | |
| CONCENTR1 | -0.0210 | -0.0100 | -0.086*** | 1 |

注：*** 表示 1% 的显著性水平；** 表示 5% 的显著性水平；* 表示 10% 的显著性水平。

## 四、回归分析

### （一）在职消费与盈余质量

从表 3-5 的回归 1 的结果可以看出，在职消费与盈余质量正相关，在职消费的估计系数为 0.0735 且显著，该结果表明，在职消费越严重的企业盈余管理程度就越严重，因而盈余质量就会越差，假设 H3-1 得到了支持。由于在 Dechow 和 Dichev（2002）的模型中，前一年的经营现金流会影响当期的营运资本，可能会间接影响盈余质量，同时考虑了公司高管的盈余管理具有"临时性"及公司的盈余管理会在将来反转等特性后，在回归 2 中加进了滞后一年的在职消费，回归系数为 -0.0806 且显著，说明了在职消费比较严重的下一年，公司高管的在职消费规模和频率会有所收敛，相应地进行盈余管理的概率下降，会导致公司的盈余质量得到改善和好转，同时公司应计基础的盈余

# 第三章 制度环境、在职消费与盈余质量——基于 A 股上市公司的经验数据

管理在下一个时间段会进行一定程度的反转,这也会使盈余质量得到明显的提高。假设 H3-2 得到了支持,回归 3 控制了行业因素,回归 4 控制了年度因素,回归 5 同时控制了年度与行业因素,假设 H3-1 和假设 H3-2 的结果依然得到支持。

表 3-5　　　　　　　　　在职消费与盈余质量回归结果

| 变量 | 回归 1 | 回归 2 | 回归 3 | 回归 4 | 回归 5 |
|---|---|---|---|---|---|
| PC | 0.0735** <br> (2.37) | 0.132*** <br> (2.95) | 0.127*** <br> (2.88) | 0.130*** <br> (3.02) | 0.127*** <br> (3.00) |
| LPC |  | -0.0806* <br> (-1.84) | -0.0778* <br> (-1.80) | -0.0304** <br> (-2.71) | -0.0305** <br> (-2.73) |
| LAGAGE | 0.00374*** <br> (5.54) | 0.00365*** <br> (5.24) | 0.00381*** <br> (5.50) | 0.00357*** <br> (5.29) | 0.00383*** <br> (5.71) |
| LNDAGE | -0.0132*** <br> (-8.25) | -0.0139*** <br> (-8.09) | -0.00423* <br> (-1.94) | -0.0148*** <br> (-8.61) | -0.00504** <br> (-2.30) |
| MSH | 0.00342 <br> (0.30) | -0.000318 <br> (-0.03) | 0.0235* <br> (1.95) | 0.00854 <br> (0.64) | 0.0288** <br> (2.18) |
| DUAL | -0.00274 <br> (-0.94) | -0.00259 <br> (-0.82) | -0.00199 <br> (-0.64) | -0.00326 <br> (-1.06) | -0.00286 <br> (-0.95) |
| LNTA | -0.0435*** <br> (-30.61) | -0.0432*** <br> (-28.39) | -0.0419*** <br> (-27.68) | -0.0464*** <br> (-28.96) | -0.0450*** <br> (-28.32) |
| MB | -3.60e-05 <br> (-0.51) | -3.44e-05 <br> (-0.44) | -3.25e-05 <br> (-0.42) | -2.76e-05 <br> (-0.28) | 6.68e-06 <br> (0.07) |
| LEV | -2.32e-05 <br> (-0.43) | -2.13e-05 <br> (-0.37) | -2.28e-05 <br> (-0.40) | 8.04e-06 <br> (0.14) | 6.42e-06 <br> (0.11) |
| CONCENTR1 | -0.000219*** <br> (-4.58) | -0.000301 <br> (-1.45) | -0.000247** <br> (-2.98) | -0.000326* <br> (-1.96) | -0.000536*** <br> (-3.61) |
| 行业 | No | No | Yes | No | Yes |
| 年度 | No | No | No | Yes | Yes |
| Constant | 1.239*** <br> (38.52) | 1.241*** <br> (35.81) | 1.124*** <br> (29.94) | 1.333*** <br> (26.06) | 1.210*** <br> (22.97) |
| Observations | 1753 | 1478 | 1478 | 1478 | 1478 |
| $R^2$ | 0.53 | 0.54 | 0.56 | 0.59 | 0.61 |
| F | 219.4 | 170.8 | 140.6 | 40.84 | 41.38 |

注　***表示1%的显著性水平；**表示5%的显著性水平；*表示10%的显著性水平。

## (二) 不同产权性质下的在职消费与盈余质量的关系

在职消费如何影响公司的盈余质量的作用机制在国有与民营两类企业间也表现出很大的差异。表3-6的模型1和模型2的回归结果表明,民营企业在职消费对盈余质量的影响无论是对当年还是对滞后一年,尽管方向上与国有企业的表现一致,但均不显著,说明民营企业在职消费与公司的盈余质量没有显著的关系,而回归3的回归结果说明,相对于民营企业,国有企业当年和滞后一年的在职消费对盈余质量的影响都很显著,如当年在职消费的估计系数为0.146,而滞后一年的则为-0.0875,即当年在职消费会明显降低盈余质量,而滞后一年的在职消费则会显著提高公司的盈余质量,从国有企业与民营企业的对比来看,无论是当年的在职消费对盈余质量的影响,还是滞后一年的在职消费对盈余质量的影响,对国有企业的影响明显大于民营企业,当年在职消费的回归系数在两类企业分别为(0.0855,0.146);而滞后一年的回归系数在两类企业分别为(-0.0107,-0.0875),其原因可能是国有企业管理层的现金薪酬水平、管理层和员工之间的薪酬差距、管理层持股、管理层的平均年龄以及公司规模等都与民营企业表现出极大的差异,因而使在职消费对盈余质量的影响表现出不同(李宝宝和黄寿昌,2012),假设H3-3得到了显著的支持。

表3-6 产权性质和市场化进程水平对在职消费和盈余质量之间关系的影响

| 变量 | 模型1<br>民营 | 模型2<br>国有 | 模型3<br>高市场化 | 模型4<br>低市场化 |
| --- | --- | --- | --- | --- |
| PC | 0.0855<br>(0.96) | 0.146***<br>(2.78) | 0.185***<br>(2.78) | 0.665***<br>(3.13) |
| LPC | -0.0107<br>(0.12) | -0.0875*<br>(-1.68) | -0.112*<br>(-1.68) | -0.0247**<br>(-2.43)** |
| LAGWAGE | 0.00135<br>(0.88) | 0.00384***<br>(4.88) | 0.00460***<br>(3.46) | 0.00391***<br>(5.01) |
| LNDWAGE | -0.0138***<br>(-3.98) | -0.0140***<br>(-6.94) | -0.0144***<br>(-5.65) | -0.0136***<br>(-5.63) |
| MSH | 0.0153<br>(0.63) | -0.00858<br>(-0.59) | 0.0288<br>(1.49) | -0.0178<br>(-1.24) |

续表

| 变量 | 模型1<br>民营 | 模型2<br>国有 | 模型3<br>高市场化 | 模型4<br>低市场化 |
|---|---|---|---|---|
| DUAL | -0.00800<br>(-1.43) | -5.72e-05<br>(-0.01) | -0.000283<br>(-0.06) | -0.00398<br>(-1.00) |
| LNTA | -0.0434***<br>(-14.34) | -0.0433***<br>(-23.73) | -0.0468***<br>(-19.78) | -0.0377***<br>(-18.98) |
| MB | -2.09e-05<br>(-0.17) | -4.13e-05<br>(-0.36) | -3.49e-05<br>(-0.28) | -4.59e-05<br>(-0.48) |
| LEV | -0.000362**<br>(-2.59) | 5.93e-05<br>(0.92) | 7.31e-05<br>(0.96) | -0.000274***<br>(-2.98) |
| CONCENTR1 | -0.000406<br>(-1.61) | -0.000332***<br>(-2.66) | -0.000384*<br>(-1.96) | -0.000336***<br>(-2.61) |
| Const | 1.246***<br>(17.75) | 1.239***<br>(30.14) | 1.328***<br>(26.37) | 1.132***<br>(23.80) |
| 年度 | No | No | No | No |
| 行业 | No | No | No | No |
| Observations | 399 | 1030 | 726 | 752 |
| $R^2$ | 0.55 | 0.53 | 0.55 | 0.54 |
| F | 47.77 | 117.0 | 89.04 | 85.52 |

注：*** 表示1%的显著性水平；** 表示5%的显著性水平；* 表示10%的显著性水平。

### 三）不同市场化水平下的在职消费与盈余质量的关系

市场化水平会对在职消费产生显著的影响，并会使隐形契约为主的在职消费与显性契约为基础的薪酬契约的替代关系发生改变（陈冬华等，2010）。表3-6中模型4和模型5的结果显示，在低市场化进程地区，在职消费与盈余质量的正相关性更强，估计系数为0.665，即在职消费对盈余质量的负面影响更大，而在高市场化地区，相应的估计系数则为0.185。另外，从在职消费的滞后一期对公司盈余质量的影响来看，高市场化进程地区应计基础的盈余管理的逆转则更为明显，在职消费对盈余质量的改善效应要大于低市场化进程地区，这说明高市场化地区所在公司的在职消费与盈余质量的敏感性要高于低市场化地区所在的公司，进一步证明了滞后一期的在职消费会显著改善公司的盈余质量，回归3和回归4的结果支持了假设H3-4。

## 五、稳健性检验

为了证明结果的可靠性和稳健性，使用了以下几种方法进行稳健性测试：

首先，剔除了非制造业公司的样本，并将制造业公司分为国有与民营两类，在回归模型中加进了市场化进程的中位数，接着又将第一大股东持股比例替换为前四大股东持股比例的平方和，应用本章表3-7中的模型2和模型3，结果与原假设依然一致（见表3-7）。

表3-7　　在职消费与盈余质量关系的稳健性检验

| 变量 | 模型1<br>民营 | 模型2<br>国有 | 模型3<br>市场化 | 模型4<br>前四大股东持股比平方和 |
|---|---|---|---|---|
| PC | 0.109<br>(1.17) | 0.176 ***<br>(2.63) | 0.133 ***<br>(2.97) | 0.133 ***<br>(2.98) |
| LPC | 0.0231<br>(0.25) | -0.181 ***<br>(-2.68) | -0.0785 *<br>(-1.79) | -0.0803 *<br>(-1.83) |
| LAGWAGE | 0.00120<br>(0.79) | 0.00295 ***<br>(3.00) | 0.00363 ***<br>(5.21) | 0.00365 ***<br>(5.24) |
| LNDWAGE | -0.0143 ***<br>(-3.82) | -0.0126 ***<br>(-5.46) | -0.0136 ***<br>(-7.82) | -0.0137 ***<br>(-7.90) |
| MSH | 0.0249<br>(0.99) | -0.00983<br>(-0.69) | 0.000678<br>(0.06) | -0.000808<br>(-0.07) |
| DUAL | -0.00596<br>(-0.99) | 0.00147<br>(0.33) | -0.00245<br>(-0.78) | -0.00272<br>(-0.86) |
| LNTAL | -0.0524 ***<br>(-14.93) | -0.0421 ***<br>(-19.22) | -0.0432 ***<br>(-28.45) | -0.0430 ***<br>(-28.16) |
| MB | -2.79e-05<br>(-0.25) | -6.22e-05<br>(-0.58) | -3.35e-05<br>(-0.43) | -3.32e-05<br>(-0.42) |
| LEVER | -0.000513 ***<br>(-3.27) | 3.98e-05<br>(0.55) | -2.52e-05<br>(-0.44) | -2.61e-05<br>(-0.45) |
| CONCENTR1 | -0.000201<br>(-0.69) | -0.000183<br>(-1.21) | -0.000332 ***<br>(-2.97) | |

续表

| 变量 | 模型1<br>民营 | 模型2<br>国有 | 模型3<br>市场化 | 模型4<br>前四大股东持股比平方和 |
|---|---|---|---|---|
| MARKDEX | | | 0.00524 *<br>(1.80) | |
| CONCENTRr4 | | | | -0.000268 ***<br>(-3.15) |
| Const | 1.445 ***<br>(17.67) | 1.192 ***<br>(24.09) | 1.235 ***<br>(35.51) | 1.237 ***<br>(35.41) |
| 行业 | No | No | No | No |
| 年度 | No | No | No | No |
| Observations | 296 | 651 | 1478 | 1478 |
| $R^2$ | 0.62 | 0.51 | 0.54 | 0.54 |
| F | 46.41 | 67.59 | 155.8 | 170.7 |

注：*** 表示1%的显著性水平；** 表示5%的显著性水平；* 表示10%的显著性水平。

其次，盈余质量指标采用修正的 Jones 模型计算，采用可操控的应计作为盈余质量的代理变量，并应用同样的回归模型和方法，结果依然得到了支持。

另外，利用修正的 DD 模型计算出盈余质量的代理变量，在职消费采用管理费用总额减掉支付的工资总额后的数值作为其代理变量，以及采用吕长江和金超等（2007）的总资产费用率来作为在职消费的代理变量，假设 H3-1 至假设 H3-4 分别得到支持。

# 第五节

## 结论与启示

高管的在职消费是由于公司的治理和激励机制太弱，导致其不能限制管理层对公司财产的使用（Jensen and Meckling, 1976），过度的在职消费既是对股东委托责任的亵渎，也是对公司资源的极大浪费和公司价值的破坏。本章基于在职消费对公司业绩影响研究的基础上，探索性地研究了在职消费对公司盈余质量的影响，丰富和深化了在职消费对盈余质量影响的路径和机理，加深了在职消费在公司治理当中所发挥作用的认识，丰富了不同产权性质的企业和市场化进程下在职消费与公司盈余质量之间关系的相关文献，为有效地解决公司的在职消费问题和提高公司的盈余质量,提供了新的视角和方向。

本章使用 2006~2009 年中国上市公司的样本,研究得出以下结论:(1)公司高管的在职消费不仅会严重损害股东利益,而且会通过盈余管理而降低企业的盈余质量;而滞后一年的在职消费则会改善公司的盈余质量。(2)相对于民营企业,国有企业的在职消费对公司的盈余质量影响更大,当年的在职消费对盈余质量的负面影响更大,滞后一年的在职消费则会更好地改善公司的盈余质量,而在民营企业这种关系虽存在,但不显著。(3)对于市场化进程较低的地区的公司而言,当年在职消费对于盈余质量的负面影响也明显高于市场化进程高的地区,而滞后一年的在职消费对于盈余质量的正面影响却明显低于市场化进程高的地区。

本章的研究结论对于解决公司的在职消费问题,分析公司高管的盈余管理的行为动机,进一步认识在职消费对公司盈余质量的影响提供了很好的证据。因此,为了有效地解决在职消费为代表的"三公消费",切实履行中央"八项规定",坚决制止铺张浪费行为的发生,改善公司的盈余质量,首先,要求企业严格划分正常职务消费与过度的职务消费界限,制订严格的内部控制管理标准和评价机制;其次,加强企业的内部审计的监督职能,密切监控企业的异常费用的出现,并注意分析和研究公司高管盈余管理行为的真实动机和目的;最后,希望上市公司的监管部门尽快出台要求上市披露在职消费明细项目的强制性规定,增强社会舆论对在职消费监督的力度。

# 第四章

# 政策不确定性与公司代理成本——基于市委书记变更的经验证据

## 第一节

## 引 言

代理问题是困扰公司成长和发展的关键所在,一直是学界和实务界关注的重点。Jensen和Meckling(1976)认为,当管理者不是百分之百持股公司时,就有动机为自己牟取一切可能的私有收益,从而牺牲了股东利益,特别是当公司管理者没有受到强有力的监督约束时,更会投入大量精力进行企业帝国构建行为(Dominguez-Martinez S, 2006)。一些研究发现,加强公司治理、发展机构投资者、聘请高质量的审计师、强化产品市场竞争、提高财务分析师的监督作用等方面(Jersen and Meckling, 1976;甄红线等,2015;王谨乐等,2016;邵帅等,2015;曾建光,2015;沈红波,2013;姜付秀,2009;李小荣,2014;Yu, Fang, 2008;Hong, Yongtao et al., 2014;Chen, 2015),都有助于缓解公司的代理问题。但是现有研究立足于西方古典代理问题理论框架,即假定代理问题存在于股东、管理者、供货商,以及金融中介机构所形成的互动空间中,并以公司经营的外部环境是稳定和不受干扰为前提。实际上,中国目前垂直的政治管理体制和官员以相对绩效为核心的晋升考核机制下,地方政府这只"有形之手"拥有巨大的资源配置权力,进而对企业产生重要影响(周黎安,2007),地方主要官员的职务变化带来的地方政治和政策环境波动成为影响企业决策最为重要和直接的因素,尽管如此,就我们所检索过的文献而言,尚无研究深入分析市委书记变更所带来的政治不确定性对企业代理问题的影响。

政府是一个"黑箱",其所表现出来的各种特征其实是作为实体的核心政府官员动机的体现,核心政府官员作为政治权力的代表,可以通过国家法律以及政府规章制度在其所辖区内制定经济政策(陈德球等,2016),并且政府由官员组成,政府的决策事实上就是官员决策的结果(钱先航,2012)。目前,我国实行的是官员任期制,不仅官员的定期轮换已经成为一种常见的政治现象,在组织干部任期制下,官员因任期届满、交流或其他政治原因发生更替已成常态,而且各种临时政治调动、违纪违规行为等也会引发官员更替。事实上,由于政府官员的频繁更替而导致了前后届政府所施行政策的不连续和不稳定,从而增大了企业的经营风险(罗党论等,2016),同时由于不同的官员具有明显的异质性特征,其个体不同的偏好会导致不同的政策偏向,这些因素最终会导致企业外部经营环境的不确定性,进而对企业的经营带来负面影响,例如,市委书记的变更会影响公司的现金股利政策、民营企业的纳税程度(曹伟等,2016),同时地方政府换届会提高税务机关的税收征管力度,导致企业税收激进程度降低(卢洪友和张楠,2016);并且地方官员的变更所带来的政治不确定性会导致公司的投资支出降低(贾倩和孔祥等,2013;徐业坤等,2013)。代理成本是影响企业财务决策行为的根本与内在驱动因素,那么政治不确定性是否会影响企业的代理成本?

为回答该问题,本章利用中国沪深 A 股市场 2000~2015 年的财务数据,结合市委书记变更这一自然实验,Jensen 等(1976)研究了上市公司所在地的市委书记变更而引起的政治不确定性与企业的代理成本之间的关系,并进一步研究企业的产权性质、变更官员的籍贯、企业的市场化水平等外部条件对两者关系的影响,研究表明,市委书记变更所带来企业的政治不确定性会明显增加企业的代理成本,该效应在低市场化水平组与国有企业组更为显著,并且本章发现变更官员的外地调入时,会明显增加企业的代理成本,进一步发现,发生变更的市委书记年龄与企业是否属于管制行业等因素会显著强化两者间的关系。

本章具有以下学术贡献与价值:第一,不同于传统的公司代理问题,本章分析了由于市委书记变更而产生的政治不确定性对企业代理成本的影响,并且厘清了影响企业代理成本的制度因素,拓宽了代理成本的研究领域,并丰富了公司代理成本影响因素的相关文献;第二,虽然已有研究发现,政治不确定性会对企业的股利发放、投资规模、税收负担及税收规避等方面产生显著影响,但并未揭开其背后的运行路径的"黑箱",而本章则以市委书记变更这一准自然实验为研究背景,从而增加了政治不确定性影响的经济后果的经验证据,拓展了政策不确定性的研究范围;此外,本章的研究具有较强的现实意义,在地方官员变动成为一个普遍现象背景下,如何有效激励地方官员,纠正地方官员扭曲的"政绩观",减少和降低政治不确定性风险对企业经营的冲击和干扰,从而真正提高实体企业的经济质量,本章的研究则为其提供了一定的借鉴。

本章剩余部分的安排:第二部分是文献回顾;第三部分是理论分析与研究假设;第四部分是研究设计;第五部分是实证结果;第六部分是结论与启示。

## 第二节

### 文献回顾

无论新经济增长理论,还是制度决定论都认为,政府及其制定的政策与制度都会影响经济增长,虽然制度非常重要,制度的有效执行更为关键。在转型经济国家,政府对微观企业行为的行政干预与介入是不争的事实,虽然政府由官员组成,而政府的行为却是官员行为加总的结果,政府的决策事实上就是官员决策的结果(钱先航,2012)。已有关于政治不确定性对经济影响的文献主要从宏观经济和微观企业等视角进行了研究。

### 一、政治不确定性对宏观经济上的影响

地方官员的更替会导致地方政治生态和政企格局的调整,使未来政策随之呈现不确定性,进而影响企业行为。官员变更产生的政治不确定性是影响中国企业决策的重要政治因素(雷光勇等,2015)。自1987年以来,中国的总固定资产投资增长率的四次峰值分别出现在党的十三大、十四大、十五大和十六大召开的次年(Tao,2003);所以我国存在政府换届经济周期的现象。已有研究表明,地方官员的变动会显著影响经济增长(王贤斌等,2009);官员变动与城市房价存在倒"U"形关系(郭峰和胡军,2014);官员变动会引领产业结构调整(宋凌云等,2013);官员升迁与所在地城市商业银行的贷款发放有关系(钱先航等,2011),还有郭峰和石庆玲(2017)发现市委书记更替前

后，由于受政企合谋的影响，二氧化硫等相对较大的空气污染物浓度显著下降；但空气质量指数以及其他受政企合谋影响较小的空气污染物浓度则没有明显变化，进一步发现，对于较长任期的市委书记或反腐中落马的市委书记，其更替前后二氧化硫浓度的下降更加明显。

## 二、政治不确定性对微观企业的影响

国外一些研究发现，西方国家总统选举的政治不确定性会显著影响投资、股价的敏感性以及企业的投资水平。例如，Pástor 和 Veronesi（2013）发现政治不确定性会显著提高企业的风险溢价，以至于降低了政府提供给企业的产权保护制度的效力，进而导致股票波动性明显加大；Julio 和 Yook（2012）认为在大陆法系、权力制衡较低、政府较不稳定以及中央政府支出比率更高的国家，投资因政治不确定性的削减程度更大。进一步，戴亦一等（2014）也证实市委书记的换届会引发企业慈善捐赠的规模和倾向的增加，从而变相增加了企业的投资支出；靳光辉等（2016）发现由于政策的不确定性加剧了公司的融资约束预期，进而影响了企业运营环境，导致了企业投资的显著降低。Jens（2017）利用美国州长选举的数据，研究发现在选举之前，竞选州的那些政治敏感性强的公司投资下降了5%，而在选举结束后则增加了10%，An 等（2016）利用中国277个市级政府官员的变更数据，发现政府官员的变更显著降低了企业的投资，而且当新任官员是来自外部且更高层级的政府机构时，国有企业，资本密集度高，以及被认为是当地的重要企业时，其结果会更加显著。此外，基于企业并购视角，Nguyen 和 Phan（2017）发现政策的不确定性会显著降低企业并购的实施行为，即使发生企业并购，也会导致需要花费更多的时间才有可能完成，相反，徐业坤等（2017）则利用中国上市公司的数据，发现市委书记政治晋升会加剧当地企业并购交易，地方国有企业和民营企业当年实施并完成并购交易的可能性显著增加、并购交易时间显著缩短。

由于受政治不确定性影响，个体企业为应对未来流动性危机，可能会采取稳健性股利政策调整（雷光勇等，2015）。进一步，政策不确定性还会对企业的会计行为有影响，Dai 和 Ngo（2016）发现总统选举产生的政治不确定性会使企业会计稳健性增加；申宇等（2015）认为我国地级市委书记的变动会增加企业的超额管理费用的支出；张光利等（2017）的研究表明，在政策不确定性很强时，出于风险预防动机的需要，企业会显著增加现金的持有水平；同样，Xu等（2016）基于中国的数据发现，在新任市级政府官员到任的第一年，公司会持有更少的现金，进而支持和验证了政府官员的"掠夺之手"假说。陈德球等（2016）则发现市委书记的变更会导致辖区企业的避税规避明显增加；而Liu等（2017）以2012年部分事件为研究背景，来识别政治的不确定性对资产定价的影响，结果发现政治敏感度较强的公司股价受该事件影响而下降很多；同样，Piotroski等（2015）利用我国党代会召开和省级官员的升迁事件等两个事件背景，研究发现官员关联的上市公司的股价崩盘行为会由于在两个事件之前对负面消息的压制而会明显降低，而在之后股价的崩盘行为会增加；刘海洋等（2017）利用生存风险模型研究了政府官员变更对企业生存与发展的影响，发现官员变更会增加企业倒闭的风险，并且该风险存在明显的多期滞后效应。此外，地方官员变更所带来的政治不确定性无疑也会对企业的组织结构、人事安排产生影响，如潘越等（2015）等发现市委书记更替导致市委管国有企业的高管发生非正常变更的可能性显著增加；王元芳和马连福（2014）研究了国企党委会、董事会、监事会的人员、组织和权力配置的结构，发现党委会与董事会的"双向进入、交叉任职"会增加公司的代理成本，而与监事会、高管层的"双向进入"会显著降低代理成本，且党委副书记兼任董事长、监事长或总经理则可以抑制代理成本。

从以上文献回顾可以看出，地方领导人的更换对其所在地政治、经济的生态系统的影响无疑是全面而深刻的。一方面，尽管已有文献研究了政治不确定性对公司的投资、会计政策、融资、人事变更等方面的影响，但现有研究并未直接分析政治不确定性对企业两类代理成本的影响，以及深入挖掘两者关系的影响机制和因素。另一方面，虽然"法与金融"理论提出：法律及其相关的制度环境会影响企业的治理和决策行为，毫无疑问，市委书记变更无疑所衍生而来的政治不确定性会对公司治理中关键问题——代理成本具有影响，已有关于公司代理成本的研究多从公司治理视角分析，鲜有研究能从公司外部的官员变更视角来挖掘企业代理成本的影响因素，本章研究的开展无疑拓展了该方面的研究视野。

# 第三节
## 理论分析与研究假设

### 一、市委书记变更对经营及治理环境影响的逻辑

行政官员变更而衍生的政治不确定性是影响企业未来发展前景的重要因素。2011年，标准普尔公司认为政治不确定性是美国国库债务降级评价的首要原因，这使学术界才开始重视研究官员变更对金融市场和经济的影响（Bryan Kelly et al.，2016）。在我国，由于各级地方政府实际主导了微观经济的具体运营模式，而分税制改革导致的中央权力下放，使地方官员具有较大的经济自由裁量权，同时市级党政机构作为我国行政体系下的"第三层级"，其在贯彻与落实、执行中央与省级政府的宏观政策，以及能否有效执行和如何执行等方面有着巨大作用，尤其是几乎所有涉及当地社会经济发展的重大决策都须先经书记办公会和常委会讨论并形成决议，而后才由市长签发执行（杨其静和郑楠，2013），因而市委书记在保证中央政令畅通中具有举足轻重的作用。

地方官员的政治选举使未来各种制度安排和经济政策等充满不确定性，必然会影响企业的利益相关者的心理预期，导致企业所面对的不确定性环境的风险日益增大，进一步导致企业的正常融资、投资和股利等决策受到重大影响。由于地方官员的选举所带来的政治不确定性，增加企业的经营风险（罗党论等，2016），而企业为了降低风险，也会倾向于减少或停止现金股利的发放，并且会调减股利支付强度（雷光勇等，2015）。事实上，在我国的制度环境下，"一把手"的行政权力配置机构使资源配决策权集中在少数官员手中的现象较为普遍，尤其当地市级层面最主要的官员——市委书记面临变更等政治不确定性时，企业的信贷规模和投资支出会明显下降（雷光勇等，2015；徐业坤等，2013）。除此之外，当面临市委书记变更时，民营企业为了获得新任政府官员的支持，会显著提高纳税程度从而在未来获得足够的政府补贴（曹伟等，2016），并且市委书记的换届会提高税务机关的税收征管力度，导致企业税收激进程度的降低（卢洪友和张楠，2016）。

众所周知，企业的财务决策行为后面都蕴藏着公司管理层、股东，以及其

他利益相关者的利益博弈过程,而委托代理问题则是对这一博弈状态最好的诠释,该状态包括为设计、监督和约束委托人与代理人之间利益冲突的一组契约所付出的代价,以及执行契约时成本超过收益的剩余损失等环节(Jensen,1986)。然而该理论假定公司的外部制度环境是相对稳定的,而我国的现实情景则是:地方政府和官员对企业的深度介入和频繁干预,使政商关系总是处于动态变化中,从而导致公司治理行为中所依据的经典代理理论存在基础的异化和"失效"。如果政治不确定性影响企业的代理成本,按照正常的逻辑,其不但必然会受到外部市场环境、行业因素,以及企业自身的产权的影响,而且也与官员的个体特征因素的影响有密切关系,进而发挥必要的调节作用,在此基础上还需要更进一步是否会对企业的价值或者经营业绩如何作用?以期从企业的外部环境、行业因素、企业产权与市委书记的个体特征等多角度综合而深入研究。以上分析可以用图4-1进行简化描述。

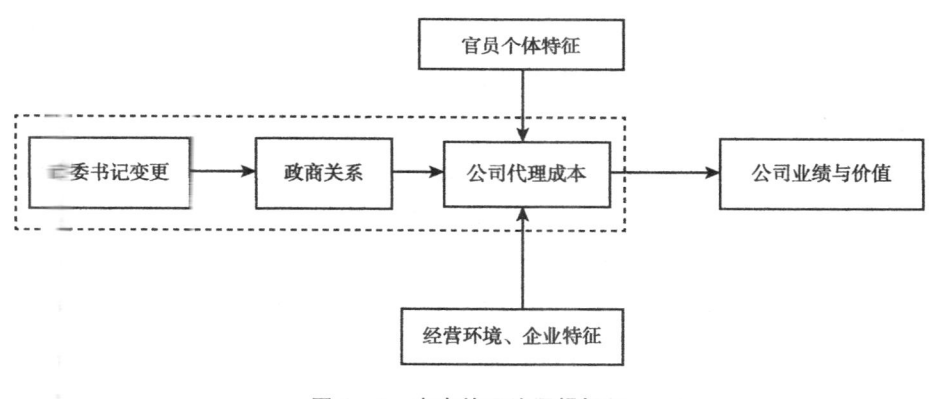

图4-1 本章的理论逻辑框架

## 二、研究假设

### (一)政治不确定性与代理成本

由于我国地市级官员的变更较为频繁,从而导致前后届地方政府的执政理念、政策的一致性会产生明显差异,如外部经济环境、新任领导人知识结构以及人生阅历等细节上的差异等,都可能导致新任政府在执政理念、经济政策、贸易政策和对待反腐败问题等方面不同于前任,而此类差异意味着明显的政治不确定性,进而直接影响微观企业一贯的经营和发展路径(赵立斌和秦博宇,

2015）。一般而言，政府的整体行为其实是官员个体行为加总的结果，尤其主政官员的更替会导致地方政治生态和政企格局的变化，使未来政策呈现出不确定性，进而影响企业行为（雷光勇等，2015）。

一方面，在中国，罗党论等（2016）与陈艳艳和罗党论（2016）发现，辖区经济规模是影响地方主要官员晋升的最重要因素。政企交易的政治目的是服务于官员的政治追求，但追求利润最大化则是企业的终极目标，这使地方官员与企业之间容易形成利益合谋共同体和构建政企利益联盟（潘越等，2015），进而在此基础上形成企业与官员的利益交换机制。另一方面，由于晋升激励而使新上任官员面临政绩压力，导致新任市委书记会积极干预联盟企业的投资决策，通常会通过向企业提供优厚政府补助，帮助企业获得银行信贷，从而使企业形成更多自由现金流，这会导致公司高管会有较强的冲动去构建企业帝国（Dominguez-Martinez et al.，2006），而增加公司规模和扩大投资则会满足高管的私人利益，以及赢得更高职业声望（Stulz et al.，1990），因为过多的自由现金流则是恶化企业代理问题的重要推手，更是导致企业过度投资的内在源泉和动力，而这一点恰好与新任市委书记在短期内追求"漂亮"政绩的目标"一拍即合"，而且过度投资越多，管理者越有机会获取更多的私利而增加了第一类代理成本。另外，从公司治理机制看，虽然大股东的较高持股比例会抑制管理层的机会主义行为（张兆国等，2008）。现实中，我国大股东"掏空"中小股东的现象较为普遍，大股东在侵害中小股东利益的过程中，主要通过与经营者合谋来实现其目的（潘泽清和张维，2004），事实上，如果管理层和大股东为了"讨好"新任书记而上马损害公司价值的投资项目，或者大股东自己通过"关联投资"的形式来转移上市公司的资源（Faccio，2006），进而实现既能新增投资又能满足自己控制权私利的最大化，其结果体现为对没有实质决策权的中小股东财富的掠夺，从而加重了大股东与小股东的代理问题，既然大股东要侵害中小股东的利益，必然会对管理层私利的获取采取"默许"或者有意放松监督，从而有助于自己更为方便地获取中小股东的合法利益，由此也使第二类代理成本增加。基于以上分析，提出如下假设。

H4-1：其他条件不变，市委书记变更所带来的政治不确定性与企业的代理成本正相关。

## 第四章 政策不确定性与公司代理成本——基于市委书记变更的经验证据

### 二）企业所在地市场化水平及行业因素的影响

市委书记变更所带来的政治不确定性对给公司代理成本的影响是在正式规则体系不完善的结果，随着我国从严治党和反腐败力度的加强，以及不断推进的法治化建设进程，使依靠法律和制度等来规范和约束地方官员的决策成为"新常态"。在制度经济学的理论框架内，市场和政府都是资源配置的制度安排，二者互为替代，良好的经济制度是市场边界和政府边界处于均衡的张力范围内（申宇等，2015），一方面，在转型经济国家，由于政府对企业的严重干预，导致政府官员进行权力"寻租"的现象较为常见（Faccio，2006）；另一方面，如果企业所在地的市场化程度越高，其法制化的水平也会越高，政府与企业之间的关系更多的是基于法制的手段，这有助于约束政府的规划和政策的"任性"和"随意"调整行为，并尊重市场运行的天然法则，进而减少由于市委书记变更所产生的政策不连续性，以及减少企业无效率投资的发生，从而最大化拒绝企业管理层牟取私利的机会，有利于降低企业的第一类代理成本。相反，在低市场化水平地区，政府的权力边界将会非常大，从而导致政府的权力很可能会替代市场的运行规则，而且由于整体经济发展水平落后，因而当发生市委书记变更后，新任的书记可能将自己政绩的实现压在某些企业的重要和重大项目上（Jensen，1976），而当地的上市公司和一些骨干企业为完成这一目标，就可能会违背企业和市场的经营规律而频繁上马新项目，从而为企业的管理层牟取私利提供了绝好的机会，进而增加了低市场化水平的第一类代理成本。此外，由于大股东与管理层合谋的现实决定了其不会在意第一类代理成本，进而为其合法获取中小股东的利益提供条件，导致了第二类代理成本的增加，而由于低市场化地区的投资者保护水平本身较低，即使中小股东知道自己利益受管理层和大股东侵害，也无法有效主张和保护自己的利益。

在企业的运营层面，由于不同行业受政府管制的程度差异明显，不难想象处于政治敏感性行业的企业，这类企业的经营决策可能更易受到市委书记变更所带来的政治不确定性影响，一方面，这类企业对地方 GDP 的贡献度明显；另一方面，政治敏感性行业中国有企业的董事长或总经理，其职务的任免权掌握在市委书记手中，而该类型企业中的民营企业高度重视与地方"一号"官员的"政商关系"的价值与意义，以上分析说明政治敏感性行业的企业对所在地市委书记变更极为在意，假设 H4-1 说明，市委书记变更会使企业的两类代理成本显著增加，相比非政治敏感性行业企业的代理成本可能受市场法则与公司治理制度影响而不至于过度增加，那么房地产、公用事业等政治敏感性企业的两类代理成本则受政治不确定性的影响会更大，因此，该类企业高管需要与地方官员进行密切互动，在此过程中也趁机满足个人的私利，从而增加了第一类代理成本，同时政治敏感性行业的大股东更是深谙市委书记变更所潜藏的风险与机遇，因而会与管理层结成同盟，进而导致其可能以"合法"理由而"掏空"中小股东的财富，或者控股股东直接通过"关联投资"的形式实现获得控制权私利，基于以上分析，提出如下假设。

H4-2a：其他条件不变，相对于高市场化水平的地区，低市场化水平地区的市委书记变更对代理成本的影响更为显著。

H4-2b：其他条件不变，相对于非政治敏感性行业的企业，政治敏感性行业企业所在地的市委书记变更对代理成本的影响更为显著。

### （三）企业产权的影响

市委书记变更对企业代理成本的影响可能与企业产权也有密切关系。对于民企而言，由于其与政府的关系亲和程度要比国企低很多，虽然民企的发展更多地要靠自己的经营能力和对市场的把握，以及不断提高公司的治理水平等途径，但民企也可能有很强动机与新任市委书记建立良好的关系，以便使自己获得稀缺的政府资源。民营企业因为公司的关键管理者往往是控股或第一大股东，也因不具备获取个人私利的天然动机，所以其第一类代理问题不是很严重，而且在民营企业的股东成员中，其他股东大多是民营企业的关联股东或者一致行动人，这使市委书记变更所带来的不确定性所导致两类代理成本增加的可能性很低。相比而言，一方面，我国国有企业与政府具有天生的连带关系，而国企具有实际所有者缺失的"先天缺陷"，同时国企高管的任命权掌握在组织部门或国资委手中，不难理解市委书记的变更会直接影响政府部门所属的国企高管的人事配置决策，因而现任国企高管有很强的动机去把握和领会新任市委书记短期内获得政绩的需求。另一方面，我国官场的一些文化惯性导致国企高管为了自己的"位子"的安全而需要有所"行动"，由此为了迎合新任市委书记短期内的政绩需求，导致国企有可能会不顾企业的实际去上马一些低效的项目，而受到薪酬管制的国企高管必然会在这些项目建设中获得更多的个人私利，进而损害了公司的价值，近来很多已被查出的国企腐败案例表明，从事工程项目是国企高管获得个人私利重要路径，这无疑会导致第一类代理成本增加。另外，我国上市公司的大股东把持现象突出，这在国有企业尤为明显，市委书记的变更必然会使国企的发展战略进行微调以迎合新任书记的施政规划，因此，国有企业的大股东往往会从事并非企业价值最大化的投资项目，在国企的显性薪酬受到管制的背景下，其通过"关联投资"的方式增加新上项目，并在此过程中损害中小股东的利益，而在具体的决策形成和实施过程中，国有企业的中小股东的影响力和声音极为有限，从而变相体现出大股东对中小股东的权利和财富的掠夺，增大了第二类代理成本，基于以上分析，提出如下假设。

H-3：其他条件不变，相对民营企业，市委书记的变动对国有企业的代理成本的负面影响会更为明显。

### （四）官员个体特征的影响

尽管政治不确定性会严重影响企业的代理问题，但是由于每个市委书记的年龄、籍贯、教育等特征性因素都有差异，因而会对企业代理成本的影响也可能会显著不同。中国素来重视同乡情，很容易由于"地缘"的相同而形成牢固的"人情网"与"关系网"。相对于异地籍贯的官员，本地籍贯的官员往往更易与辖区的企业形成紧密的利益联盟（贺小刚和朱丽娜，2016），如果新任市委书记由长期在本地任职的官员升迁而来，其对本地的文化、风俗或者"潜规则"的应用已非常娴熟和老道，因而，当市委书记是由以前本地籍贯的副职提拔而来时，其上届领导班子制定的政策有明显的路径依赖，在工作中只须在之前的基础上平稳前进，而不需"另起炉灶"而新上太多不熟悉的项目。此外，当新任市委书记为本地籍贯时，共同的文化和家乡情结会使其施政方针更加具有针对性，会更容易降低盲目和随意干预的可能性，这无疑会抑制企业CEO盲目投资的机会，不难想象本地籍贯的市委书记与企业间更容易形成身份认同，产生情感信任机制，以及建立彼此忠诚度，所以委托人与代理人之间这种信任且较亲密的关系会大大降低代理成本（戴亦一和肖金利，2016），反之，一些调入的外地籍贯市委书记能够避免社会关系的束缚，这不但有利于削弱地方宗派主义，使地方官员更好地执行中央政策，而且能在一定程度上防止腐败，创造出风清气正的行政环境，但其同时也为了突出自己和前任的差异和"特色"，以及向上级政府显示其能力，由于"新官上任三把火"的影响，其发展政策可能不会基于企业股东价值最大化的目标,而是将自己的政绩目标嵌入更多和更大规模的新开项目的实施过程中,因此,企业高管为了迎合这种要求,同时为了追求自己利益最大化而非股东利益最大化的目标,将会从事较多的具有"逆向选择"与"敲竹杠"特征的行为(Williamson,1964),进而加重了企业的第一类代理成本。进一步,相对于在公司的投票权微弱的中小股东,公司的 CEO 更容易与决定自己职业生涯的大股东建立利益联盟或者合谋,而且大股东也为了尽快与新任市委书记建立良好的"政商关系",其也有可能通过"关联投资"的方式而实现自己的"双赢"目标,即迎合了新任外地籍贯市委书记的 GDP 增加需要,同时大股东又合法地转移了公司与中小股东的利益,由此导致第二类代理成本的显著增加,最终形成管理层与大股东一起蚕食中小股东利益的现状。基于以上分析,提出如下假设。

H4-4a:其他条件不变,相对于本地升迁的市委书记,从外地调入的市委书记的变动对代理成本的正向影响会更为明显。

"59 岁"现象是我国行政官员职业发展中的一个普遍特征,现实中很多地市级官员在 57 岁时,已基本看清自己未来仕途的发展路径。当市级书记的职业趋势为"原地踏步"时,其一般会抱着"平安着陆"与"安全到站"的想法,这导致政绩和升迁激励的效果大为弱化,而且其执政的风格可能更加保守和稳健,或者会执行严格的廉洁从政纪律,并尽可能减少或杜绝与企业的往来,干预企业的概率会显著下降,从而企业从事非效率投资的可能性大为降低,这反而有助于压缩高管从事自利行为的空间,有助于降低企业的第一类代理成本。相反,年龄在 55 岁以下或者更年轻的市委书记是一般具有更强的动机来推动辖区经济增长,力图保持政绩上的良好记录(王贤斌等,2009),这就使其会有意增加与企业的互动,甚至会在政府补助的获取或银行信贷方面等鼎力相助企业,进而为企业增加投资项目和扩大产能提供"绿色通道",该影响也会为高管通过巧立名目的决策来满足个人利益提供了机会,由此使第一类代理成本增加,同时管理层与大股东合谋的现实也使大股东会高度重视新来年轻市委书记的"期权价值",进而通过"关联投资"的方式既能获取中小股东的合法利益,又为地方 GDP 的增加贡献自己的"力量",导致大股东会更加肆无忌惮地窃取中小股东的利益,导致企业的第二类代理成本也显著增加,基于以上分析,提供如下假设。

H4-4b:其他条件不变,相对于即将退休的市委书记,新变更的年轻市

# 第四章 政策不确定性与公司代理成本——基于市委书记变更的经验证据

委书记对企业的代理成本的强化作用会更明显。

## 第四节
## 研究设计

### 一、数据来源

本章选择了中国沪深 A 股 2000~2015 年的上市公司，财务数据及公司治理数据来自 CSMAR 数据库，企业的行业分类标准采用证监会 2012 年的上市公司的行业划分规定，并且按照以下标准对样本做了删除：（1）删除 ST、PT 公司的样本；（2）删除了金融、保险或证券类公司的样本；（3）删除资产负债率大于 1 或小于 0 的公司；（4）删除发行 B 股、H 股的公司；（5）删除已经退市和当年上市的公司；（6）删除财务数据缺失较为严重的样本；（7）剔除地级市被其他地市合并的数据以及县级市的数据；（8）剔除无法明确界定公司的产权性质的数据；（9）剔除市委书记简历中年龄等关键数据不完整的样本，最后共获得 13198 个有效样本。

具体的数据来源如下：（1）市委书记变更数据来自：2000~2010 年的部分为复旦大学经济学院陈硕教授的团队所整理的数据，2011~2015 年的数据为笔者依据 2000~2010 年的数据结构，通过从新华网、人民网、名单网、各城网、百度搜索等途径而获得，最终获得了全国 288 个地级市的 2000—2015 年市委书记变更的数据，具体包括所属省份、地级市名称、市委书记的上任时间、离职时间、市委书记的籍贯（具体到了省、市、县）、出生年月、学历、专业、是否当过秘书、是否在共青团系统任职、开始工作的时间、是否是党员、是否有在军队工作的经历、是否有过工人经历、是否有过工程师经历、是否有过医生经历等信息。（2）企业的产权性质数据来自 Wind 数据库，即如果企业的实际控制人是地方国资委或同级政府机构，则为地方国企；如实际控制人是国务院国资委，则为中央国企；实际控制人如为某一个人，则为民营企业。（3）企业的市场化数据借鉴了潘越等（2015）、申宇等（2015）的做法，采用了樊纲等（2012）《中国市场化指数——各地区市场化相对进程 2011 年报告》中的市场化进程总得分，该指

· 39 ·

数越高意味着市场化水平越高,换言之,市场的经营规则对企业的影响则越大,而该指数截止时间为2009年,2009年以后的数据,笔者采用王小鲁、于静文和樊纲(2013)的《中国分省企业经营环境指数2013年报告》中的各省区市的综合经营环境指数来代替,而该数据截止日为2013年、2014年和2015年的数据采用2013年来代替,并且本章各个地级市的市场化水平数据用各省区市的对应的数据来代替。

## 二、模型设计

在结合已有相关研究的基础上,本章的主要计量模型如下:

$$Agencost_{i,t} = \alpha_0 + \alpha_1 \times Dum\_change_{i,t-1} + \alpha_2 \times Size_{i,t-1} + \alpha_3 \times Lev_{i,t-1} + \alpha_4 \times Roa_{i,t-1} + \alpha_5 \times Dual_{i,t-1} + \alpha_6 \times Top1_{i,t-1} + \alpha_7 \times Herfen1\_3_{i,t-1} + \alpha_8 \times Fixasetra_{i,t-1} + \alpha_9 \times Salgrow_{i,t-1} + \alpha_{10} \times Indboard_{i,t-1} + \alpha_{11} \times Big4_{i,t-1} + \sum Industry + \sum Year + \mu_{i,t-1} \quad (4-1)$$

其中模型(4-1)中,被解释变量代理成本(Agen),解释变量为政治不确定性,采用市委书记变更(Dum_change)度量,其余为模型的控制变量,依据前面的假设,我们预计 $\alpha_1$ 的回归系数显著为正,即市委书记的变更会增加公司的代理成本。以下为变量与分组变量的说明。

(1)被解释变量:代理成本,依据现有文献的做法,我们采用公司的管理费用率、资产周转率和其他应收款占总资产的比例三种方法分别来衡量企业的代理成本。

(2)解释变量:市委书记的变更,本章借鉴了潘越等(2015)、申宇等(2015)的做法,如果市委书记变更为上每年的6月之前,即为当年发生变更;如果市委书记变更在6月以后,则视为当年未发生变更,而下一年度发生了变更;如果同一年度存在两次市委书记变更,则依据第二次的信息来进行判断。

(3)控制变量:结合罗党论等(2016)、陈德球等(2016)现有研究文献,本章控制了以下特征的控制变量:首先是公司的财务状况,包括公司规模(Size)、负债率(Lev)、盈利能力(Roa)、销售状况(Salegrow)、固定资产比例(Fixasetra)、是否是知名会计师事务所("四大"或"十大"会计事务

## 第四章 政策不确定性与公司代理成本——基于市委书记变更的经验证据

所)(Big4);其次,公司治理的状况,包括董事长与总经理两职兼任(Dual)、第一大股东持股比例(Top1)、前三大股东持股比例的平方和(Herfen1_3)、独立董事比例(Indboard);最后控制了公司的年度(Year)与行业状况(Industry),以上变量的具体定义与说明如表4-1所示。

表4-1    主要变量的定义

| 变量 | 名称 | 变量说明 |
| --- | --- | --- |
| Dum_change | 市委书记变更 | 如果公司所在地区当年发生过市委书记更替,赋值为1,否则为0 |
| Dum_soe | 国企 | 如果企业控制为政府及所属部门,为1,否则为0 |
| Dum_Localsoe | 当地国企 | 如果国企的控制人为所在地的政府及部门,赋值为1,否则为0 |
| Dum_tuixiu | 是否接近退休 | 如果市委书记年龄超过55岁,赋值为1,否则为0 |
| Dum_samrprov | 籍贯 | 如果市委书记的籍贯来自本地区,赋值为1,否则为0 |
| Agen1 | 资产周转率 | 主营业务收入/总资产 |
| Agen2 | 经营费用率 | (管理费用+销售费用)/主营业务收入 |
| Agen3 | 大股东占用 | 其他应收款/总资产 |
| Size | 公司规模 | 年末资产总额的自然对数 |
| Lev | 负债率 | 总负债/总资产 |
| Roa | 资产利润率 | 年末净利润/总资产 |
| Dual | 董事长总经理二职合一 | 当董事长兼任总经理时,取1;否则取0 |
| Top1 | 第一大股东持股 | 第一大股东持股占对外发行股份的比例 |
| Big4 | 是否国际四大事务所审计 | 当上市公司的审计师为国际四大时,Big4取1,否则为0 |
| Herfen1_3 | 股权集中度 | 前三大股东持股比例的平方和 |
| Salgrow | 销售增长率 | 主营业务收入的年度增长率 |
| Indboard | 独董比例 | 独立董事人数/董事会总人数 |
| Fixasseta | 固定资产比率 | 固定资产净额/总资产 |
| Roe | 净资产利润率 | 净利润/净资产 |
| Mktindex | 市场化水平 | 樊纲和王小鲁(2012)的市场化指数 |
| Tobin | 公司托宾 | 公司的期末市场价值/总资产 |

## 第五节 实证结果

### 一、描述性统计

表4-2是根据证监会2012年版行业划分标准对样本企业计算的企业所占比例，我们从中可以看出占比例最大的是制造业，其数量已达到72.37%；其次是批发与零售业行业，占比为4.36；对我国国民经济影响较大的房地产行业其比例已经达到了3.58%，因为该行业对地方财政的贡献较为明显，更是容易受到市委书记变更等政治不确定性的影响；而占比最少的是卫生行业，占比仅有0.07%。

表4-2　　　　　　　　　　样本企业所占行业比例

| 行业类型 | 所占企业比例 | 累计 |
| --- | --- | --- |
| A | 2.74 | 2.74 |
| B | 1.62 | 4.36 |
| C | 72.37 | 76.74 |
| D | 2.74 | 79.48 |
| E | 1.90 | 81.38 |
| F | 4.36 | 85.73 |
| G | 3.09 | 88.83 |
| H | 1.47 | 90.30 |
| K | 3.58 | 93.89 |
| L | 1.41 | 95.29 |
| M | 0.56 | 95.85 |
| N | 0.49 | 96.35 |
| O | 0.56 | 96.91 |
| Q | 0.07 | 96.98 |
| R | 0.49 | 97.47 |
| S | 2.53 | 100.00 |

注：行业类型按照中国证监会2012年的行业代码规定。

# 第四章 政策不确定性与公司代理成本——基于市委书记变更的经验证据

为了进一步分析，表4-3是主要变量的基本统计结果，可以看出市委书记变更（Dum_change）的均值为28.7%，说明大约30%的企业所在地的市委书记发生过变更，这与潘越等（2015）、申宇等（2015）的结果较为接近，表示代理成本的资产周转率（Agen1）的均值为0.595，中位数为0.511，最小值为0.135，最大值为1.477；大股东占用关联的（Agen3）的均值为0.064，标准差为1.592，最小值是0，最大值为28.6，说明不同企业之间的股东占用的差异较大；民营企业比例（Dum_Nsoe）均值为0.478；地方国有企业（Dum_Localsoe）的均值为0.293，这可以反映出地方国有企业的产权结构的实际；第一大股东持股比例（Top1）的均值为38.65%，中位数为37.33%，标准差为15.73，从而说明大股东持股的分布很离散。

表4-3 基本统计量

| 变量 | 观测值 | 均值 | 标准差 | 最小值 | 中位数 | 最大值 |
|---|---|---|---|---|---|---|
| Agen3 | 13198 | 0.064 | 1.592 | 0 | 0.012 | 28.6 |
| Agen1 | 13198 | 0.595 | 0.362 | 0.135 | 0.511 | 1.477 |
| Agen2 | 13198 | 0.091 | 0.065 | 0.0210 | 0.073 | 0.275 |
| Dum_Nsoe | 13198 | 0.478 | 0.500 | 0 | 0 | 1 |
| Dum_localsoe | 13198 | 0.293 | 0.455 | 0 | 0 | 1 |
| Dum_change | 13198 | 0.287 | 0.398 | 0 | 0 | 1 |
| Lev | 13198 | 0.629 | 5.505 | 0 | 0.454 | 0.994 |
| Size | 13198 | 21.31 | 1.315 | 11.35 | 21.15 | 30.23 |
| Roa | 13198 | 0.109 | 12.85 | 0.027 | 0.044 | 36.09 |
| Dual | 13198 | 1.796 | 0.403 | 1 | 2 | 2 |
| Top1 | 13198 | 38.65 | 15.73 | 3.508 | 37.33 | 86.49 |
| Herfe_3 | 13198 | 0.194 | 0.128 | 0.010 | 0.166 | 0.760 |
| Indboard | 13198 | 19.72 | 55.11 | 1 | 4.128 | 1345 |
| Fixassea | 13198 | 0.959 | 0.057 | 0.160 | 0.976 | 1.033 |
| Salegrow | 13198 | 0.645 | 28.17 | 0.033 | 0.166 | 3783 |
| Big4 | 13198 | 0.234 | 0.372 | 0 | 1 | 1 |

表4-4从变量的相关系数角度来分析变量之间的关系，可以发现市委书记变更（Dum_change）与代理成本（Agen）的三个度量变量之间有显著

关系，其与大股东资金占用（Agen3）、资产周转率（Agen2）、管理费用率（Agen1）的相关系数分别为0.039、-0.055、0.088，尽管系数绝对值不大，但都在1%的水平上高度显著，初步表明市委书记变更会加重企业的代理成本，另外，本地籍贯的市委书记（Dum_sameprov）与代理成本（Agen）之间相关系数也都比较显著，加重了企业的代理成本，更为丰富的分析结果在多元回归中列示，剩余变量的相关系数未超过50%，表明多重共线性问题不是很明显。

表4-4　　　　　　　　　主要变量的相关系数

| | Agen3 | Agen1 | Agen2 | Dum_samrprov | Dum_tuixiu | Dum_Nsoe |
|---|---|---|---|---|---|---|
| Agen3 | 1 | | | | | |
| Agen1 | 0.090 | 1 | | | | |
| Agen2 | 0.037*** | -0.487*** | 1 | | | |
| Dum_sameprov | 0.140 | -0.137 | 0.325 | 1 | | |
| Dum_tuixiu | 0.030 | 0.066 | -0.057 | -0.340*** | 1 | |
| Dum_Nsoe | -0.005 | -0.033*** | 0.031*** | 0.062*** | -0.036*** | 1 |
| Dum_localsoe | 0.19 | 0.214 | -0.011* | 0.039*** | -0.030*** | -0.216*** |
| Dum_change | 0.039*** | -0.055*** | 0.088*** | -0.095*** | -0.242*** | 0.050*** |
| | Dum_localsoe | | Dum_change | | | |
| Dum_localsoe | 1 | | | | | |
| Dum_change | -0.051 | 1 | | | | |

注：*、**、***分别表示在10%、5%、1%的水平上显著。

为了更加直观地考察市委书记变动对公司代理成本的影响，将代理成本按照全样本、企业产权、变更市委书记的省内或省外籍贯、市场化程度的分组来比较，可以发现全样本组的市委书记变更前后代理成本的均值差异显著，并且都在1%的水平上高度显著，而民营企业的代理成本在变更前后，差异不显著，地方国有企业在市委书记变更前后显著，新任市委书记籍贯为本地升迁时，其变更前后的代理成本差异不显著，而籍贯为外地调入的市委书记的变更对代理成本的影响的差异在1%的水平上高度显著，另外，在低市场化地区，市委书记的变更前后代理成本的变化较大，而在高市场化地区则无显著性差异（见表4-5）。

表4-5　　企业的资产周转率（Agen1）的单变量统计比较

| | 变更 | 未变更 | 差异 | T值 | Wilocx |
|---|---|---|---|---|---|
| 全样本 | 0.705 | 0.549 | 0.156 | 3.976*** | 3.827*** |
| 民企 | 0.668 | 0.521 | 0.145 | 1.305 | 0.739 |
| 地方国有 | 0.723 | 0.615 | 0.108 | 1.864* | 2.431*** |
| 外地官员 | 0.786 | 0.572 | 0.214 | 6.018*** | 6.038*** |
| 本地官员 | 0.556 | 0.495 | 0.059 | 0.873 | 1.580 |
| 高市场化 | 0.577 | 0.534 | 0.042 | 1.136 | 1.410 |
| 低市场化 | 0.627 | 0.568 | 0.059 | 2.546*** | 2.276** |

注：*、**、*** 分别表示在10%、5%、1%的水平上显著。我们也进一步按照同样的方式，对Agen2（管理费用率）、Agen3（大股东资金占用）等两个指标，也进行了单变量检验，结果与表4-4类似。

## 二、基本回归结果

### （一）总样本回归

具体结果在表4-6中列示，被解释变量是代理成本（Agen），分别用资产周转率（Agen1）、经营费用率（Agen2）和大股东资金占用（Agen3）来度量。可以发现第2列的解释变量市委书记变更（Dum_change）的回归系数为-0.063且在10%的水平上显著，而第3列与第4列的相应的回归系数为0.08与0.017，并且都在5%的水平上显著，说明上市公司所在地由于市委书记变更带来的政治不确定性会增加企业的两类代理成本，假设H4-1得到验证。从控制变量的结果来看，企业规模（Size）的回归系数显著为正，说明较大规模企业的代理成本会越高；第一大股东持股比例（Top1）的回归系数显著为负，说明大股东持股比例较低时，无法对公司管理层的行为形成有效制约，而导致公司的代理问题会更加严重；两职兼任（Dual）不显著，而独立董事比例（Indboard）则在5%的水平上显著，表明提高独立董事的在董事会中的席位和数量有助于缓解公司的代理问题。

表 4-6　市委书记变更与代理成本

| 变量 | Agen1<br>(1) | Agen2<br>(2) | Agen3<br>(3) |
| --- | --- | --- | --- |
| Dum_change | -0.033*<br>(-1.774) | 0.081**<br>(2.276) | 0.017**<br>(2.511) |
| Lev | 0.265***<br>(8.723) | -0.386***<br>(-6.523) | -0.183***<br>(-4.043) |
| Size | -0.049***<br>(-5.945) | 0.024***<br>(14.443) | 0.016***<br>(4.397) |
| Roa | 0.018***<br>(2.953) | 0.057***<br>(4.847) | 0.066***<br>(2.716) |
| Dual | 0.062<br>(1.224) | 0.045<br>(1.191) | 0.063<br>(0.777) |
| Top1 | 0.097***<br>(5.304) | -0.058**<br>(-2.161) | -0.011*<br>(-1.867) |
| Herfen1_3 | 0.394*<br>(1.674) | -0.094**<br>(-2.054) | -0.033*<br>(-1.728) |
| Indboard | -0.085***<br>(-7.322) | -0.014***<br>(-6.088) | -0.096**<br>(-2.157) |
| Fixasetra | -0.062**<br>(-2.543) | 0.061***<br>(3.019) | 0.019<br>(0.437) |
| Salegrow | 0.017<br>(1.007) | -0.021<br>(-0.664) | -0.031<br>(-0.500) |
| Big4 | 0.139***<br>(4.985) | -0.784***<br>(-14.373) | -0.154***<br>(-13.027) |
| Constant | -0.535***<br>(-7.992) | 0.726***<br>(19.382) | 0.442***<br>(5.094) |
| 行业 | 控制 | 控制 | 控制 |
| 年度 | 控制 | 控制 | 控制 |
| Observations | 13198 | 13198 | 13198 |
| Adj-$R^2$ | 0.233 | 0.348 | 0.385 |
| F | 47.16 | 76.86 | 23.19 |

注：括号中报告经 White 调整后的 t 值，*、**、*** 分别表示在 10%、5%、1% 的水平上显著。

## （二）市场化水平与行业影响的回归结果

表 4-7 的结果显示，在高市场化地区，市委书记变更的回归系数都不显著，而在低市场化地区，市委书记的变更会明显增加企业的代理成本，如第 3 列的回归系数为 -0.483 且在 10% 的水平上显著，第 5 列的系数为 0.138，第 7 列的回归系数为 0.368，显著性水平都在 5%，该结果表明，在市场化水平越低的地区，市委书记变更对企业的经营决策影响会越明显，其强烈政绩需求会导致干预企业的概率明显提高，进而导致企业从事非价值最大化的项目，在此过程中，为企业的高管谋取私利提供机会，由于高管与大股东合谋的现实状况存在，大股东也会趁机掠夺中小股东的利益，假设 H4-2a 得到了支持。

表 4-7　不同市场化水平下市委书记变更对代理成本的影响

| 变量 | Agen1<br>（1）<br>高市场化 | Agen1<br>（2）<br>低市场化 | Agen2<br>（3）<br>高市场化 | Agen2<br>（4）<br>低市场化 | Agen3<br>（5）<br>高市场化 | Agen3<br>（6）<br>低市场化 |
|---|---|---|---|---|---|---|
| Dum_change | 0.123<br>(0.490) | -0.483*<br>(-1.962) | -0.215<br>(-0.535) | 0.138**<br>(2.363) | 0.471<br>(1.134) | 0.368**<br>(2.407) |
| Lev | 0.327***<br>(5.436) | 0.209***<br>(5.739) | -0.503***<br>(-5.111) | -0.521<br>(-0.616) | -0.334<br>(-0.290) | -0.263***<br>(-11.585) |
| Size | -0.927<br>(-0.765) | -0.758***<br>(-5.831) | 0.898***<br>(-4.535) | -0.380***<br>(-3.608) | -0.554**<br>(-2.345) | -0.574<br>(-0.661) |
| Roa | 0.108***<br>(6.339) | 0.462<br>(0.785) | 0.805***<br>(3.101) | 0.0431***<br>(3.152) | 0.218***<br>(7.974) | 0.167***<br>(4.784) |
| Dual | 0.175<br>(1.422) | 0.768<br>(0.697) | 0.188<br>(0.213) | 0.382<br>(0.774) | 0.249<br>(0.679) | 0.112<br>(1.496) |
| Top1 | 0.748***<br>(2.776) | 0.418<br>(1.639) | -0.422<br>(-0.955) | -0.158***<br>(-2.673) | -0.155***<br>(-3.042) | -0.247<br>(-1.488) |
| Herfen_3 | 0.285<br>(0.808) | 0.490<br>(1.509) | -0.303<br>(-0.525) | -0.267***<br>(-3.547) | -0.164**<br>(-2.409) | -0.106<br>(-0.509) |
| Indboard | 0.926***<br>(6.251) | 0.623***<br>(2.676) | -0.857***<br>(-3.540) | -0.974*<br>(-1.803) | -0.169<br>(-0.387) | -0.253*<br>(-1.691) |
| Fixaset | -0.324**<br>(-2.453) | -0.172<br>(-1.121) | 0.663***<br>(3.069) | 0.306<br>(0.861) | 0.797***<br>(3.200) | 0.519<br>(0.528) |
| Salegro | 0.121***<br>(2.591) | 0.773<br>(0.532) | -0.153**<br>(-1.997) | -0.453<br>(-1.343) | -0.107<br>(-1.373) | -0.464<br>(-0.579) |

续表

| 变量 | Agen1<br>(1)<br>高市场化 | Agen1<br>(2)<br>低市场化 | Agen2<br>(3)<br>高市场化 | Agen2<br>(4)<br>低市场化 | Agen3<br>(5)<br>高市场化 | Agen3<br>(6)<br>低市场化 |
|---|---|---|---|---|---|---|
| Big4 | -0.242*** <br>(-4.955) | -0.220 <br>(-0.597) | -0.100*** <br>(-12.549) | -0.346*** <br>(-4.047) | -0.845*** <br>(-9.248) | -0.147*** <br>(-6.446) |
| Constant | 0.536*** <br>(-2.588) | -0.674*** <br>(-4.942) | 0.591*** <br>(9.850) | 0.429*** <br>(3.616) | 0.557*** <br>(3.733) | 0.428 <br>(0.249) |
| 行业 | 控制 | 控制 | 控制 | 控制 | 控制 | 控制 |
| 年度 | 控制 | 控制 | 控制 | 控制 | 控制 | 控制 |
| Observations | 6609 | 6589 | 6609 | 6589 | 6609 | 6589 |
| Adj-R2 | 0.401 | 0.481 | 0.455 | 0.432 | 0.456 | 0.437 |
| F | 27.55 | 47.31 | 84.33 | 38.32 | 46.32 | 16.27 |

注：括号中报告经White调整后的t值，*、**、***分别表示在10%、5%、1%的水平上显著。

虽然我国企业的市场化特征很明显，但是政府仍对一些行业都设置了准入限制，本章基于罗党论等（2016）和潘越等（2015）的做法，将采掘业、石油、化学、塑料、金属、电力、煤气及水的生产和供应、信息技术、房地产和传媒定义为管制型行业，一方面管制行业受政府政策的影响较大，另一方面其对当地税收和GDP的贡献也很明显，同时其生产经营活动更易受到政策调整的影响，以至于该类行业对市委书记变更等政治不确定性事件极为敏感。表4-8对此作了进一步检验，其中的第2、第4、第6列为非管制行业的回归结果，而第3、第5、第7列则为受政治不确定性影响明显的管制行业的结果，结果显示，市委书记变更（Dum_change）对管制行业两类代理成本的影响依然显著，但对非管制行业代理成本的影响不显著。这表明，相对于其他行业，市委书记的变更会导致管制行业两类代理成本的增加，假设H4-2b也得到支持。

表4-8 基于行业因素的市委书记变更对代理成本影响的回归

| 变量 | Agen1<br>(1)<br>非管制 | Agen1<br>(2)<br>管制 | Agen2<br>(3)<br>非管制 | Agen2<br>(4)<br>管制 | Agen3<br>(5)<br>非管制 | Agen3<br>(6)<br>管制 |
|---|---|---|---|---|---|---|
| Dum_change | -0.049 <br>(-0.973) | 0.089*** <br>(4.378) | 0.012 <br>(0.771) | 0.042*** <br>(8.593) | 0.092 <br>(0.413) | 0.028*** <br>(3.832) |
| Size | 0.124*** <br>(8.958) | -0.234*** <br>(-2.876) | -0.099*** <br>(-3.853) | -0.030*** <br>(-4.764) | -0.018 <br>(-0.925) | -0.014*** <br>(-4.273) |

# 第四章 政策不确定性与公司代理成本——基于市委书记变更的经验证据

续表

| 变量 | Agen1<br>(1)<br>非管制 | Agen1<br>(2)<br>管制 | Agen2<br>(3)<br>非管制 | Agen2<br>(4)<br>管制 | Agen3<br>(5)<br>非管制 | Agen3<br>(6)<br>管制 |
|---|---|---|---|---|---|---|
| Lev | 0.444***<br>(3.007) | 0.228***<br>(6.053) | -0.091***<br>(-8.792) | -0.036***<br>(-3.983) | 0.011<br>(1.428) | 0.201***<br>(3.503) |
| Dual | 0.228***<br>(3.029) | 0.123***<br>(5.392) | -0.048***<br>(-14.598) | -0.067<br>(-1.223) | -0.052**<br>(-2.102) | -0.022***<br>(-2.677) |
| Roa | 0.192<br>(1.306) | 0.406***<br>(5.139) | -0.460*<br>(-1.676) | -0.106***<br>(-5.588) | -0.231***<br>(-3.559) | -0.743**<br>(-2.528) |
| Herfen_3 | -0.243***<br>(-10.052) | -0.219***<br>(-9.050) | 0.396***<br>(9.501) | 0.124<br>(1.601) | 0.434<br>(1.354) | 0.622<br>(0.514) |
| Top1 | 0.024***<br>(3.518) | 0.026***<br>(10.561) | 0.027***<br>(8.132) | 0.091<br>(1.565) | 0.021<br>(0.844) | -0.013<br>(-1.402) |
| Salegr | -0.101***<br>(-5.044) | -0.135***<br>(-4.336) | 0.131***<br>(3.510) | 0.312<br>(0.420) | -0.147***<br>(-5.134) | -0.277**<br>(-2.423) |
| Fixase | -0.222**<br>(-2.466) | -0.279<br>(-0.587) | -0.109***<br>(-6.470) | 0.244**<br>(2.144) | -0.104***<br>(-7.307) | -0.544***<br>(-2.905) |
| Big4 | -0.054***<br>(-3.946) | -0.023**<br>(-2.433) | 0.028***<br>(2.918) | 0.033<br>(1.450) | 0.026***<br>(3.692) | 0.012***<br>(3.122) |
| Indbo | 0.015<br>(0.639) | 0.021<br>(1.516) | -0.012***<br>(-2.897) | -0.093***<br>(-2.806) | -0.025<br>(-0.718) | -0.093*<br>(-1.791) |
| Const | 0.211***<br>(9.944) | 0.460**<br>(2.516) | 0.312***<br>(5.170) | 0.677***<br>(5.012) | 0.514**<br>(2.097) | 0.319***<br>(4.452) |
| 年度 | 控制 | 控制 | 控制 | 控制 | 控制 | 控制 |
| Observations | 8579 | 4619 | 8579 | 4619 | 8579 | 4619 |
| Adj | 0.208 | 0.204 | 0.211 | 0.237 | 0.201 | 0.296 |
| F | 98.13 | 23.44 | 66.44 | 28.09 | 59.69 | 33.32 |

注：括号中报告经 White 调整后的 t 值，*、**、*** 分别表示在 10%、5%、1% 的水平上显著。

### (三) 企业产权性质对市委书记变更与代理成本间关系的影响

表 4-9 是按照企业产权性质进行分组的结果，具体的企业产权分组是按照 Wind 数据库中的实际控制人状况来分组，企业的实际控制人是地方国资委或同级政府机构，则为地方国企；如实际控制人是国务院国资委，则为中央国企；实际控制人如为单一个人，则为民营企业。从表 4-9 可以看出，在国有企业组，

市委书记变更的回归系数分别为 -0.090、0.096 与 0.016，并且都在 10% 的水平上显著，而民营企业组的回归系数尽管符号与国有企业组一致，但是都不显著，这些结果表明，国企高管将会迎合与满足市委书记短期内提升政绩的内在需求，而进行过度投资和上马一些"面子"工程，并在此过程中进行一些在职消费和谋取个人私利，同时国企的大股东也会进行更多侵害中小股东利益的行为，因而市委书记变更会导致国有企业的两类代理成本会显著增大，假设 H4-3 得到支持。

表 4-9　不同产权的企业中市委书记变更对代理成本的影响差异

| 变量 | Agen1<br>(1)<br>民企 | Agen1<br>(2)<br>国企 | Agen2<br>(3)<br>民企 | Agen2<br>(4)<br>国企 | Agen3<br>(5)<br>民企 | Agen3<br>(6)<br>国企 |
| --- | --- | --- | --- | --- | --- | --- |
| Dum_change | -0.019<br>(-1.167) | -0.090**<br>(-2.337) | 0.014<br>(0.385) | 0.096*<br>(1.873) | 0.031<br>(1.567) | 0.016***<br>(3.022) |
| Lev | 0.021***<br>(6.847) | 0.088<br>(1.492) | -0.096<br>(-1.419) | -0.056***<br>(-4.885) | -0.021***<br>(-10.770) | -0.020<br>(-1.525) |
| Size | -0.059***<br>(-5.364) | -0.054***<br>(-3.598) | 0.026***<br>(3.066) | 0.016***<br>(5.769) | 0.038<br>(0.053) | 0.023***<br>(7.999) |
| Roa | 0.758<br>(1.410) | 0.136<br>(1.118) | 0.620***<br>(5.323) | 0.369<br>(1.553) | 0.131***<br>(4.044) | 0.0837***<br>(3.904) |
| Dual | 0.355<br>(0.774) | 0.153<br>(0.452) | -0.392<br>(-0.090) | -0.114<br>(-0.690) | -0.633<br>(-0.419) | -0.639<br>(-0.972) |
| Top1 | 0.672***<br>(2.858) | 0.452<br>(1.565) | -0.314***<br>(-6.166) | -0.259***<br>(-4.575) | -0.891<br>(-0.585) | -0.164***<br>(-2.786) |
| Herfen1_3 | 0.196<br>(0.626) | 0.338<br>(0.943) | -0.522***<br>(-7.696) | -0.213***<br>(-3.035) | -0.284<br>(-0.139) | -0.115<br>(-1.622) |
| Indboard | 0.203***<br>(5.748) | 0.102***<br>(8.264) | -0.378***<br>(-4.935) | -0.120***<br>(-4.979) | -0.040<br>(-1.637) | -0.111***<br>(-4.401) |
| Fixasetra | -0.697***<br>(-3.973) | -0.102<br>(-0.844) | 0.264***<br>(6.955) | 0.244<br>(1.030) | 0.125<br>(0.972) | 0.778***<br>(4.263) |
| Salegrow | 0.247**<br>(1.982) | 0.135*<br>(1.943) | -0.125<br>(-0.462) | -0.127<br>(-0.930) | -0.228<br>(-0.306) | -0.705<br>(-0.391) |
| Big4 | 0.270<br>(0.930) | -0.246***<br>(-4.577) | -0.558***<br>(-8.882) | -0.113***<br>(-3.763) | -0.189***<br>(-4.106) | -0.463***<br>(-5.042) |

续表

| 变量 | Agen1<br>(1)<br>民企 | Agen1<br>(2)<br>国企 | Agen2<br>(3)<br>民企 | Agen2<br>(4)<br>国企 | Agen3<br>(5)<br>民企 | Agen3<br>(6)<br>国企 |
|---|---|---|---|---|---|---|
| Const | -0.992***<br>(-7.362) | 0.595*<br>(1.999) | 0.853***<br>(14.552) | 0.575***<br>(9.843) | 0.221<br>(1.200) | 0.597***<br>(10.820) |
| 行业 | 控制 | 控制 | 控制 | 控制 | 控制 | 控制 |
| 年度 | 控制 | 控制 | 控制 | 控制 | 控制 | 控制 |
| Observations | 4224 | 8974 | 4224 | 8974 | 4224 | 8974 |
| Adj $R^2$ | 0.361 | 0.328 | 0.378 | 0.338 | 0.348 | 0.351 |
| F | 34.83 | 52.82 | 93.53 | 35.03 | 21.32 | 44.99 |

注：括号中报告经 White 调整后的 t 值，*、**、*** 分别表示在 10%、5%、1% 的水平上显著。

### (四) 市委书记个体特征的影响

表 4-10 是变更市委书记籍贯与官员的年龄对回归结果的影响。具体是按照本地与异地的划分标准，按照所变更新任市委书记的籍贯来划分，可看出该表的第 2 列市委书记变更的回归系数为 -0.695，且在 1% 的水平上高度显著，而第 4、第 6 列市委书记变更的回归系数都显著为正，说明变更市委书记如为外地调入的，其所带来的政治不确定性会增大企业的代理成本，但是新任市委书记本地升迁时，政治不确定性加大对企业的代理成本的影响不显著，说明相对于本地升迁市委书记，外地调入新任市委书记的上任对代理成本的强化作用更为明显，意味着其需要在短期内上马更多的项目突出政绩，进而可能对前人的发展规划与政策进行深度调整而干预企业的投资项目，从而导致政治不确定性程度的加大（徐业坤等，2013；曹春方，2013），最终增加了企业的两类代理成本。假设 H4-4a 得到验证。

表 4-10　变更的市委书记的籍贯对代理成本的影响

| 变量 | Agen1<br>(1)<br>异地 | Agen1<br>(2)<br>本地 | Agen2<br>(3)<br>异地 | Agen2<br>(4)<br>本地 | Agen3<br>(5)<br>异地 | Agen3<br>(6)<br>本地 |
|---|---|---|---|---|---|---|
| Dum_change | -0.695**<br>(-2.182) | -0.682<br>(-0.271) | 0.842*<br>(1.794) | 0.455<br>(1.137) | 0.180*<br>(1.873) | -0.235<br>(-0.444) |
| Lev | 0.273***<br>(8.300) | 0.125<br>(0.878) | -0.381***<br>(-5.832) | -0.479**<br>(-2.119) | -0.191***<br>(-2.686) | -0.554*<br>(-1.667) |

续表

| 变量 | Agen1 (1) 异地 | Agen1 (2) 本地 | Agen2 (3) 异地 | Agen2 (4) 本地 | Agen3 (5) 异地 | Agen3 (6) 本地 |
|---|---|---|---|---|---|---|
| Size | 0.526*** (5.799) | 0.996*** (3.332) | -0.252*** (-3.952) | -0.356*** (-7.508) | -0.178*** (-4.215) | -0.915 (-0.119) |
| Roa | 0.173*** (2.720) | 0.1480*** (4.733) | -0.499*** (-3.948) | -0.366*** (-7.395) | -0.842*** (-3.073) | -0.711*** (-9.147) |
| Dual | 0.463 (1.128) | 0.158 (1.069) | 0.0118 (1.324) | -0.156 (-0.915) | -0.122 (-1.232) | -0.141 (-1.131) |
| Top1 | 0.124*** (6.069) | 0.129** (2.197) | -0.183 (-0.045) | -0.193** (-2.073) | -0.956 (-1.012) | -0.770 (-0.560) |
| Herfen1_3 | -0.869*** (-3.240) | -0.511 (-0.761) | -0.106** (-1.983) | 0.120 (1.125) | 0.0241 (0.193) | 0.229 (1.489) |
| Indboard | -0.763*** (6.186) | -0.932* (-1.950) | -0.125*** (-5.109) | -0.191 (-0.252) | -0.175 (-0.246) | -0.602*** (-5.387) |
| Fixasetra | 0.664 (0.567) | 0.795*** (3.139) | -0.351 (-1.511) | -0.709* (-1.764) | -0.122 (-0.223) | -0.363 (-0.617) |
| Salegrow | 0.138* (1.816) | 0.293*** (3.261) | -0.240 (-0.714) | -0.500*** (-3.509) | -0.343 (-0.505) | 0.415** (2.172) |
| Big4 | -0.169*** (-5.030) | 0.133 (0.168) | -0.722*** (-2.803) | 0.196 (1.558) | -0.155*** (-3.104) | 0.612 (0.295) |
| Constant | -0.1427*** (-6.824) | -0.349*** (-5.085) | 0.719*** (7.275) | 0.106*** (5.124) | 0.460*** (4.582) | 0.238 (1.383) |
| 行业 | 控制 | 控制 | 控制 | 控制 | 控制 | 控制 |
| 年度 | 控制 | 控制 | 控制 | 控制 | 控制 | 控制 |
| Observations | 10837 | 2361 | 10837 | 2361 | 10837 | 2361 |
| Adj-$R^2$ | 0.318 | 0.364 | 0.388 | 0.391 | 0.367 | 0.332 |
| F | 40.61 | 26.30 | 54.62 | 65.10 | 19.33 | 13.90 |

注：括号中报告经 White 调整后的 t 值，*、**、*** 分别表示在 10%、5%、1% 的水平上显著。

表4-11是考虑了市委书记年龄后的回归结果，我们按照市委书记变更时的实际年龄来分组，并结合了杨其静和郑楠（2013）、杨其静和彭艳琼等（2015）的处理方法，将新变更市委书记年龄处于30~55岁的，定义为升迁组（Dominguez-Martinez et al.，2006），将55~60年龄段分为退休组，可以看出市委书记即将退休组解释变量的回归系数都不显著，而升迁组回归系数都显著，而且相对于退休组，升迁组市委书记变更明显增加了企业的代理成本，假

设 H-4b 得到了支持。

表 4-11  基于年龄影响的市委书记变更对代理成本的影响

| 变量 | Agen1 (1) 准备退休 | Agen1 (2) 准备升迁 | Agen2 (3) 准备退休 | Agen2 (4) 准备升迁 | Agen3 (5) 准备退休 | Agen3 (6) 准备升迁 |
|---|---|---|---|---|---|---|
| Dum_change | 0.976 (1.573) | -0.162*** (-2.538) | 0.233 (0.408) | 0.490* (1.898) | 0.972 (1.169) | 0.387*** (2.942) |
| Lev | 0.233*** (5.215) | 0.155*** (2.710) | -0.538 (-0.801) | -0.113*** (-2.895) | 0.109*** (3.418) | 0.324*** (6.537) |
| Size | 0.536*** (2.403) | 0.520*** (4.191) | 0.277*** (3.845) | 0.187*** (7.884) | 0.157*** (4.970) | 0.258*** (4.050) |
| Roa | 0.522 (0.612) | 0.372** (2.452) | 0.247* (1.925) | 0.461* (1.674) | 0.440** (2.360) | 0.363 (0.485) |
| Dual | 0.981 (1.025) | 0.351 (1.077) | 0.640 (1.312) | 0.568 (0.961) | 0.428 (1.059) | 0.289 (0.777) |
| Top1 | 0.172*** (6.164) | 0.229*** (6.409) | -0.145 (-0.035) | -0.991 (-1.518) | -0.342*** (-5.213) | -0.889 (-0.532) |
| Herfindahl_3 | 0.211*** (3.415) | 0.293*** (-4.821) | -0.483 (-0.905) | -0.244*** (-2.818) | -0.334*** (-3.935) | -0.878 (-0.401) |
| Indboard | -0.112*** (-4.860) | -0.572*** (-3.173) | -0.811** (-2.550) | -0.144*** (-4.411) | -0.150** (-2.465) | -0.148 (-1.232) |
| Fixedra | -0.413*** (-2.681) | -0.988 (-0.748) | 0.234 (1.009) | 0.105*** (4.367) | 0.466 (1.275) | 0.116** (1.983) |
| Salegrow | 0.333* (1.650) | 0.341*** (2.801) | -0.163 (-0.536) | -0.117*** (-5.304) | -0.179 (-0.432) | -0.137*** (-2.653) |
| Big4 | -0.186*** (-4.287) | -0.885 (-1.493) | -0.711*** (-4.905) | -0.821*** (-7.659) | -0.971*** (-9.894) | -0.187*** (-6.837) |
| Constant | -0.179 (-0.554) | -0.253*** (-5.330) | 0.729*** (4.976) | 0.639*** (4.465) | 0.528*** (6.813) | 0.492*** (4.226) |
| 行业 | 控制 | 控制 | 控制 | 控制 | 控制 | 控制 |
| 年度 | 控制 | 控制 | 控制 | 控制 | 控制 | 控制 |
| Observations | 7369 | 5829 | 7369 | 5829 | 7369 | 5829 |
| Adj-$R^2$ | 0.352 | 0.257 | 0.358 | 0.419 | 0.364 | 0.329 |
| F | 20.79 | 11.64 | 71.04 | 50.78 | 42.92 | 13.40 |

注：括号中报告经 White 调整后的 t 值，\*、\*\*、\*\*\* 分别表示在 10%、5%、1% 的水平上显著。

## 三、进一步的研究：经济后果

既然市委书记变更所带来的政治不确定性会增加企业的两类代理成本，那其对企业的经营业绩和企业价值是否有严重的负面效应？进一步我们在模型（4-1）的基础上，加入了市委书记变更（Dum_change）与企业代理成本（Agen）的交叉项（Dum_change × Agen）而组成模型（4-2），其中公司的业绩变量，我们按照主流文献的做法，分别采用净资产回报率（Roe）与企业的托宾（Tobin）分别体现企业的短期业绩与长期业绩的指标，如果模型（4-2）的交叉项3β的回归系数显著为负，就表明政治不确定性通过加重企业的代理成本而导致了公司价值的明显下降。

表4-12 的结果显示，在因变量为托宾（Tobin）时，Agen1 的回归系数为 0.153 且在 10% 的统计水平上显著，虽然因变量为净资产收益率（Roe）时，Agen1 的回归系数 0.0466 且不显著，但在两组的回归中，Agen1 与市委书记变更（Dum_change）交叉项的回归系数分别为 0.478 和 0.0716 且统计显著，说明公司的资产周转率（Agen1）越低，公司的托宾（Tobin）和净资产收益率（Roe）会显著下降，而市委书记变更所带来的政治不确定性（Dum_change）则强化了这一影响。进一步地，当企业的代理成本采用管理费用率（Agen2）和其他应收款（Agen3）时，两个变量的单独回归系数都为负，表明管理费用和大股东占用资金越严重，意味着企业的代理成本越大，进而使公司的托宾和净资产收益率越低，然而管理费用率（Agen2）和其他应收款（Agen3）与市委书记变更（Dum_change）交叉项的回归系数分别为 -0.166、-0.0464、-0.102、-0.0962 且都统计显著，表明无论因变量是 Roe 还是 Tobin，市委书记变更（Dum_change）会通过加重企业的代理成本而抑制企业的托宾（Roe）和净资产收益率（Tobin），最终损害所在地上市公司的经营业绩和价值。

$$Performance_{i,t} = \beta_0 + \beta_1 \times Dum\_change_{i,t-1} + \beta_2 \times Agen_{i,t-1} \times Dum\_change_{i,t-1} + \beta_3 \times Agen_{i,t-1}\beta_4 + \times Size_{i,t-1} + \beta_5 \times Lev_{i,t-1} + \beta_6 \times Roa_{i,t-1} + \beta_7 \times Dual_{i,t-1} + \beta_8 \times Top1_{i,t-1} + \beta_9 \times Herfen1\_3_{i,t-1} + \beta_{10} \times Fixasetra_{i,t-1} + \beta_{11} \times Salgrow_{i,t-1} + \beta_{12} \times Indboard_{i,t-1} + \beta_{13} \times Big4_{i,t-1} + \sum Industry + \sum Year + \nu_{i,t-1} \quad (4-2)$$

表4-12　市委书记变更、代理成本与经济后果的回归

| 变量 | Tobin | | | Roe | | |
|---|---|---|---|---|---|---|
| | (1) | (2) | (3) | (4) | (5) | (6) |
| Dum_change1 | -0.237*** (-2.875) | -0.233** (-1.975) | -0.486*** (-4.704) | -0.625*** (-2.690) | -0.503** (-2.147) | -0.257* (-1.896) |
| Dum_change1 * Agent | 0.478*** (4.028) | | | 0.0716** (2.136) | | |
| Agent | 0.153* (1.956) | | | 0.0466 (0.206) | | |
| Big4 | 0.0486* (1.841) | -0.123 (-1.353) | -0.0105 (-0.118) | 0.0432* (1.660) | 0.0582** (2.210) | 0.0594** (2.307) |
| Top1 | -0.0322*** (-4.722) | -0.0401*** (-5.902) | -0.0352*** (-5.170) | -0.0567*** (-2.875) | -0.0491** (-2.498) | -0.0578*** (-2.958) |
| Roa | 4.184*** (9.409) | 4.371*** (10.098) | 4.175*** (9.570) | 0.608*** (4.763) | 0.613*** (4.888) | 0.634*** (5.091) |
| Fixasset | 0.0624*** (8.630) | 0.0643*** (8.869) | 0.0633*** (8.649) | -0.0147 (-0.697) | -0.0136 (-0.640) | -0.0166 (-0.782) |
| Indboard | 0.787* (1.814) | 0.607 (1.404) | 0.878** (1.996) | 0.122 (0.982) | 0.140 (1.123) | 0.084 (0.669) |
| Size | -0.457*** (-15.478) | -0.369*** (-11.679) | -0.458*** (-15.558) | -0.0146* (-1.718) | -0.0234** (-2.574) | -0.0114 (-1.356) |
| Lev | -1.909*** (-9.931) | -1.799*** (-9.436) | -1.961*** (-9.869) | -0.228*** (-4.156) | -0.228*** (-4.174) | -0.176*** (-3.139) |
| Herf_3 | 0.746*** (4.714) | 0.650*** (5.900) | 0.163*** (5.277) | 0.742*** (3.241) | 0.659*** (2.895) | 0.728*** (3.220) |
| Dual | -0.160* (-1.867) | -0.176** (-2.076) | -0.166* (-1.944) | -0.0466* (-1.882) | -0.0422* (-1.712) | -0.0399 (-1.618) |
| Salegrow | 0.128*** (6.239) | 0.113*** (5.519) | 0.131*** (6.326) | 0.0889 (1.489) | 0.0879 (1.461) | 0.0738 (1.231) |
| Dum_change1 * Age2 | | -0.166* (-1.934) | | | -0.0464* (-1.899) | |
| Age2 | | -0.532*** (-5.856) | | | -0.0220 (-0.851) | |
| Dum_change1 * Age3 | | | -0.102* (-1.816) | | | -0.0962** (-2.274) |
| Age3 | | | -0.108 (-1.370) | | | -0.0674*** (-3.028) |
| Constant | 0.975*** (10.542) | 0.415*** (8.148) | 0.562*** (10.542) | 0.373* (1.698) | 0.513** (2.236) | 0.286 (1.297) |

续表

| 变量 | Tobin | | | Roe | | |
|---|---|---|---|---|---|---|
| | (1) | (2) | (3) | (4) | (5) | (6) |
| 行业、年度 | 控制 | 控制 | 控制 | 控制 | 控制 | 控制 |
| Observations | 12711 | 12711 | 12711 | 12767 | 12767 | 12767 |
| Adjusted $R^2$ | 0.285 | 0.288 | 0.284 | 0.190 | 0.189 | 0.192 |
| F | 85.57 | 86.79 | 84.64 | 76.586 | 76.545 | 76.670 |

注：*、**、*** 分别表示在 10%、5%、1% 的水平上显著。

## 四、稳健性分析

（1）Heckman 两阶段检验。基于雷光勇等（2015）的启示，市委书记变更有可能与企业代理成本之间存在互为因果关系的可能性，因而利用变更前的市委书记的年龄（Leadage）、企业的员工数量（Beworkyear）和市委书记是否有作为秘书的工作经历（Dum_mishuexp）三个因素作为工具变量，同时也考虑到模型的遗漏变量问题，所以采用 Heckman 两阶段法进行回归，从表 4-13 的第 2、第 4 及第 6 列可以看出，其逆米尔斯比率（IMR）都显著，说明原模型存在一定的内生性或遗漏变量问题，进一步可以看出第二阶段的市委书记变更（Dum_change）的回归系数都显著为负，本章的结论再次得到支持。

表 4-13　　　　　　　　Heckman 两阶段法回归

| 变量 | (1) | (2) | (3) | (4) | (5) | (6) |
|---|---|---|---|---|---|---|
| | 第一阶段 | 第二阶段 | 第一阶段 | 第二阶段 | 第一阶段 | 第二阶段 |
| Dum_change | | -0.550**<br>(-2.561) | | 0.178<br>(0.495) | | 0.202**<br>(2.498) |
| Lev | 0.196***<br>(2.738) | 0.245***<br>(5.982) | -0.613***<br>(-8.105) | -0.766***<br>(-10.030) | -0.119***<br>(-10.125) | -0.243***<br>(-13.039) |
| Size | -0.215**<br>(-2.106) | -0.231**<br>(-2.461) | 0.128***<br>(4.427) | 0.143***<br>(8.211) | 0.159***<br>(3.006) | 0.182***<br>(4.101) |
| Roa | 0.529***<br>(2.905) | 0.689***<br>(6.382) | 0.126***<br>(4.336) | 0.134***<br>(6.642) | 0.0273<br>(0.558) | 0.299<br>(0.612) |
| Dual | -0.103<br>(-0.927) | -0.107<br>(-1.292) | 0.0796<br>(0.825) | 0.817<br>(1.182) | 0.0146<br>(1.027) | 0.0103<br>(1.129) |

第四章 政策不确定性与公司代理成本——基于市委书记变更的经验证据

续表

| 变量 | (1) 第一阶段 | (2) 第二阶段 | (3) 第一阶段 | (4) 第二阶段 | (5) 第一阶段 | (6) 第二阶段 |
|---|---|---|---|---|---|---|
| Top1 | 0.117*** (3.105) | 0.106*** (4.865) | -0.217 (-0.678) | -0.305 (-0.761) | -0.479 (-0.963) | -0.526 (-0.524) |
| Herfen_3 | 0.573** (2.093) | 0.646** (2.251) | -0.611 (1.219) | -0.705 (-1.339) | -0.015 (-0.236) | -0.107 (-0.081) |
| Indbo | 0.742*** (3.792) | 0.871*** (6.481) | -0.165*** (-3.467) | -0.173*** (-6.821) | -0.223 (-0.119) | -0.241 (-0.232) |
| Fixase | -0.203*** (-3.004) | -0.294** (-2.492) | 0.814 (3.562) | 0.872*** (4.017) | 0.033 (0.458) | 0.041 (0.760) |
| Salegr | 0.318 (0.924) | 0.326 (0.782) | -0.217 (-0.453) | -0.240 (-0.316) | -0.516*** (-2.937) | -0.589*** (-3.550) |
| Big4 | 0.126*** (2.778) | 0.142*** (3.731) | -0.892*** (-10.102) | -0.950*** (-13.354) | -0.205*** (-6.298) | -0.174*** (-9.985) |
| Leada | 0.688*** (9.143) | | 0.675*** (9.034) | | 0.101*** (14.580) | |
| Bewoyear | 0.277*** (3.937) | | 0.318*** (4.573) | | 0.477*** (7.336) | |
| Dum_shuexp | 0.204*** (3.670) | | 0.182*** (3.292) | | 0.115** (2.172) | |
| IMR | | -0.258*** (-1.738) | | -0.716* (-1.960) | | -0.759** (-2.195) |
| Const | -0.582*** (-4.121) | -0.693*** (-3.036) | -0.628*** (-4.744) | 0.595*** (4.055) | -0.996*** (-7.648) | 0.437*** (3.970) |
| Industry | 控制 | 控制 | 控制 | 控制 | 控制 | 控制 |
| Year | 控制 | 控制 | 控制 | 控制 | 控制 | 控制 |
| Observations | 11142 | 11142 | 11142 | 11142 | 11142 | 11142 |

注：括号中报告经 White 调整后的 t 值，\*、\*\*、\*\*\* 分别表示在 10%、5%、1% 的水平上显著。

（2）删掉副省级、省会城市、直辖市的样本。由于副省级城市的市委书记基本为省委常委，其政治级别为副省级，而且像西安、杭州、南京等城市的市长并不是省委常委，但行政级别都是副省级干部，因而本章进一步剔除这些城市的样本进行了检验，另外，也剔除了企业注册地在北京的样本，由于北京市是全国的政治、经济与文化中心，而且北京市的行政级别是副国级单位，其下属的区与县多是地市级单位，因而其整个经济政治环境与一般的地级市有较大的差异，所以将北京样本剔除掉；最后也删除了宁波、厦门、大连、青岛等非省会的计划单列市等城市的样本。表4-14 是删除掉这些样本后的结果，本章

· 57 ·

表 4-14 去掉副省级及直辖市后的市委书记变更与代理成本的回归结果

| 变量 | Agen1 (1) 非副省级城市 | Agen2 (2) 非副省级城市 | Agen3 (3) 非副省级城市 | Agen1 (4) 非直辖市 | Agen2 (5) 非直辖市 | Agen3 (6) 非直辖市 | Agen1 (7) 非计划单列市 | Agen2 (8) 非计划单列市 | Agen3 (9) 非计划单列市 |
|---|---|---|---|---|---|---|---|---|---|
| Dum_change | -0.741** (-2.145) | 0.328 (0.842) | 0.121** (1.975) | -0.328* (-1.777) | 0.821** (2.279) | 0.185** (2.516) | -0.325* (-1.774) | 0.813** (2.276) | 0.183** (2.511) |
| Lev | 0.256*** (7.906) | 0.232*** (-3.955) | 0.164*** (-6.547) | 0.265*** (-.691) | 0.386*** (-6.499) | 0.183*** (-3.986) | 0.265*** (8.723) | -0.386*** (-6.523) | -0.183*** (-4.043) |
| Size | 0.438*** (-4.746) | 0.221*** (-3.168) | 0.229*** (-7.703) | 0.496*** (-5.924) | 0.235*** (14.391) | 0.161*** (-2.380) | 0.496*** (-5.945) | 0.235*** (4.443) | 0.161*** (4.397) |
| Roa | 0.156** (2.419) | 0.363*** (3.106) | 0.787*** (4.196) | 0.179*** (2.943) | 0.573*** (4.830) | 0.664*** (2.705) | 0.179*** (2.953) | 0.0573*** (4.847) | 0.664*** (2.716) |
| Dual | -0.940 (-1.546) | 0.709 (1.541) | 0.178 (1.421) | -0.618 (-1.213) | 0.446 (1.188) | 0.627 (0.774) | -0.618 (-1.224) | 0.446 (1.191) | 0.626 (0.777) |
| Top1 | 0.120*** (6.083) | -0.439 (-1.226) | 0.195*** (-3.168) | 0.974*** (5.284) | -0.572 (-0.159) | -0.108 (-1.359) | 0.974*** (5.304) | -0.578 (-0.161) | -0.108 (-1.367) |
| Herfen1_3 | 0.619** (2.481) | -0.213 (-0.470) | -0.197** (-2.523) | 0.393* (1.666) | -0.945** (-2.049) | -0.327 (-0.323) | 0.394* (1.674) | -0.944** (-2.054) | -0.331 (-0.328) |
| Indboard | 0.818*** (6.355) | 0.866*** (-3.709) | -0.319 (-0.586) | 0.849*** (7.297) | 0.138*** (-6.068) | -0.968 (-0.158) | 0.849*** (-7.322) | -0.138*** (-6.088) | -0.960 (-0.157) |
| Fixasetra | -0.260** (-2.179) | 0.664*** (3.065) | 0.558 (1.462) | -0.262** (-2.533) | 0.607*** (3.007) | 0.196 (0.438) | -0.262** (-2.543) | 0.608*** (3.019) | 0.195 (0.437) |

## 第四章 政策不确定性与公司代理成本——基于市委书记变更的经验证据

续表

| 变量 | Agen1<br>(1)<br>非副省级城市 | Agen2<br>(2)<br>非副省级城市 | Agen3<br>(3)<br>非副省级城市 | Agen1<br>(4)<br>非直辖市 | Agen2<br>(5)<br>非直辖市 | Agen3<br>(6)<br>非直辖市 | Agen1<br>(7)<br>非计划单列市 | Agen2<br>(8)<br>非计划单列市 | Agen3<br>(9)<br>非计划单列市 |
|---|---|---|---|---|---|---|---|---|---|
| Salegrow | 0.153<br>(0.920) | -0.280<br>(-0.931) | -0.137<br>(-0.299) | 0.166<br>(1.004) | -0.213<br>(-0.667) | -0.309<br>(-0.498) | 0.166<br>(1.007) | -0.213<br>(-0.664) | -0.309<br>(-0.500) |
| Big4 | 0.138***<br>(4.594) | 0.819***<br>(-4.972) | 0.122***<br>(-3.343) | 0.139***<br>(4.968) | 0.784***<br>(-4.322) | 0.154***<br>(-2.974) | 0.139***<br>(4.985) | -0.784***<br>(-4.373) | -0.154***<br>(-3.027) |
| Constant | 0.484***<br>(-6.652) | 0.744***<br>(8.366) | 0.589***<br>(7.835) | 0.534***<br>(-7.963) | 0.726***<br>(19.312) | 0.442***<br>(5.073) | 0.535***<br>(-7.992) | 0.726***<br>(3.382) | 0.442***<br>(5.094) |
| 行业 | 控制 | 控制 | 控制 | 控制 | 控制 | 控制 | 控制 | 控制 | 控制 |
| 年度 | 控制 | 控制 | 控制 | 控制 | 控制 | 控制 | 控制 | 控制 | 控制 |
| Observations | 5939 | 5939 | 5939 | 7238 | 7238 | 7238 | 8195 | 8195 | 8195 |
| Adj-$R^2$ | 0.355 | 0.39 | 0.308 | 0.332 | 0.347 | 0.384 | 0.333 | 0.348 | 0.385 |
| F | 44.10 | 75.44 | 31.56 | 46.63 | 75.89 | 22.95 | 47.16 | 76.86 | 23.19 |

注:括号中报告经 White 调整后的 t 值,*、**、*** 分别表示在 10%、5%、1% 的水平上显著。
资料来源:作者利用 Stata12 软件计算。

的结论也再次得到支持。

（3）采用倾向得分匹配法（Propensity Score Matching）。为了进一步证实本章结论的可靠性，本章在企业的规模、负债率、行业、业绩等指标相似的条件下，分别采用最近邻匹配的方法分别构建了市委书记变更组（Treament Group）处理组，以及市委书记未变更的控制组（Control Group），并进一步采用同样的回归，从表4-15的结果看出，采用这种匹配方法建立配对样本后，本章的结论依然保持稳健。

表4-15　　　　　　　　　倾向得分匹配的回归

| 变量 | Agen1<br>(1) | Agen2<br>(2) | Agen3<br>(3) |
| --- | --- | --- | --- |
| Dum_change | -0.237***<br>(-3.214) | 0.147***<br>(11.616) | 0.780***<br>(7.689) |
| Dual | -0.033***<br>(-4.635) | -0.199*<br>(-1.646) | -0.103***<br>(-10.660) |
| Herfer1_3 | -0.442<br>(-0.520) | 0.311**<br>(2.130) | 0.775***<br>(6.626) |
| Roa | -0.161<br>(-1.371) | 0.601***<br>(2.980) | -0.401**<br>(-2.479) |
| Salegrow | -0.270<br>(-0.350) | -0.313**<br>(-2.353) | -0.251**<br>(-2.360) |
| Lev | -0.175<br>(-0.619) | 0.119**<br>(2.452) | -0.115***<br>(-2.948) |
| Size | 0.393***<br>(4.636) | -0.218***<br>(-4.102) | -0.326***<br>(-8.807) |
| Top1 | 0.296***<br>(4.372) | -0.556***<br>(-4.769) | -0.716***<br>(-7.678) |
| Indboard | -0.292<br>(-0.660) | -0.131*<br>(-1.706) | -0.314<br>(-0.516) |
| Big4 | -0.298***<br>(-9.769) | 0.119***<br>(4.696) | 0.261<br>(0.622) |
| Fixasetra | 0.113***<br>(6.420) | -0.314***<br>(-10.385) | -0.430***<br>(-7.815) |

第四章 政策不确定性与公司代理成本——基于市委书记变更的经验证据

续表

| 变量 | Agen1<br>（1） | Agen2<br>（2） | Agen3<br>（3） |
|---|---|---|---|
| Const | -0.263***<br>（-4.112） | 0.509***<br>（5.325） | 0.152***<br>（7.228） |
| 年度 | 控制 | 控制 | 控制 |
| 行业 | 控制 | 控制 | 控制 |
| Observations | 5086 | 5086 | 5086 |
| Adjust-$R^2$ | 0.262 | 0.321 | 0.179 |
| F | 141.6 | 186.3 | 87.38 |

注：*、**、***分别代表在10%、5%、1%的水平上显著。

（）参照张军和高远（2007）的做法，改变市委书记变更的度量方法。如果市委书记更替发生在当年的1月，当年记为更替年份；更替发生其他月的，以下一年记为更替年份。将重新设定的政治不确定性变量纳入计量模型，本章的结论再次得到验证。

（）影响企业资产周转率的因素有可能还包括宏观经济政策因素。因而我们进一步在模型（4-1）和模型（4-2）的控制变量中进一步加入地区的人均GDP、失业率和货币政策等变量，本章的假设和结果依然没有变化。

## 第六节

### 结论与启示

经典代理理论认为，影响公司代理问题的是股东、管理者，以及供应商、客户等利益相关者之间的剩余收益所有权的分配机制，并假定公司经营的外部环境是稳定的和不受干扰的，但在转型市场经济国家中，这一假定是脱离实际的，尤其是在我国，政府对企业具有千丝万缕的影响是一个无法回避的现实问题，而代表政府的地方官员作为政府的代理人，对企业的资源分配的影响巨大，稳定的政府领导人格局会带来稳定的政商土壤，各类经济政策也将平稳及可预见，但一旦地方政府主要领导人发生更替，地方政府的政策也将会带来各种不确定性，从而形塑和改变了公司代理问题所赖以存在的环境。

因而，本章基于代理理论框架的解释，研究了市委书记变更带来的政治不确定性对微观企业的代理成本的影响。本章使用了 2000～2015 年沪深 A 股的财务数据，具体分析了政治不确定性对企业代理成本的影响。研究发现，市委书记变更所带来的政治不确定性会明显增加企业的两类代理成本，同时发现该效应在低市场化水平组与国有企业组更为显著。研究结果进一步揭示，当新任市委书记为外地调入时，会明显增加企业的代理成本，同时新任市委书记官员的政治年龄和公司所在的行业类型也会显著影响两者的关系。本章的研究结论表明，由于我国上市公司的整体治理水平处在一个较低阶段，因而呈现出形形色色的公司代理问题，尽管这与我国的投资者保护制度与法律不完善，以及上市公司内生的先天局限性有密切的关系，但我们更需要关注影响公司代理问题的外部制度不确定性所带来的重要诱因。为了更好地抑制由于此而带来的公司代理问题，我们需要逐步减少政府对企业的随意和盲目干预，优化企业的外部治理环境，并降低由于地方的市委书记等主要官员的人事更替对企业的不利"冲击"，从而最大限度地减少政府代理问题对公司代理问题的传染效应，以提高企业的外部制度安排的稳定性，稳定企业的预期和建立良好的政商互动关系。

# 第五章

# 劳动保护：保护员工还是优待高管
## ——基于业绩薪酬敏感性视角

## 第一节

### 引 言

改革开放以来，我国的经济发展速度保持了40多年的快速增长，GDP增长速度多年保持在世界前列，甚至被称为人类经济史的"增长奇迹"，很多学者从人口红利的角度对此进行解释，认为丰富而又勤劳的劳动力资源，以及较低的劳动力成本是主导我国经济发展的最重要的引擎。党的十九大报告也提出："就业是最大的民生。坚持在经济增长的同时实现劳动报酬同步增长、在劳动生产率提高的同时实现劳动报酬同步提高。"然而随着我国人口红利逐渐衰减，劳动力市场总体供求关系已经由以前供大于求逆转为结构性失衡，并致使劳资冲突大量出现，进而对微观企业的生产经营产生潜在影响（王雷，2016）。2007年6月29日，第十届全国人民代表大会常务委员会第二十八次会议通过了《劳动合同法》，并自2008年1月1日起正式实施。该法要求公司与工作十年以上的员工必须签订无固定期限的合同，并且公司应提高最低工资标准，改善员工的社保、医疗等工作条件，这导致公司劳动合同订立、履行、变更、解除、终止等环节的成本显著增加。劳动市场法律制度作为一国经济法律制度的重要组成部分，会对宏观经济运行以及微观企业行为产生影响，并产生相应的经济后果，其最直接的表现是宏观的就业水平和微观的职工薪酬的变化（Viel，2010）。

毋庸置疑，《劳动合同法》在保护职工的合法权益等方面发挥重要作用的同时，也面临许多争议和讨论。在2016年"两会"期间，楼继伟曾谈道：

"《劳动合同法》对于公司和雇员,劳动合同法的保护程度是不平衡的。"该法本意是保护劳动者,但可能最终损害了一些劳动者的利益,如果一个职工工作不努力,公司很难对其解雇,位置只能被占着,对新入职的职工就会形成歧视①。而且《劳动合同法》的实施也增加了失业、减少公司利润,导致了劳动者、企业和国家的"三输"局面的形成,使企业经营弹性下降,并对于经营不确定性较高企业的负面影响更大(董保华,2007;廖冠民和陈燕,2014),最终加剧了公司人工成本粘性,导致了公司劳动力要素投入风险的加大(刘媛媛和刘斌,2014)。尽管《劳动合同法》的实施会改善和优化公司的劳动关系,但同样也可能降低公司的经营弹性,导致公司的价值受到负面影响。众所周知,企业的劳资双方劳动关系的安定和谐是社会安定和谐的重要基础,而劳动关系的核心则在于公司的薪酬问题(张颖,2015)。事实上,在2008年的《劳动合同法》的基础上,2015年3月21日国家进一步发布了《中共中央 国务院关于构建和谐劳动关系的意见》,该文件的第一条就提出了"切实保障职工取得劳动报酬的权利"。董保华(2007)认为《劳动合同法》对于企业的总经理等高管和企业的专业技术人员无影响,而对最基层一线的员工影响很大,事实果真如此吗?目前尚无明确答案。该法的"强制缔约"和"解雇保护"条款可能会给企业内部带来新的利益不平衡局面(沈同仙,2017),导致企业的业绩薪酬敏感性的信号效应可能受到扭曲,进而使企业的价值和效率,甚至全社会的福利受到损失,其中的内在机理如何?既有的相关研究少之又少。

本章基于2003~2014年中国A股上市公司的数据,实证检验了《劳动合同法》实施对公司业绩薪酬敏感性的影响,进一步分析了其对公司高管与员工业绩薪酬敏感性的影响及其差异,同时研究了该影响在不同劳动密集度公司之间差异。研究发现,以《劳动合同法》为代表的劳动保护显著降低了公司整体的薪酬敏感度,考虑员工和高管的人员结构因素后发现劳动保护降低了高管而提高了员工的业绩薪酬敏感性,当考虑了企业行业特征时,发现劳动保护对高劳动密集度企业业绩薪酬敏感性的降低作用更明显,进一步发现相对于低劳动密集度企业,劳动保护提高了高劳动密集度企业的员工而降低高管的业绩

---

① http://news.sina.com.cn/o/2016-03-08/doc-ifxqafrm7180572.shtml?cre=newspagepc&mod=f&loc=1&r=9&rfunc=66,财长谈劳动合同法弊端:职工不努力公司难解雇,2016,3.8.

薪酬敏感性,而且公司治理会抑制劳动保护对企业业绩薪酬敏感性的不利影响。

本章可能的贡献如下:第一,本章是对新《劳动合同法》经济后果的拓展性研究,已有文献多基于法律或者劳动经济学等学科视角,并从公司的员工雇佣成本、就业和成本黏性的视角分析《劳动合同法》的经济后果(Banker et al., 2013;丁守海,2010;刘媛媛和刘斌,2014),本章则从公司金融的视角研究劳动保护对公司的业绩薪酬敏感性的影响。第二,已有关于公司业绩薪酬敏感性的研究多从微观公司内部分析,本章基于劳动保护角度,利用我国2008年的《劳动合同法》的变更这一外生事件,分析宏观法律制度变化对其影响,并增加了公司业绩薪酬敏感性的影响因素的文献,有助于加深宏观制度对公司薪酬契约有效性的理解和认识。第三,本章具有明显的政策含义与借鉴价值。随着我国人口红利开始逐渐衰减,当劳动力市场总体供求关系出现质的变化,使过去的供大于求的劳动力结构变为结构性供需不平衡时,一项劳动保护政策、制度和法律的出台务必要结合公司劳资双方的利益博弈现实,并加强宏观政策和微观企业决策的效果的深度融合。因此,劳动保护的落实需要结合企业的雇用现状,并权衡劳资双方在其中的博弈问题,而不是仅局限于单纯的法律条文的字面解释。

## 第二节

### 文献回顾与研究假设

#### 一、文献回顾

严格的就业保护利于提高劳动者的工资,保证就业和促进经济发展,并且能够增强员工投资专用性人力资本的积极性,以及增强公司的创新能力(Acharya et al., 2014),进而有助于提高经济效率(Belot et al., 2007)。然而劳动保护也具有明显的"双刃剑"效应,钱叶芳(2007)认为世界各国一百多年来的发展经验和教训表明,凡是用过多的立法来干预劳动力市场的国家,虽然立法者的初衷都是为了保护劳动者的权益,但往往事与愿违,可能导致长期持续失业、劳动者福利下降和国民经济不景气。首先,过度的劳动保护会降低公司的经营弹性、提高公司债务融资的难度以及给公司带来不良的经济后果（Kim，2011；廖冠民和陈燕，2014；陈德球等，2014），同时也显著增加公司的资本成本，并且损害公司的价值（Ruback and Zimmerman，1984；Chen，2011）。其次，如果劳动保护水平过高，工人的工资高于劳动力市场均衡水平，使就业需求减少，从而造成失业的增加（钱叶芳，2007），并会直接导致当公司需要减员时，解除员工劳动合同的难度加大，使公司成本黏性增加（刘媛媛和刘斌，2014），用工的调整成本上升，使其无法根据外部需求的变化自由调整人力资本投入，造成经营弹性的下降（陈德球等，2014），导致公司解雇老员工的难度加大，并降低招聘新员工的积极性，最终提高了公司总的劳动力成本（杨德明和赵璨，2016）。再次，《劳动合同法》的规定也可能导致公司员工的解雇难度和违法解雇风险的增加（刘彩凤，2008），随着劳动争议仲裁制度的改革，劳动者几乎可以免费行使劳动争议仲裁和诉讼权，如员工随意起诉公司，导致公司比以往负担更大的成本（刘勇，2013）。最后，唐跃军和赵武阳（2009）发现，中国二元劳工市场重要现实的存在，可能对《劳动合同法》加强解雇保护的潜在影响具有显著的调节作用；况且受雇于股东的高管本身也是一类特殊的"员工"，也属于《劳动合同法》的适用对象。只有强调职工、股东与管理层之间的协调而达到有效状态，而不是唯股东利益至上，才能在较长的时间内更有效地分配公司的资源（Allen and Gale，2002）。

很多学者认为良好的公司业绩薪酬敏感性对改善公司治理和提高公司价值，具有不可替代的作用。Jensen 和 Murphy（1990）发现薪酬业绩敏感性是公司降低代理成本、提升业绩的有效手段；Gu 等（2013）认为提高业绩薪酬敏感性是有效缓解政府对公司放权时所产生的代理问题的重要策略，同样，卢锐（2014）发现提高企业高管薪酬业绩敏感性可以有效减少事后高管侵占创新投资资源的行为，进而提高公司创新效率。较高的业绩薪酬敏感性反映出高管较强的管理水平和业务能力，因而具有信号效应，导致自利行为受到约束的高管更注重运用其影响力来提高业绩薪酬敏感性，并主动将自身的报酬与公司的绩效挂钩（卢锐等，2011）。然而也正是基于业绩薪酬敏感性的重要性，一些高管进行了较为普遍的薪酬辩护，以证明薪酬的"程序合法性"与"结果合法性"（谢德仁等，2014、2012）。提高业绩薪酬敏感性的辩护方式是以良好的经营业绩作为前提，如果公司的业绩比较好，那么增强薪酬与业绩之间的

# 第五章 劳动保护：保护员工还是优待高管——基于业绩薪酬敏感性视角

联系确实可以达到薪酬辩护的目的，但当业绩并不理想时，用这样的方式进行薪酬辩护则很难说通（缪毅和胡奕明，2016）。从以上文献分析中，可以看出《劳动合同法》的实施会大幅度增加公司的最低工资标准与用工成本（丁守海，2010），进而可能会影响公司的业绩薪酬敏感性。

通过以上文献的分析不难看出，第一，虽然已有文献认为劳动保护会增加企业的用工成本，增加企业的经营刚性因素，劳动保护制度变迁最直接的经济后果表现为就业水平和员工工资的变化（Wiel，2010），这无疑会使企业薪酬的信号效应被扭曲，导致企业业绩薪酬敏感性发生变化，而与此相关的研究还很不充分。第二，劳动保护虽然在保护员工的劳动就业权方面具有不可忽视的现实作用和价值，但其影响也是具有行业和规模等方面的显著差异（李井奎等，2016），并且与企业先前的劳动保护的规范性程度有密切关系（李钢等，2009）。此时劳动保护对员工的影响是否会进一步对企业的高管带来显著的"涟漪效应"，还未形成明确答案。第三，基层员工和公司高管都是企业价值创造的关键要素，而已有劳动保护的研究（包括从法学视角）都缺乏从两者的利益互动视角来研究《劳动合同法》实施的经济后果。对此，本章所做的拓展性研究丰富和扩展了相关方面的研究证据。

## 二、假设的提出

劳动保护制度变迁最直接的经济后果表现为就业水平和员工工资的变化（Wiel，2010）。员工工资的变化无疑会使公司高管的管理方式和方法发生转变，因为公司高管的经营决策最终需要一线员工来落实，导致高管的各类激励手段的具体实施环境发生变化。张继彤（2009）发现，《劳动合同法》实施后使劳动密集度高的制造业的预期成本增加14.8%，建筑业增加19.2%，批发、零售业增加16.2%。其对金融业、IT行业等低劳动密集度行业来说影响较小，预期成本增加不大，进而使公司的业绩薪酬敏感性的信号功能受到约束，不难想象，业绩薪酬敏感性的此种变化必然与公司治理结构、行业类型有千丝万缕的联系。因此，我们不仅要分析劳动保护对企业的业绩薪酬敏感性的影响，而且要分析其对员工和高管的影响是否有差异，以检验劳动保护是否真正起到了保护企业普通劳动者的权益，以及增加企业价值和提高企业效率进而实现"多方共赢"的目的。同时进一步考察企业的行业特征是否对此影响有调节作用,公司治理能否对彼此关系有更深的影响。以上分析就构成了本章研究的逻辑思路和出发点,如图5-1所示。

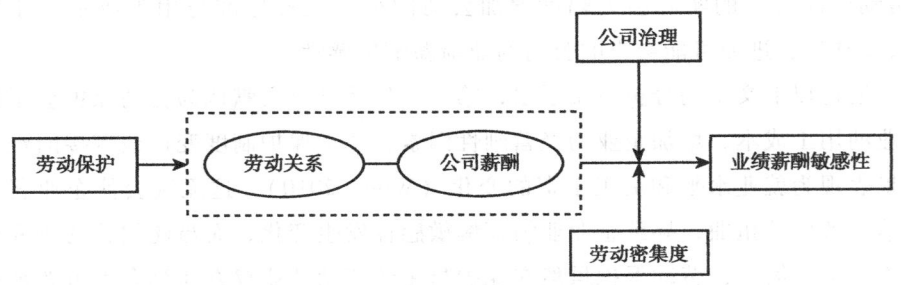

图 5-1 理论框架

## (一)劳动保护与公司的业绩薪酬敏感性

劳动保护法律主要通过规范用工合同、限制裁员、提高员工的薪金福利等保障员工的合法利益(卢闯等,2015)。劳动保护可以对劳动力市场产生正面效果,如能够限制不公平的市场权力(Betcherman et al.,2001),增加专用人力资本投资和增加员工的满意度与劳资合作(OECD,1999),以及为职工提供一定的保险。然而,《劳动合同法》对员工工作效率和公司的影响也是一把"双刃剑"(潘红波和陈世来,2017)。

首先,劳动保护增加了公司的劳动力调整成本和公司进入或退出的难度,导致市场就业率的显著降低(Hopeha and Rogerson,1993;Bertol,2007)),并可能降低公司的平均生产率,致使公司人力资源的边际成本和边际收入不匹配而形成资源配置的扭曲,从而影响公司新产品的推出(Hopehayn and Rogerson,1993)。劳动保护也加剧了资本代替劳动的趋势,降低了公司的全要素生产率,进而增加了公司资本成本,导致公司价值的损害(Chen,2011;Rubac and Zimmerman,1984),并加剧了公司降低人工成本黏性的难度(刘媛媛和刘斌,2014)。既然如此,追求股东财富最大化的公司管理层有可能选择规避雇用和减少公司的劳动力成本投入,导致《劳动保护法》的实施既有可能降低了公司的业绩,又会降低平均工资水平,使业绩薪酬契约的调节机制"失灵",进而降低了公司的业绩薪酬敏感性。而且我国实行的最低工资制度导致的工资刚性可能会使工资对职工激励的效果受到影响,导致了职工的努力程度与其实际回报相分离(陈冬华等,2010)。

## 第五章 劳动保护：保护员工还是优待高管——基于业绩薪酬敏感性视角

其次，劳动保护对公司所带来的衍生和间接成本也具有较大的负面效应。陈德球等（2016）发现劳动保护提高了公司债务融资的难度，使公司的信贷标准提高，以及长期借款比例显著减少，而公司的债务契约对公司的业绩薪酬敏感性有显著的抑制作用（Adrienne Rhodes，2016）。因而劳动保护不但增加了公司的经营灵活性和难度，而且有可能对公司业绩有负面影响。虽然在经典"理性人"假设中，公司高管可能会动用一切手段，进行资源的优化配置，以改变其不利局面，然而《劳动合同法》作为政府干预和管制劳动力市场的一种刚性制度，无疑会使公司的业绩薪酬之间的匹配受到某些"干扰"，导致业绩对薪酬的信号显示效应被扭曲，从而降低公司的业绩薪酬敏感性，基于以上分析，我们提出如下假设。

假设H5-1：其他条件不变的情况下，劳动保护会降低公司的业绩薪酬敏感性。

### （二）劳动保护、员工结构与业绩薪酬敏感性

如果劳动保护降低了公司的业绩薪酬敏感性，可能会导致公司业绩的可持续性变差，甚至使公司业绩下降，进而会影响高管与员工的利益博弈决策。一方面，在正常情况下，当公司业绩不理想时，高管需要证明业绩的变差可能是由于政府施加的社会负担或者其他不可控因素所致，而并非自身不努力的结果（缪毅和胡奕明，2016）。因此，在公司绝对业绩下滑而薪酬未降低甚至反而增加时，高管的薪酬辩护压力可能更大（谢德仁等，2014），同时高管需要证明虽然绝对经营业绩或相对经营业绩很好，但因为承担了部分社会负担或其他不可控因素而导致公司总体业绩变差（谢德仁等，2012）。不仅如此，高管经常会利用其权力降低公司的治理效率，导致高管容易获得与业绩不相关或弱相关的高薪酬（王东清和刘艳辉，2016）。因而高管的权力越大，薪酬与盈利业绩的敏感度越高，与亏损业绩的敏感度越低。另一方面，《劳动合同法》实施所带来劳动保护等刚性制度，非公司高管所能抗拒，所以自利动机很强的公司高管为了保证自己薪酬的不降低甚至增加，可能会以此为借口而向董事会和股东来推卸责任，以达到即使公司的业绩下降，高管的货币薪酬并未减少的目的。此外，公司管理者通常喜欢享受"安静"的生活，而劳动保护又为此创造了"合法"的理由和条件，虽然高管是公司的"精英阶层"，但仍然未摆脱高级职业经理人的"角色"，劳动保

护的加强也意味着其更安全的职业生涯，以及辞退受到限制、雇用成本上升和人力成本负担的加重等等隐形福利（卢闯等，2015），这无形之中减弱了业绩与薪酬匹配的价值，导致公司业绩薪酬敏感性的下降，基于以上分析，提出如下假设。

假设H5-2a：其他条件不变的情况下，劳动保护会降低高管的业绩薪酬敏感性。

普通员工与高管作为公司人力资源的两个最主要组成部分，能为股东价值最大化做出相应的贡献。理论上，公司管理者存在着"先利己再利他"的天然动机（任小平，2011）。当管理者被董事会授权经营公司权力后，先与其签订必要的激励契约，而高管也会将该压力传递给处于科层组织较低层的普通员工。首先，Acharya等（2014）研究发现劳动保护的增强会提高劳动者对职业的稳定感与满足感，从而提高劳动者的生产积极性和激发公司创新，从而提高劳动生产率和公司绩效水平，这对于提升普通员工的职业安全感和增强业绩对薪酬的导向功能有重要影响。其次，《劳动合同法》仅规定了劳动职位的安全性与稳定性，并未涉及具体的薪酬政策；而员工的薪酬决策的主导权掌握在高管手中，更为关键的是普通员工缺乏类似高管的"薪酬辩护"的机会。此外，高管可以通过增加单位薪酬的工作量标准及劳动强度等手段以变相提高公司的业绩薪酬敏感性。例如，王晓辉（2013）发现由于工人缺乏以技术为基础对生产过程的控制，管理层会通过计件工资制度以及"胡萝卜加大棒"等手段，将工人的收入与利润捆绑在一起，并利用以惩罚为主要手段的劳动纪律，来保证生产的日常进行。换言之，在我国目前的劳资关系仍然处于资方强势的背景下，尽管《劳动合同法》规定了保证员工的劳动雇用的稳定性，但其并未具体规定公司具体的薪资政策，无形中增加了企业高管对员工进行更为严格与苛刻管理的投机空间，这无疑会提高员工的公司业绩薪酬敏感性，基于以上分析，提出如下假设。

假设H5-2b：其他条件不变的情况下，劳动保护会提高员工的业绩薪酬敏感性。

## （三）劳动保护、劳动密集度与业绩薪酬敏感性

解雇成本的上升主要来自《劳动合同法》中对无固定期限劳动合同的适用，以及劳动合同终止时的提前告知与经济补偿金等方面的规定，这对我国制

## 第五章 劳动保护：保护员工还是优待高管——基于业绩薪酬敏感性视角

造业公司和劳动密集度公司的影响尤其明显（张颖，2015）。卢闯等（2015）发现劳动保护会使高劳动密集度公司产生投资不足的现象，使公司的未来业绩增长没有动力，导致劳动保护所增加的雇用成本无法"消化"与转移；黄平（2012）认为《劳动合同法》实施后解雇成本的提高导致劳动密集度公司降低了扩张速度，缩小了员工规模，原因是当公司的劳动密集度较高时，使公司的总成本中人工成本的比例较大，而劳动保护加强引起的调整成本上升对人力资本投资调整的影响更大。《劳动合同法》会降低体力型员工的努力程度，进而减少高劳动密集度公司的收益（唐跃军和赵武阳，2009），换言之，此时劳动保护所体现的负面影响会更大（廖冠民和陈燕，2014），更为关键的是当劳动密集度较高时，劳动保护对公司业绩波动性的影响较为明显（Hosseini，2013），并可能导致高劳动密集度公司的经营计划无法实现。其次，不同于低劳动密集度公司，劳动保护不仅使高劳动密集度公司的雇佣成本显著增大，其庞大的员工数量使其所肩负的稳定就业的社会责任更为明显，如果在业绩较好时，公司也许可以消化相关的雇佣成本，但在公司业绩变差时，《劳动合同法》的刚性影响使调整成本无法转移，进而导致薪酬的业绩导向功能产生"扭曲"，并使高劳动密集度公司的业绩薪酬敏感性下降。基于以上分析，提出如下假设。

假设 H5-3：其他条件不变的情况下，相对于低劳动密集度公司，劳动保护会使高劳动密集度公司的业绩薪酬敏感性下降得更为明显。

尽管高管和职工都是公司的价值创造者，但高管在公司中扮演的角色、承担的责任又不同于职工（陈冬华等，2015）。首先，在高劳动密集度公司，较多的员工数量会导致公司的管理层级增加，同时也增加了股东与管理层的信息不对称性，因而，追求个人利益最大化的高管必然会以《劳动合同法》的实施为借口而与股东谈判，并"软化"薪酬契约的刚性约束力，以实现虽然业绩可能下降但其薪酬不变而享受了"安静"生活的目的，从而变相"放松"和降低了业绩的刚性约束。其次，股东最为关注公司业绩目标的实现，但最终需要一线和基层员工来落实，而高管为了完成与股东的契约目标，以及保证自己薪酬的稳定，当面对《劳动合同法》实施所大幅增加的雇用成本和薪酬黏性等时，必然会加强对普通员工的管理强度，通过提高单位薪酬的工作量标准，或者利用高管的信息优势来调整薪酬等政策以便提高工人的"积极性"，甚至高管会有可能以《劳动合同法》的实施增加了对其就业权益的保障为出发点，通过说教、公司文化、媒体宣传等方式，从普通员工的内心和精神层面来激发其工作热情与积极性，提高了普通员工的业绩薪酬敏感性。

在低劳动密集度公司，公司的人员数量相对较少，使人力资本的作用会比高劳动密集度公司大很多。一方面，该类公司内部的管理风格更加追求民主、透明与公平的特征，如阿里巴巴将"团队合作、诚实"作为重要的组织文化理念；华为技术有限公司提出的"只有为员工着想，真正在实际行动中做到关爱员工，让员工有归属感，公司才能让充满活力、和谐有序地持续发展"的口号，都体现了这一特征。另一方面，公司的核心竞争力与掌握重要技术和具有较高水平管理经验的高管密切相关，这导致股东需要支付此类员工较高的薪酬水平（唐跃军和赵武阳，2008），进一步，《劳动合同法》实施强化了低劳动密集度公司普通员工的职业安全感与法律保护，因而会使员工的业绩薪酬敏感性不会有较大变化。事实上，低劳动密集度公司的扁平化模式，使公司的管理层级较少，这有助于降低公司高管通过盈余管理等方式而操纵业绩的概率（罗宏等，2014），从而增强薪酬契约的有效性。除此之外，低劳动密集度公司的高管与员工的业绩薪酬契约相对稳定，不会受到《劳动合同法》的雇用成本加大的影响，从而形成高管与员工平等、和谐共处的局面，有助于薪酬契约的稳定性。基于以上分析，提出如下假设：

假设 H5-4a：在高劳动密集度公司，劳动保护会降低高管的业绩薪酬敏感性，而提高员工的业绩薪酬敏感性。

假设 H5-4b：在低劳动密集度公司，劳动保护会使高管与员工的业绩薪酬敏感性无显著差异。

### （四）公司治理、劳动保护与业绩薪酬敏感性

法律制度作为一种配置信息权的契约执行机制，是一种强制性治理，然而法律作为公司的一个外部制度因素，其在公司治理中的作用还取决于公司实际接受程度，即与公司自我实施机制相关的公司治理有关（陈德球等，2014）。假设 H5-2 表明劳动保护的实施降低了高管的业绩薪酬敏感性而提高了员工的业绩薪酬敏感性，这会使管理层的懈怠和道德风险的可能性增大，进而会增加股东的"愤怒成本"，在此情形下，追求财富最大化的股东也许会通过施压董事会，或者替换部分经理人，以及影响资本市场利空反应等措施来应对不利

## 第五章 劳动保护：保护员工还是优待高管——基于业绩薪酬敏感性视角

局面。一般来说，大股东普遍关心利润最大化问题，并且对公司资产都拥有足够的控制权，有较强动机去监督经理人或通过代理人斗争与接管来撤换经理人，从而对高管的不作为和机会主义行为施压（Shleifer and Vishny，1997）。

劳动保护使公司的代理问题出现了新的变化。新制度经济学理论认为监督和激励是解决公司代理问题的两个主要方法，而劳动保护使股东难以通过激励，而只能通过加强监督的力度等方式来减轻代理问题。一方面，好的公司治理机制可以制约管理层的机会主义行为，并降低公司的费用支出黏性，进而有效履行监督的职能，从而保护股东的利益不受损失（Xue et al.，2016），而且这类公司具有较小的内部薪酬差距，也使高管进行薪酬辩护的空间和机会显著减少，进而降低劳动保护对公司业绩的不利影响，导致公司业绩薪酬敏感性的提高。另一方面，在公司治理质量高的公司，公司高管利用其权力而增加薪酬辩护所面临较大的风险（缪毅和胡奕明，2016），有助于减少高管利用劳动保护而不作为或者窃取私利的机会，从而增强薪酬契约的有效性，所以较高的公司治理质量可以克服劳动保护所带来的负面的经营（廖冠民等，2014）。此外，治理好的公司可能会更加遵守《劳动合同法》，进而增加员工的工作安全感，并促进其进行更多的公司专用化知识的投资，使员工的工作效率有显著提高（Belotet et al.，2007），从而显著增强公司薪酬契约的有效性。基于以上分析，提出如下假设。

假设 H5-5：其他条件不变的情况下，公司治理有助于抑制劳动保护对公司业绩薪酬敏感性的不利影响。

## 第三节

### 研究设计

#### 一、模型设计

为了检验假设 H5-1，设计如下模型：

$$Wage = \alpha_0 - \alpha_1 \times Dum08 + \alpha_2 \times Roa + \alpha_3 \times Dum08 \times Roa + \alpha_4 \times Size + \alpha_5 \times Lev + \alpha_6 \times Dumcommit + \alpha_7 \times Dual + \sum Year + \sum Indus + \varepsilon_{it} \quad (5-1)$$

其中，被解释变量是公司的薪酬支出总额，解释变量是《劳动合同法》

的实施,在模型中进一步控制了企业的年度与行业的固定效应。在该模型中,如果 Dum08 与 Roa 的交乘项的系数 $\alpha_3$ 显著为负,则说明《劳动合同法》的实施显著降低了公司的业绩薪酬敏感性。进一步,假设 H5-2、假设 H5-3 和假设 H5-4 则是基于模型 (5-1) 而采用分组的方法进行检验。

为了检验假设 H5-5,设计了以下检验模型:

$$Wage = \beta_0 + \beta_1 \times Dum08 + \beta_2 \times Dum08 \times Govrnance + \beta_3 \times Dum08 \times Roa \times Governance + \beta_4 \times Dum08 \times Roa + \beta_5 \times Roa \times Governance + \beta_6 \times Governance + \beta_7 \times Dum08 + \beta_8 \times Size + \beta_9 \times Lev + \beta_{10} \times Dumcommit + \sum Year + \sum Indus + \mu_{it} \quad (5-2)$$

其中,模型 (5-2) 是在模型 (5-1) 的基础上,加进了公司治理变量 (Governance),该变量是基于 Gompers 等 (2003)、Larcker 等 (2007)、白重恩等 (2005) 等的做法,采用主成分分析获得公司治理质量的综合度量指标,该方法可以避免单一公司治理指标的误差和简单的指标相加所带来的武断性,将所获得的第一主成分作为公司治理水平的代理变量,在具体使用时,我们通过对以下 10 个指标进行分析,即 CEO 是否兼任董事会主席 (Dual)、独立董事的比例 (Rindir)、前五大高管人员的持股比例 (Share5)、第一大股东持股数量 (Top1)、第二至第十股东持股集中度 (Top2_10)、机构投资者的持股比例 (Ins)、是否交叉上市 (List_cross)、是否国有控股 (SOE)、是否被国际四大会计师事务所审计 (Big4)、董事会会议数量 (Nummeeting)。其余变量的定义与模型 (5-1) 相同,模型 (5-2) 主要是观察三项交乘的系数 $\beta_3$ 的符号,如果其显著为正,就表明公司治理质量可以部分减弱《劳动保护法》对公司业绩薪酬敏感性的不利影响。

## 二、变量说明

基于陈冬华等 (2015)、卢锐等 (2011) 的做法,本章的主要被解释变量是薪酬支出 (Wage),并分别细化了高管的薪酬与员工薪酬的度量,解释变量是 2008 年的《劳动合同法》的颁布 (Dum08),本章参考了廖冠民和陈燕 (2014)、刘媛媛和刘斌 (2014) 的处理方法,控制变量包括公司规模 (Size)、公司负债率 (Lev)、是否设立薪酬委员会 (Dumcommit)、董事长及总经理是

## 第五章 劳动保护：保护员工还是优待高管——基于业绩薪酬敏感性视角

否两职兼任（Dual），以上变量的定义如表 5-1 所示。

表 5-1　　　　　　　　　变量的定义

| 变量符号 | 变量名称 | 变量定义 |
| --- | --- | --- |
| Wage | 公司的现金薪酬（包括总的薪酬、高管与及员工等三部分） | 总的薪酬＝现金流量表表中的"支付给职工的现金支出"测度，并用上年公司资产总额平减处理。高管薪酬＝公司薪酬最高的前3名高管薪酬均值的自然对数；而员工薪酬＝（支付给职工以及为职工支付的现金－前三名高管薪酬总额）的自然对数 |
| Dum0 | 劳动保护 | 将观测值属于2008年及其以后期间的赋值为1，其他年度为0 |
| Roa | 业绩 | 净利润与净资产总额之比来度量 |
| Size | 规模 | 公司年度资产总额的对数 |
| Lev | 负债率 | 年度负债总额与资产总额之比 |
| Dumcommit | 薪酬委员会 | 是否设立薪酬委员会，设立则赋值为1，否则为0 |
| Dual | 两职兼任 | 董事长及总经理是否两职兼任，兼任则赋值为1，否则为0 |
| Share | 股权集中度 | 公司第一大股东持股比例 |
| Rindir | 独立董事比 | 独立董事占董事总人数之比 |
| Top2_5 | 第二至十股东持股集中度 | 第二到第五大股东持股总和与对外发行流通股数量之比 |
| Nummeeting | 董事会会议数量 | 每年董事会会议的数量 |
| Share5 | 前五大高管人员的持股比例 | 持股最多的前五个高管持股总和与对外发行的流通股数量之比 |
| Ins | 机构投资者的持股比例 | 所有类型的机构投资者持股之和与对外发行的流通股数量之比 |
| List_cross | 是否交叉上市 | 如果同时在A股和其他股票交易所发行，赋值为1，否则为0 |
| SOE | 是否国有控股 | 实际控制人为国有，赋值为1，否则为0 |
| Big4 | 是否被国际四大会计师事务所审计 | 公司的年度审计机构为国际四大，赋值为1，否则为0 |
| Labordensity | 劳动强度 | 公司员工总人数与公司销售收入的比率 |

## 第四节

### 数据来源与描述性统计

#### 一、数据来源

本章选取我国沪深 A 股 2005~2014 年上市公司的样本,原因是公司高管薪酬的数据从 2005 年才开始系统而完整的公开披露,在样本选择过程中,做了以下删除:(1)删除 ST、PT 公司的样本;(2)删除了金融或证券类企业的样本;(3)删除资产负债率大于 1 或小于 0 的公司;(4)删除销售增长率大于 1 或小于 0 的公司;(5)删除发行 B 股、H 股的公司;(6)删除已经退市或当年上市的公司;(7)删除缺失值较多的公司。公司的产权性质划分来自 CCER 数据库,公司的财务数据及公司治理数据来自 CSMAR 数据库,在回归时对所有数据在 1% 的水平上进行了缩尾处理,统计软件使用 Stata 12.0。

表 5-2 是对样本观测值按照年度与行业交互统计结果,可以看出研究样本集中在制造业、批发零售业、房地产业、信息技术等劳动力雇佣数量较多的行业,其占样本总额的比例分别为 65.21%、4.78%、4.95%、4.28%,说明样本具有较好的代表性。

表 5-2　　　　　　　　　　　样本的行业与年度统计

| 行业 | 2005年 | 2006年 | 2007年 | 2008年 | 2009年 | 2010年 | 2011年 | 2012年 | 2013年 | 2014年 | 合计 |
|---|---|---|---|---|---|---|---|---|---|---|---|
| 农林牧渔 | 10 | 18 | 23 | 32 | 23 | 33 | 24 | 45 | 57 | 36 | 301 |
| 采掘业 | 14 | 20 | 18 | 19 | 23 | 24 | 28 | 29 | 32 | 31 | 238 |
| 制造业 | 408 | 524 | 533 | 568 | 576 | 667 | 763 | 703 | 736 | 753 | 6231 |
| 电煤水 | 20 | 31 | 33 | 34 | 35 | 34 | 36 | 32 | 41 | 43 | 339 |
| 建筑业 | 18 | 16 | 21 | 17 | 24 | 15 | 15 | 21 | 17 | 18 | 182 |
| 运输仓储 | 10 | 25 | 26 | 28 | 32 | 26 | 27 | 31 | 35 | 26 | 266 |
| 信息技术 | 10 | 30 | 33 | 40 | 44 | 56 | 44 | 62 | 44 | 46 | 409 |
| 批发零售 | 26 | 41 | 38 | 48 | 43 | 46 | 55 | 47 | 53 | 60 | 457 |
| 房地产 | 22 | 36 | 35 | 39 | 49 | 53 | 68 | 65 | 59 | 47 | 473 |

续表

| 行业 | 2005年 | 2006年 | 2007年 | 2008年 | 2009年 | 2010年 | 2011年 | 2012年 | 2013年 | 2014年 | 合计 |
|---|---|---|---|---|---|---|---|---|---|---|---|
| 社会服务 | 15 | 25 | 23 | 25 | 35 | 29 | 36 | 41 | 42 | 48 | 319 |
| 文化产业 | 1 | 8 | 5 | 5 | 7 | 6 | 9 | 7 | 8 | 9 | 65 |
| 综合 | 23 | 31 | 30 | 31 | 29 | 27 | 21 | 25 | 31 | 27 | 275 |
| 合计 | 577 | 759 | 818 | 886 | 920 | 976 | 1126 | 1108 | 1155 | 1084 | 9555 |

## 二、变量的描述性统计

表5-3是主要变量的基本统计，可以看出样本公司的平均薪酬（Wage）为17.931，标准差为2.302，最小值为1.273，最大值为72.394，原因可能是公司高管与普通员工的薪酬差距很大，或者说也与企业薪酬的波动较大有关；资产收益率（Roa）的均值为2.698，中位数是2.480，表明一半以上的公司收益率在2.5%左右，其最小值为0.346，最大值为24，表明不同公司间的业绩差异大的事实，《劳动合同法》（Dum08）实施的均值为0.520，表明研究所选样本的数量在2008年前后基本对称；资产负债率（Lev）的均值为0.844，符合我国企业负债状况的现实，标准差为10.33，中位数为0.525，说明一半的公司负债率在1/2左右。

表5-3 主要变量的基本统计量

| 变量 | 观测值 | 均值 | 标准差 | 最小值 | 25分位 | 中位数 | 75分位 | 最大值 |
|---|---|---|---|---|---|---|---|---|
| Wage | 9555 | 17.931 | 2.302 | 1.273 | 13.715 | 14.315 | 14.882 | 72.394 |
| Roa | 9555 | 2.698 | 0.340 | 0.346 | 1.190 | 2.480 | 6.145 | 24 |
| Dum08 | 9555 | 0.520 | 0.494 | 0 | 0 | 0 | 1 | 1 |
| Lev | 9555 | 0.844 | 10.33 | 0 | 0.374 | 0.525 | 0.662 | 1 |
| Dummi | 9555 | 0.542 | 1.021 | 0 | 0 | 0 | 1 | 1 |
| dual | 9555 | 0.153 | 0.360 | 0 | 0 | 0 | 1 | 1 |
| Size | 9555 | 22.19 | 2.345 | 3.685 | 10.426 | 17.319 | 19.248 | 85.296 |
| Laborintensity | 9555 | 0.028 | 0.025 | 0.002 | 0.015 | 0.016 | 0.136 | 0.195 |

由表5-4的变量相关系数可以看出，劳动保护（Dum08）与公司现金薪酬总额的相关系数为0.437且在1%的水平上显著，其与公司业绩指标（Roa）

的相关系数为-0.349，原因可能是劳动保护虽然提高了员工的劳动积极性，但也增加了企业辞退员工的成本，进而导致高管的管理难度加大，以至于间接削弱了高管的薪酬激励机制作用的发挥，最终负面影响了企业的业绩；公司是否设立薪酬委员会（Dumcomit）与现金薪酬（Wage）的相关系数为-0.024，且在5%的统计水平上显著，总经理与董事长两职兼任（Dual）与现金薪酬（Wage）的相关系数为-0.034，且在1%的水平上高度显著，进而说明较好的公司治理可以抑制公司的不合理的现金薪酬。此外，劳动力密集度（Laborinstensity）与现金薪酬（Wage）的相关系数-0.236，但不显著，除此之外，其余变量间的相关系数低于0.50，说明样本的多重共线性问题得到较好的处理。

表5-4　　　　　　　　　　主要变量的相关系数

| 变量 | Wage | Dumcomit | Dual | Lev | Size | Roa | Dum08 | Laborinstensity |
|---|---|---|---|---|---|---|---|---|
| Wage | 1 | | | | | | | |
| Dumcomit | -0.024** | 1 | | | | | | |
| Dual | -0.034*** | -0.112*** | 1 | | | | | |
| Lev | -0.30*** | -0.166*** | 0.108*** | 1 | | | | |
| Size | 0.424*** | 0.351** | -0.251*** | 0.150*** | 1 | | | |
| Roa | 0.416* | -0.085*** | 0.066*** | 0.056 | -0.075 | 1 | | |
| Dum08 | 0.437*** | 0.012* | 0.23*** | 0.451*** | 0.012 | -0.349*** | 1 | |
| Laborinstensity | -0.236 | 0.003 | 0.427 | -0.017 | 0.264 | -0.039 | 0.346 | 1 |

注：*、**、***分别代表在10%、5%、1%的水平上显著。

## 第五节

### 实证结果

### 一、多元回归分析

表5-5的第2列是公司总的现金薪酬支出与公司业绩的回归，第3列和第4列进一步按照高管薪酬与员工薪酬进行分组，可以发现劳动保护（Dum08）的回归系数显著为负，并且Dum08与Roa交互项的回归为-0.079且显著，相应地，高管组交互项的回归系数为-0.054，在5%的水平上显著；

## 第五章 劳动保护：保护员工还是优待高管——基于业绩薪酬敏感性视角

而员工组的交互项回归系数为 0.023，并且在 10% 的水平上显著，原因是劳动保护的实施增强了员工的劳动权利和劳动安全感，以及提高了员工的业绩薪酬敏感性，但由于薪酬辩护、高管享受安静的生活，以及具体管理成本的加大而降低了高管的业绩薪酬敏感性，由于高管对公司业绩的影响力可能更大，导致最后净效应是劳动保护降低了企业的业绩薪酬敏感性，假设 H5-1 及假设 H5-2 的有关子假设初步得到了支持。

表 5-5　　　　劳动保护与公司业绩薪酬敏感性的回归

| 变量 | 因变量：现金薪酬支出 | | |
| --- | --- | --- | --- |
| | 总薪酬 | 高管薪酬 | 员工薪酬 |
| Dum0 | -0.392** | -0.444* | -0.376* |
| | (-2.071) | (-1.672) | (-1.825) |
| Dum0 × Roa | -0.079* | -0.054** | 0.023* |
| | (-1.903) | (-2.272) | (1.826) |
| Roa | 0.031*** | 0.024** | 0.054*** |
| | (5.909) | (2.134) | (3.487) |
| Size | 0.574*** | 0.372*** | 0.701*** |
| | (4.975) | (9.484) | (7.819) |
| Lev | -0.027*** | -0.032 | -0.018*** |
| | (-3.274) | (-0.909) | (-3.114) |
| Dumcommit | -0.063 | -0.093 | -0.058 |
| | (-0.601) | (-0.101) | (-0.488) |
| Dual | -0.035 | -0.043* | -0.039 |
| | (-0.228) | (-1.699) | (-1.200) |
| Constant | 0.457*** | 0.602*** | 0.125*** |
| | (3.155) | (3.384) | (3.288) |
| 交互项显著性 | $\chi(2)=62.33$ | $\chi(2)=74.19$ | $\chi(2)=92.45$ |
| 交互项差异性 | P = 0.004 | | |
| 行业、年度 | 控制 | 控制 | 控制 |
| Obs | 9555 | 9555 | 9555 |
| Adj-$R^2$ | 0.471 | 0.378 | 0.360 |
| F | 966.2 | 173.8 | 362.8 |

注：括号里的数字为稳健性标准误；*、**、*** 分别代表在 10%、5%、1% 的水平上显著。

表 5-6 是考虑了公司的劳动密集度后，分析劳动保护对不同劳动密集度的公司业绩薪酬敏感性的影响，第 2 列是全样本的回归结果，第 3 列与第 4 列分别是按照劳动密集度的高低进行的分组，从中可以看出，这 3 列 Dum08 的回归系数都显著为负，并且都在 5% 或 10% 的水平上显著，第 2 列 Roa 与 Dum08 交互项的回归系数为 -0.064，而且在 1% 的水平上显著，第 3 列低劳动密集度公司的 Dum08 × Roa 的回归系数为 -0.012 但不显著，而在高劳动密集度公司组的估计系数为 -0.070，显著性水平为 1%，原因是在高劳动密集度企业，较多的普通员工数量使高管直接管理员工的成本可能更大，间接使劳动保护对企业的业绩薪酬敏感性的负面影响大于低劳动密集度企业，假设 H5-3 得到了支持与验证。

表 5-6 劳动保护、劳动密集度与业绩薪酬敏感性

| 变量 | 因变量：现金薪酬支出 | | |
| --- | --- | --- | --- |
| | 全样本 | 低劳动密集度 | 高劳动密集度 |
| Dum08 | -0.682** <br> (-1.971) | -0.725* <br> (-1.872) | -0.176** <br> (-2.474) |
| Dum08 × Roa | -0.064*** <br> (-2.403) | -0.012 <br> (-1.063) | -0.070** <br> (-2.186) |
| Roa | 0.041*** <br> (5.909) | 0.037*** <br> (12.390) | 0.073*** <br> (4.577) |
| Size | 1.074*** <br> (2.975) | 1.052*** <br> (6.580) | 1.128*** <br> (5.482) |
| Lev | -0.017*** <br> (-3.274) | -0.277*** <br> (-6.307) | -0.078 <br> (-1.290) |
| Dumcommit | -0.053 <br> (-0.601) | -0.030** <br> (-2.446) | -0.061*** <br> (-3.053) |
| Dual | -0.045 <br> (-0.228) | -0.059 <br> (-1.562) | -0.039 <br> (-0.085) |
| Constant | -0.646*** <br> (-3.155) | -0.562*** <br> (-2.228) | -0.799*** <br> (-2.765) |
| 交互项的显著性 | $\chi(2)=103.48$ | $\chi(2)=95.26$ | $\chi(2)=82.75$ |
| 交互项差异性 | $P=0.032$ | | |
| 行业、年度 | 控制 | 控制 | 控制 |
| Obs | 9555 | 4777 | 4778 |
| Adj-$R^2$ | 0.471 | 0.402 | 0.379 |
| F | 966.2 | 705.1 | 207.2 |

注：括号里的数字为稳健性标准误；*、**、*** 分别代表在 10%、5%、1% 的水平上显著。

### 第五章 劳动保护：保护员工还是优待高管——基于业绩薪酬敏感性视角

在上述检验的基础上，表 5-7 进一步将公司薪酬先按照劳动密集度分组，然后再分别按照高管与员工进行分组，可以发现在低劳动密集度公司中，高管组的劳动保护（Dum08）与业绩（Roa）交互项的估计系数为负，但不显著，而在员工组中，该交互项的估计系数为正，且不显著。而在高劳动密集度公司中，高管组的回归系数为 -0.055，且在 1% 的水平上显著，而员工组的回归系数则为 0.014，且在 10% 的水平上显著，原因是如果综合考虑了公司的内部人力资源结构与公司的劳动密集度后，劳动保护对低劳动密集度公司高管与员工的业绩薪酬敏感性的影响可能很小，导致两者之间无显著差异，相反在高劳动密集度公司，其影响更加显著，具体表现在交互项的回归系数在高管组之间差异显著，说明劳动保护降低了高管的业绩薪酬敏感性，而提高了员工的薪酬敏感性，假设 H5-4 得到了支持。

表 5-7　劳动保护、员工组成与业绩薪酬敏感性

| 变量 | 因变量：现金薪酬支出 | | | |
|---|---|---|---|---|
| | 低劳动密集度 | | 高劳动密集度 | |
| | 高管 | 员工 | 高管 | 员工 |
| Dum08 | -0.378*** | -0.450** | -0.201*** | -0.379*** |
| | (6.980) | (2.208) | (-2.731) | (-2.978) |
| Dum08*Roa | -0.025 | 0.159 | -0.055** | 0.014* |
| | (-0.905) | (0.081) | (-2.150) | (1.793) |
| Roa | 0.016 | 0.054*** | 0.056*** | 0.082*** |
| | (1.431) | (8.476) | (3.511) | (3.513) |
| Size | 0.428*** | 0.355*** | 0.694*** | 0.697*** |
| | (9.290) | (8.164) | (4.748) | (7.473) |
| Lev | -0.010*** | -0.202*** | -0.019*** | -0.069 |
| | (-2.890) | (-5.078) | (-3.031) | (-1.299) |
| Dumcommit | -0.013 | -0.036 | -0.050** | -0.025* |
| | (-0.856) | (-0.313) | (-2.400) | (-1.720) |
| Dual | -0.084** | -0.073 | -0.013** | -0.072 |
| | (-2.402) | (-0.200) | (-2.170) | (-1.545) |
| Constant | 0.481*** | 0.639*** | -0.127*** | -0.120*** |
| | (4.888) | (3.339) | (-2.745) | (-3.861) |
| 交互项显著性 | $\chi(2)=62.33$ | $\chi(2)=74.19$ | $\chi(2)=92.45$ | $\chi(2)=55.07$ |
| 交互项差异性 | P = 0.014 | | P = 0.002 | |
| 行业、年度 | 控制 | 控制 | 控制 | 控制 |

续表

| 变量 | 因变量：现金薪酬支出 | | | |
|---|---|---|---|---|
| | 低劳动密集度 | | 高劳动密集度 | |
| | 高管 | 员工 | 高管 | 员工 |
| Obs | 4777 | 4777 | 4778 | 4778 |
| Adj $-R^2$ | 0.351 | 0.406 | 0.484 | 0.562 |
| F | 52.86 | 118.6 | 91.11 | 222.3 |

注：括号里的数字为稳健性标准误；*、**、*** 分别代表在10%、5%、1%的水平上显著。

表 5-8 是考虑了公司治理因素后，分析公司治理是否能够抑制《劳动合同法》对公司的业绩薪酬敏感性的不利影响。第 2 列全样本的劳动保护的回归系数为 -0.593，且在 5% 的水平上显著，三个变量交乘项的回归系数是 0.047，在 10% 的水平上显著，进一步，高管组相应的交乘项的回归系数为 0.051，而员工组的回归系数为 -0.029，因为当公司治理水平提高时，劳动保护对高管的激励不足和对员工的过度激励的影响可能会被"矫正"，进而避免激励不足和激励不当等异常现象的出现。而按照公司的劳动密集度分组后，发现高劳动密集度公司组的三个变量交乘项的回归系数为 0.679，在 10% 的水平上显著为正，而低劳动密集度公司组的三项交乘的回归系数不显著。表 5-9 是按照劳动密集度和员工结构的交互组合的回归，在低劳动密集度公司，无论是员工组还是高管组，三项交乘项的回归系数都不显著，而在高劳动密集度公司，员工组的三项交乘项的回归系数为 -0.624，且在 5% 的水平上显著，而高管组相应的回归系数为 0.032，且在 10% 的水平上显著。其原因在于，尽管劳动保护降低了企业的整体业绩薪酬敏感性，可能是由于高管的懈怠、工作压力和困难的增加，但只有公司的治理水平提高时，这一负面效应也会被消除，进而扭转劳动保护对企业业绩薪酬敏感性的抑制作用，假设 H5-5 得到支持。

表 5-8　　　劳动保护、公司治理与业绩薪酬敏感性

| 变量 | 因变量：现金薪酬支出 | | | | |
|---|---|---|---|---|---|
| | 全样本 | 高管 | 员工 | 低劳动密集度 | 高劳动密集度 |
| Dum08 | -0.593** | -0.257* | -0.823** | -0.582* | -0.832* |
| | (-2.028) | (-1.813) | (-2.066) | (-1.846) | (-1.990) |
| Dum08 × Governanc × Roa | 0.047* | 0.051* | -0.029** | 0.042 | 0.679* |
| | (1.872) | (1.906) | (-2.212) | (1.145) | (1.930) |

续表

| 变量 | 因变量：现金薪酬支出 | | | | |
|---|---|---|---|---|---|
| | 全样本 | 高管 | 员工 | 低劳动密集度 | 高劳动密集度 |
| Governance×Roa | 0.437*** (3.025) | 0.492** (2.193) | 0.373 (1.437) | 0.533*** (2.788) | 0.415*** (2.802) |
| Dum0×Roa | -0.046*** (-2.537) | -0.064*** (-3.88) | 0.015* (1.96) | -0.053 (-1.31) | -0.056* (-1.782) |
| Dum0×Governance | 0.449* (1.909) | 0.462*** (3.132) | 0.362 (1.617) | 0.511* (1.254) | 0.407*** (3.002) |
| Roa | 0.027*** (2.348) | 0.029*** (4.34) | 0.028 (1.159) | 0.022* (1.784) | 0.029* (1.906) |
| Size | -0.187* (-1.804) | -0.203** (-2.160) | -0.331*** (-2.765) | -0.265*** (-9.017) | -0.343* (-1.760) |
| Lev | -0.033 (-1.027) | -0.026 (-0.145) | -0.020** (-2.182) | -0.030*** (-3.277) | -0.141 (-1.645) |
| DumOmit | -0.027 (-0.932) | -0.040 (-1.131) | -0.048 (-0.258) | -0.038 (-1.237) | -0.022 (-0.927) |
| Const | 0.176* (1.792) | 0.320** (2.480) | 0.149*** (3.704) | 0.147*** (2.942) | 0.241** (2.218) |
| 交互项的显著性 | $\chi(2)=43.18$ | $\chi(2)=43.18$ | $\chi(2)=29.05$ | $\chi(2)=77.63$ | $\chi(2)=38.24$ |
| 交互项的差异 | | P=0.036 | | P=0.029 | |
| 行业／年度 | 控制 | 控制 | 控制 | 控制 | 控制 |
| Obs | 9555 | 9555 | 9555 | 4777 | 4778 |
| Adj $R^2$ | 0.193 | 0.210 | 0.310 | 0.185 | 0.211 |
| F | 63.17 | 75.94 | 73.26 | 22.04 | 46.47 |

注：括号里的数字为稳健性标准误；*、**、***分别代表在10%、5%、1%的水平上显著。

表5-9 劳动保护、公司治理与业绩薪酬敏感性

| 变量 | 因变量：现金薪酬支出 | | | |
|---|---|---|---|---|
| | 低劳动密集度 | | 高劳动密集度 | |
| | 高管 | 员工 | 高管 | 员工 |
| Dum0 | -0.257* (-1.734) | -0.823* (-2.066) | -0.582** (-2.106) | -0.767* (-1.835) |
| Dum0×Governance×Roa | 0.047 (1.149) | -0.038 (-0.169) | 0.032* (1.830) | -0.624** (-2.107) |

续表

| 变量 | 因变量：现金薪酬支出 | | | |
| --- | --- | --- | --- | --- |
| | 低劳动密集度 | | 高劳动密集度 | |
| | 高管 | 员工 | 高管 | 员工 |
| Governance ×Dum08 | 0.613** (2.261) | 0.546*** (3.258) | 0.449*** (2.403) | 0.623*** (4.305) |
| Roa × Governance | -0.077* (-1.856) | -0.123* (-1.936) | -0.041 (-0.782) | -0.076* (-1.819) |
| Dum08 × Roa | -1.091 (-1.441) | 1.202 (0.463) | -1.443*** (-2.815) | 1.139** (2.176) |
| Roa | -0.023* (-1.73) | -0.028 (-1.159) | -0.027* (-1.784) | -0.021* (-1.906) |
| Size | 0.057*** (4.458) | 0.331*** (2.765) | 0.265*** (9.017) | 0.343* (1.760) |
| Lev | 0.047*** (6.676) | 0.199** (2.182) | 0.031*** (3.277) | 0.141 (1.645) |
| Dumcommit | -0.021 (-1.095) | -0.048 (-0.258) | -0.038 (-1.237) | -0.018 (-0.927) |
| Governance | -0.023** (-2.147) | -0.016*** (-2.561) | -0.038* (-1.679) | 0.041** (2.336) |
| Constant | 0.317** (2.458) | 0.185*** (3.704) | 0.175*** (2.942) | 0.184** (2.218) |
| 交互项的显著性 | $\chi(2)=39.43$ | $\chi(2)=46.27$ | $\chi(2)=51.08$ | $\chi(2)=45.16$ |
| 交互项的差异性 | P = 0.003 | | P = 0.029 | |
| 行业、年度 | 控制 | 控制 | 控制 | 控制 |
| Obs | 4777 | 4777 | 4778 | 4778 |
| $Adj-R^2$ | 0.137 | 0.210 | 0.185 | 0.211 |
| F | 43.06 | 75.94 | 22.04 | 46.47 |

注：括号里的数字为稳健性标准误；*、**、*** 分别代表在10%、5%、1%的水平上显著。

## 二、稳健性检验

（1）依据方军雄（2009）等文献的做法，对模型（5-1）中除哑变量以外的连续变量，进行前后两期差分处理，并按照高管与员工分组，构建了模型（5-3），结果表明，三组差分模型的回归交互项系数的符号与假设继续保持一致。

## 第五章 劳动保护：保护员工还是优待高管——基于业绩薪酬敏感性视角

$$\Delta Wage = \alpha_0 + \alpha_1 \times Dum08 + \alpha_2 \times \Delta Roa + \alpha_3 \times Dum08 \times \Delta Roa + \alpha_4 \times \Delta Size + \alpha_5 \times \Delta Lev + \alpha_6 \times Dumcommit + \sum Year + \sum Indus + \varepsilon_{it} \quad (5-3)$$

(二) 由于 2008 年是一个重大事件多发之年，尤其是国际金融危机集中爆发，其对我国的直接经济影响一直到了 2009 年，同时我国也在 2008 年底推出了"四万亿元"经济计划，具体的效果在 2009 年得到集中体现，为了检验本章研究假设的稳健性，本章删除了 2009 年的样本，再次进行检验，本章的假设进一步得到了支持①。

(三) 变换主要变量的度量指标，首先采用营业利润/总资产作为衡量绩效的指标；其次，分别采用营业利润/总资产和净利润/净资产作为衡量公司经营绩效的指标重新进行检验；最后，基于陈冬华等（2015）的做法，分别用高官的薪酬增长率与业绩增长率、员工的薪酬增长率与业绩增长率之比来度量业绩薪酬敏感性，研究结论不变。

(四) 以上市公司前 3 位高管薪酬总额的平均值取对数作为 CEO 薪酬的替代变量，再用现金薪酬总额减去前 3 位高管薪酬总额作为员工的薪酬替代变量，本章的结论依然保持不变。

(五) 考虑到我国各地区每年都会公布所在地的最低工资控制线，因而会影响业绩薪酬敏感性，并结合了陈冬华等（2015）的做法，我们删除了职工年工资低于最低控制线的样本，并将平均工资高于 20 万元的样本也予以删除后再次检验，结果仍保持不变。

# 第六节

## 结论与启示

在现代社会，对于以服务和技术为导向的现代经济，人力资本已经成为公司最重要的资产（Zingales，2000）。更加灵活的用工形式伴随着企业的创新和转型升级而呼之欲出，进一步要求提高劳动力市场的灵活性、修改以"倾斜保护"为立法原则的《劳动合同法》观点较为普遍。劳动保护不应该过度保护一方利益而可能对另一方和企业整体利益带来不利影响，这是一个底线和基

---

① 本章也单独分样本检验了员工与高管组、不同类型劳动密集度公司的结果，本章的主要假设没有变化

本的价值标准。本章利用 2003~2014 年中国 A 股市场的上市公司数据，实证检验了《劳动合同法》实施对上市公司业绩薪酬敏感性的影响，并分别研究了《劳动合同法》实施对企业高管与员工业绩薪酬敏感性影响的差异，并分析了该影响在不同劳动密集程度的公司间的差异。以《劳动合同法》为代表的劳动保护显著降低了公司的薪酬敏感度，按照公司人员结构分组后，发现劳动保护降低了高管，但提高普通员工的业绩薪酬敏感性，考虑劳动密集度因素后，发现劳动保护对高劳动密集度公司的业绩薪酬敏感性的降低作用更明显，进一步发现相对于低劳动密集度公司，劳动保护会提高劳动密集度高的公司员工业绩薪酬敏感性而降低高管的业绩薪酬敏感性，最后发现，公司治理会抑制劳动保护对公司业绩薪酬敏感性的不利影响。

　　本章的研究结论表明，《劳动合同法》的实施虽然保护了普通劳动者的劳动权益免受随意"侵犯"，但也给用工企业及其高管带来了新的管理问题。首先，在《劳动合同法》实施所带来的解雇成本加大和成本费用黏性增强等旧问题尚未解决时，劳动保护关联的薪酬契约导致的薪酬错配与扭曲又使政府、立法机构、公司管理者要面临新的挑战，由此使劳动保护真正要发挥应有的作用可能需要较长的时间。其次，本章的研究也表明劳动保护降低了公司的业绩薪酬敏感性，尤其对高管和高劳动密集度公司的影响会更大，有可能使企业未来的经营可持续性受到严重干扰，从而出现与劳动保护制度初衷相矛盾的现象，如何让《劳动合同法》等劳动保护制度真正发挥其应有的作用，不仅需要立法机关制订更为具体的执行细则，而且需要发挥会计信息在公司业绩评价中的正能量，避免其负效应的出现，并进一步更好地协调管理层、股东与普通员工的利益诉求，进而构建和谐而稳定的企业劳动关系。在对劳动关系问题处理中，守住法律确立的基本价值底线，增强立法弹性和劳动力市场的灵活性，或许是我国解决"人口红利"和应对当下日益激烈的全球经济竞争等问题较现实的路径选择（沈同仙，2017）。

# 第六章

# 高管的"红顶商人"身份与公司商业信用

## 第一节

## 引　言

个人在家庭和社会中扮演着不同的角色,因此形成各种不同的社会地位或身份,而社会地位和身份往往也附带着他人和社会对该地位和身份的人的行为期待和规范(高勇强等,2012)。目前公司高管通过加入行业协会或建立某种联盟等途径来增强企业与政府及其他组织之间讨价还价的能力(田志龙,2007),已成为一个普遍现象,一方面高管通过任职行业协会,可以使公司高管增加接触政府部门及官员的机会,进而为公司在资源获取、政策制定过程中对自身利益的维护发挥重要作用;另一方面,该身份可使公司获得更多的网络资源、信任和合作(石碧涛和张捷,2011),从而具备"亦官亦商"、官商互动的"红顶商人"的特殊身份,其"隐性政治关联+显性社会网络"的双重身份可以提高公司的市场谈判能力,结交更多的和更有影响力的商业伙伴,以及可能求助的资源(RwanEl - Khatib,2015);并能够降低并购业务中的并购公司与目标公司之间的信息不对称,进而产生更好的并购业绩(Cai and Sevilir,2012);以及利用独特的社会网络位置而获取更低成本的特有信息(Burt,1997;Nahapiet and Ghoshal,1998)。而在公司可利用的外部资源中,商业信用的获取或授予是公司一项重要的融资渠道(Fisman and Love,2003),进而有助于减轻股权融资的 IPO 管制与债务融资的信贷歧视等问题对企业带来的负面效应。在中国的特定制度背景下,对公司高管的"红顶商人"身份是否会影响公司的商业信用获取,以及背后的作用机制和影响因素等问题,鲜有分析和讨论。

在中国,以银行、证券等金融机构间接融资为主导的金融体系在一定程度上限制了企业获得融资的渠道,"融资难"成为长期困扰着企业发展的根本问题之一(曹向和匡小平,2013)。因此,那些难以从银行获得贷款的企业,就会转而求助于商业信用——银行贷款的一种重要的替代性融资方式(Petersen and Rajan,1997;陆正飞和杨德明,2011)。当企业能够利用商业信用作为融资渠道时,商业信用的增长能够缓解企业的融资约束(孙浦阳等,2014),然而商业信用的使用一定是以完善的社会信用基础与相关的"认证"机制为基础的,但我国各地频发的"债务人跑路潮"、债务人恶性违约等事件,也使商业信用这一替代性融资手段面临较大的风险。事实上,在转型经济国家的正式法律制度和社会的配套协调机制尚不完善的大背景下,非正式制度的存在可以保证交易合约的安全履行(North,1990)。高管"红顶商人"身份作为一种非正式制度,其所具有的"隐性政治关联 + 显性社会网络"的双重身份特征,增强以公司社会信任和网络关系为核心的社会资本,从而为商业信用的获取提供了一个社会信用基础与担保机制。在我国,由于国家权力的保留和市场发育的不完全,使企业和行业协会形成了对政府的依附关系,并且行业协会仍然"镶嵌"于国家机构内部,已经成为依附于地方政府的工具,而不是企业与政府之间的连接纽带(张华,2015),进而为发挥公司高管行业协会任职的"红顶商人"身份的作用提供现实"机遇"与空间,从而为解决部分实体企业面临的信贷配给、信贷歧视背景下的企业融资约束问题,提供了一种较为理性和务实的解决路径,遗憾的是,已有研究鲜有对此问题有较为系统的探讨与分析。

本章以公司高管的"红顶商人"身份为研究对象,分析高管的"红顶商人"身份对公司商业信用资源的影响,具体研究了市场竞争程度和宏观经济环境等两个外部因素的调节作用,并在考虑国有企业与民营企业间的差异后,分析了该影响差异的具体内容和作用机制。本章研究发现:(1)高管的"红顶商人"身份会显著增加公司的商业信用,并且其社会身份越高,越有可能获得较多的商业信用资源,从而有助于缓解公司的融资约束;(2)相对于国有企业,民营企业高管的"红顶商人"身份使其获得较多的商业信用,表明其对融资约束影响更为明显;(3)在高市场竞争环境下,以及在金融危机期间,公司高管的"红顶商人"身份能够显著增加公司获得的商业信用。

本章可能的研究贡献如下：首先，与以往研究公司高管的政治关联及银企关联等不同的是，本章研究基于社会资本视角，分析了公司高管的"红顶商人"身份对其商业信用获取的影响，从而揭示高管的"红顶商人"身份所关联的社会资本是提高公司资源配置效率和降低融资约束的一种机制和路径；其次，本章基于社会学的"社会资本"理论与公司财务的融资理论的交融视角，分析了被已有研究所忽视的高管的"红顶商人"身份是如何影响公司的商业信用，有助于在转轨加转型社会及经济新常态社会大背景下，深刻认识和理解非正式制度在公司财务决策中的特殊功能与价值；最后，本章的研究结论也为解决当下实体经济中面临的"融资难""融资贵"的问题，提供了一定的借鉴，也为政策制定部门提供必要的启示。

## 第二节

### 文献回顾与假设的提出

#### 一、"红顶商人"身份与社会资本

行业协会是一种政治和经济制度，它产生了激励、支付和公司战略，并且国家授予行业协会分配国家资源的权力。当高管在行业协会任职时，就具备了政商互动、体制内外通吃的"红顶商人"身份，并能够利用"隐性政治关联+显性社会网络"的双重身份为公司带来充分的应税收入、进出口的额度、培训计划的资金、制定标准和规范的权力、签订政府订单等诸多"特权"（Richard Doner and Ben Schneider, 2000；张华，2015）。行业协会作为政府与市场、社会之间进行联系的重要桥梁纽带，可以在政府的宏观经济管理和企业微观经济运行中发挥"传送带"和"上挂下联"的重要作用，尤其是它通过利用其相应的专业、信息、人才、机制等方面的资源优势，做了很多企业想做而无法做到、政府想做但又无精力做的事，从而为推动经济社会发展作出了重要贡献，同时也可为有关政府决策提供咨询与帮助。例如，1904 年的清代法律规定，商人要注册公司，必须通过商会（行业协会）而不是当地政府（许俊基，2011）。据统计，在 2013 年全国性的行业协会商会向政府提出政策建议达到了 1800 多项，并参与制定、修改法规与政策文件就有 370 多件，以及修

订标准规则总计达到5400件左右。一方面,市场支持理论(Market Support)认为行业协会能对政府施加压力,以迫使政府增加公共物品、基础设施建设、消除腐败、保护知识产权;另一方面,市场补充理论(Market Supplement)则强调行业协会兼可发挥垂直和水平协调、信赖、信息的流动以及人力资本技能的培训作用,尤其能够解决发展中国家的市场"失灵"所带来的集体行动失败,并提升整个行业与产业的竞争力,从而使企业间的集体关系制度化。Anek(1992)认为行业协会能通过反对"腐败、无效和行政政治化"等手段来迫使政府简化办事程序,而且行业协会能迫使政府改革关税制度,并可以促使政府制定安全标准,改革价格体系(Ben,1997),及实现技术创新的提高(Judith,1997)。因而不难推测,公司高管在行业协会任职更会为公司带来"近水楼台先得月"的优势,从而将"红顶商人"的作用得以充分发挥。

  党的十八届三中全会文件提出,激发各级社会组织的活力,进一步重点培育和率先发展行业协会商会类、科技类、公益慈善类与社区服务类的社会组织,进而切实发挥行业协会等中介组织的重要作用。石碧涛和张捷(2011)发现行业协会具有的横向内部信任与纵向外部关系是形成和发展协会社会资本的重要渠道。在中国的社会组织尚处于行政主导、缺乏法律保障的初期发展阶段,社会资本在行业协会的起步时期具有更加重要的作用。与此类似,林南(2004)发现,权力、财富、声望等特殊资源是嵌入于社会网络之中的,而缺乏该类资源的人可以借助于行业协会等社会网络而摄取。另外,高管的行业协会身份也可以有助于公司建立技术服务平台、投资合作平台、宣传推介平台,推动行业协会成员的技术创新,而且技术协会给行业同仁提供了学习新技术、新材料、新工艺的机会,促使企业家更注重创新、流程和持续改进(李四海和高丽,2014)。换言之,公司高管的"红顶商人"身份,不仅可使其拥有信息和资源,而且拥有控制、整合、适时使用信息和资源的等诸多优势,为自己创造盈利、增收、合作、互助、联盟、创新等难得的机遇(边燕杰和丘海雄,2000),并表现为嵌入于企业与有关利益相关者之间的网络关系结构中的一类无形资源,进而有利于企业建立社会资本。然而与普通的社会资本不同的是,该类社会资本不仅可以建立良好的政企关系,而且还可以使有关企业获得税收上的减免和高比例的财政补贴等,进而为企业价值增加做出贡献(隋敏和王竹泉,2013)。因而,企业高管的"红顶商人"身份不仅有助于增加其社会资本,并且可以使其建立社会网络关系,而企业的社会网络关系越多,其社会资本存■则会越大;为占据那些"结构洞"位置的个人带来信息与控制的权力,从而■助其在竞争的环境中求生和先赢;同时,动员和使用社会网络中的嵌入性资■为企业服务。

## 二、社会资本与商业信用

■燕杰、张磊(2013)认为公司的社会资本的关系基础是人际关系,而基于人际关系的社会资本是一个动态过程,是行动者有意而为的结果。相对于没有高管在行业协会任职的公司,具有"红顶商人"身份的公司高管更有可能与政府机构、同行企业产生人际互动,从而加强以关系为导向的社会资本的内涵与基础,而这类社会资本能够帮助公司建立纵向联系、横向联系与社会联系,■其中纵向联系会帮助公司建立政治网络。而政治网络是公司社会资本的重要■分(李敏才和刘峰,2012),进而给公司带来的债务融资、更低的税率、■多的市场份额、管制行业的准入资格及更多的政府救助等优惠和便利(Khwaja and Mian,2005;Faccio,2006;余明桂和潘红波,2010)。

公司的社会资本越丰富,其与利益相关者之间的信任水平也会更高,而且彼此在交易过程中更倾向于采用较低成本的商业信用,或者付更少的预付账款与营■费用(刘凤委,2009)。Allen等(2005)发现在中国的法律体系和金融制■背景下,大量民营企业无法从正规金融机构获得贷款,从而促使这类企业更■依赖于关系网络、声誉机制为基础的商业信用等非正式融资手段。但那些具■"红顶商人"身份的高管由于具有较高的存量社会资本,可以利用此优势■加公司与同行企业甚至行业外的利益相关者之间互动与沟通频率,进而有效■降低信息不对称的负面效应,并大幅地减少彼此的信息搜寻和传递成本(隋■和王竹泉,2013)。因此,当体制不确定性越高时,关系社会资本的优势和■用就会越发突出和重要(边燕杰和张磊,2013)。换言之,拥有"红顶商人"身份的公司由于其所具备的独特社会资本的作用,会导致其在行业内和行业外都会具有较高的社会信任水平与口碑,在目前"融资难"与"融资贵"■局面下,该类公司会更有可能获得商业信用,以便替代融资成本较高的银行贷款等融资渠道。因此,当企业之间已经建立了稳定关系并能够互相提供商业信用以及企业确信能够继续获得这种信用的前提下,才会使企业腾挪出其他资源来用于投资,进一步利用商业信用使企业更好地管理现金和存货,从而增加利润,反过来会提高企业投资水平(Messmacher,2001),基于以上分析,提出如下假设。

假设 H6-1:高管的"红顶商人"身份会显著增加公司的商业信用。

商业信用尽管可以部分缓解企业短期内的资金紧张和周转问题,但是其在不同产权性质企业中的需求上是有很大的差异。国有企业相对于民营企业,它具有获取政府补助、财政资金支持的天然优势,而且我国实力最为雄厚的几家商业银行都偏好于支持国有企业,政府也会经常要求这些银行向国有企业提供"政策性"贷款(Cull and Xu,2003),所以国企普遍表现出"不差钱"的状态,并导致国有企业在经营过程中使用商业信用的机会较少,与此形成截然对比的是,我国民营企业要从国有银行贷款,则面临着或明或暗的很多限制性规定(Allen et al.,2005),其中的原因,除大银行对国有企业有某种体制的"偏好"外,最核心的理由是民营企业的信息不对称问题较为严重,导致抵押资产的质量难以正确定价,尤其是如果出现信贷违约时,没有政府为其信贷的偿还"兜底",从而导致了民营企业的融资约束问题愈加严重,结果使民营企业从正规银行渠道获取贷款的难度日益加大。在此背景下,民营企业依靠获取商业信用等非正式融资渠道来解决融资问题,成为一种必然选择。当一个国家的社会信用环境和金融体系的发展已经很完善时,由于公司和金融机构之间的信息不对称的影响,从而会产生银行对企业的信贷配给的不均局面,导致了企业对商业信用的显著依赖(刘仁伍和盛文军,2011)。另外,民营企业将商业信用作为一种抢占市场的手段,进一步使用商业信用可以带给企业避税、质量保证、促销、价格歧视与降低交易成本等很多便利。但商业信用的获取必须依靠"社会资本、关系"等非正式制度等保证机制来辅助实施,因而企业提供商业信用的条件是它必须了解对方的信誉和可靠性,而在买方市场背景下,买方企业有可能会在不同商业信用的条件下比较,并且某些提供了商业信用的供应商面临客户流失的可能性,这进一步导致其会减少商业信用的提供。

虽然大多数民营企业无法获得与国有企业一样程度的政府"关爱",但是不少民营企业的高管通过在行业协会任职而带上"红顶商人"的帽子,进而获得一种游走于体制内与体制外的社会身份,其结果一方面会使民营企业可以获得"准体制"的资源与信息,另一方面还可以增加该企业在同行业内的影响力、知名度与议价能力,进而变相获得了一种担保和承诺机制,从而可以降低商业信用的违约风险。换言之,民营企业高管的行业协会身份而积累的社会资本,使其更容易获得对方的信任,这无疑是一个较好的担保和承诺机制。因为建立良好的关系网络、积累充分的社会资本是促进企业成长的重要途径,而且社会资本对企业的经营能力和经济效益有直接的提升作用(边燕杰和丘海雄,2000)。民企高管在行业协会任职不但会获得更多的商业信用,而且可以降低融资约束和信贷歧视对民企带来的负面影响。同时公司高管的"红顶商人"身份所建立的社会资本所具有的网络纽带具有三种作用机制,即网络纽带、网络结构和网络资源(边燕杰和张磊,2012),这不但使民营企业在利用这些机制获取跨越企业边界以外的资源的同时,而且也有助于企业在行业协会内外形成一定的声誉和信任度,促使企业可以获得较多的商业信用。另外,高管的"红顶商人"身份可使公司获得各种政策优惠及廉价的资源,增加民营企业的未来总收益和市场价值,以及降低资金供给方提供资金的风险(于蔚等,2012),有利于增加民营企业获得商业信用的额度和概率,最终实现资源效应的最大化收益。基于以上分析,提出如下假设。

假设 H6-2:相对于国有企业,民营企业高管的"红顶商人"身份更有助于增加其商业信用。

## 二、经营环境的调节效应

竞争市场假说认为商业信用可以作为当市场竞争环境比较激烈的条件下,卖方面对更多的同行竞争对手时吸引和稳定客户的一种营销手段,因此,市场竞争环境越激烈,卖方越有可能会提供更多的商业信用,即,为了防止客户被其他企业争取,卖方有极大的动机提供商业信用,以锁定目标客户(Petersen and Rajan, 1997; Fisman and Raturi, 2004)。进一步地,Raymond Fisman 和 Maya Raturi (2004)也认为竞争可以增加企业的商业信用供给,而且这种关系在供给时间较长的样本中更加显著,原因是事后持有问题会拖延借款者信用的提升,而在激烈的竞争环境中,商业信用可以实现必要的营销目的(Schwartz, 1974)。在我国,市场竞争程度越高,企业就越会依靠关系社会资本来增强其竞争优势,因为社会资本有助于减少和消除商业信用所潜藏的财务风险(边燕杰和张磊,2012)。

公司高管的"红顶商人"身份使其具有明显的信号效应和声誉保证机制。高勇强等(2012)发现具有社会身份的企业家更容易实施更多的社会捐赠水平，其结果也会使公司积累了较高的以社会信任为特征的社会资本，进一步那些社会资本越强的公司更可能把握住与其他企业的合作机会，从而建立的合作关系数量也会越多（吴宝等，2011）。在市场的信息不对称度较高、竞争极为激烈的环境中，社会资本对于平衡交易双方的心理和稳定未来预期，以及赢得彼此的信任发挥着不可替代的作用。因此，市场竞争越是激烈，企业资源获取的难度和风险就会越大。尽管制度发挥着重要的作用，但是却无法完全杜绝机会主义的产生，以及有效地维持秩序，而社会资本内含的关系结构所具有的信任，能够在资源交换和互惠的互动中起到维持交易秩序、解决资源交换的不平衡，并使合作关系能够持续等作用（罗家德，2006）。高管的"红顶商人"身份所建立的社会网络，能给对方提供足够的信任和安全感，从而使市场的竞争环境越复杂，高管的"红顶商人"身份在帮助企业获取商业信用等资源方面的价值就会越大，也越有可能获得资本成本较低的商业信用，基于上述分析，提出如下假设。

假设H6-3：市场竞争水平越高，高管的"红顶商人"身份与商业信用之间的正相关越为显著。

如果说市场竞争水平是一个企业所面对的常态化环境，那么当企业面对货币政策和金融环境大幅波动时，将会显著改变企业的商业运营生态环境。陆正飞和杨德明（2011）发现商业信用的功能与央行的货币政策有关，当货币政策宽松时，商业信用的经营性功能会凸显；但在货币政策紧缩时，商业信用则表现出一种替代性融资功能，从而说明商业信用与货币政策的大环境密切相关，其内在机制是：在经济紧缩期间，国家如果采用刺激经济增长的积极宏观经济政策而加大银行放贷，其实际效果会被企业间商业信用的收缩而抵消一部分（石晓军和张顺明，2010）。与国内研究类似，Mateut和Mizen（2006）发现，在货币政策趋紧时，商业银行的贷款会收缩，但商业信用的确会增加，使信贷政策对企业的影响得到缓解。进一步地，Love等（2007）认为在金融危机的期间，那些能够从银行融资的企业会加大商业信用的投放，从而缓解下游企业的银行融资约束，而在金融危机刚发生之后的一段时间内，商业信用投放总量会有先增长后萎缩的现象。

2007年8月由美国次贷危机引起的全球金融危机的爆发，给全世界的资本市场、实体产品市场造成了巨大的冲击，恶化了微观企业所赖以生存的经营环境，金融危机带来了信贷紧缩，进一步会影响到商业信用供给，从而造成企业提供给客户的商业信用的减少（胡泽等，2013）。这次金融危机通过影响货币流通和信贷市场而导致了信贷紧缩和通货的紧缩，更主要的是改变了市场的稳定预期，增加了市场的波动性和信息的不对称以及市场的噪声，从而导致卖方提供商业信用风险的加大，在此背景下，公司高管的"红顶商人"身份所具有的社会资本所关联的信誉和信任效应，则会具有较强的信号显示功能，从而为金融危机期间企业的商业信用的获取提供"隐形背书"与保证。因此，高管的"红顶商人"身份会导致该公司会成为客户优先发展与"讨好"的对象，特别在金融危机期间，高管的社会身份有助于公司获得的商业信用以渡过难关，从而降低公司的融资约束，基于上述分析，提出如下假设。

假设 H6-4：在金融危机期间，高管的"红顶商人"身份与商业信用之间的正相关更为显著。

## 第三节

### 研究设计

**一、数据选择和样本企业选择**

本章以我国沪深 A 股市场 2006~2013 年的上市公司为研究样本，在选择过程中，对符合以下条件的样本做了删除：（1）公司当年 ST、PT 的样本；（2）金融或证券类公司的样本；（3）资产负债率大于 1 或小于 0 的公司；（4）销售增长率大于 1 或小于 0 的公司；（5）发行 B 股、H 股；（6）已退市或当年上市的；（7）缺失值较多的公司。高管行业协会工作经历的数据来自 CSMAR 数据库高管简历的披露，并经笔者手工搜集处理，而且与上市公司官方网站披露的信息进行了核对，公司的产权性质数据来自色诺芬（CCER）数据库，财务数据及公司治理数据来自国泰安（CSMAR），回归时对所有的样本数据在 1% 的水平做了缩尾处理，使用 Stata 12.0 统计软件进行数据处理。

**二、主要变量的定义**

1）解释变量："红顶商人"。"戴市场的帽子，拿政府的鞭子，坐行业的轿子，收企业的票子，供官员兼职的位子"，这就是我国行业协会的现实状况，即行业协会同时承担着经济参与功能和政治服务功能（李学楠，2014），自然，那些在行业协会担任职务的公司高管就具有了"红顶商人"身份和头衔，该变量是通过分析公司的董事长或总经理是否在国家、省级、市级、县级的行业协会（商会）担任秘书长或副秘书长、理事长、副理事长、理事或执行理事等关键职务来确定，如担任，赋值为1，否则为0。

（2）被解释变量：商业信用，本章以应收账款和应付账款为基础测度商业信用，应收账款表明企业自身强大的资金和实力，而应付账款的存在说明公司在市场上被客户所信任的程度，两者之间是有内在联系，两类指标一起来度量企业所授予或被其他客户所授予的商业信用，具体定义见表6-1。

（3）控制变量：基于Ge和Qiu（2007）等的研究，并考虑了中国资本市场的实际，控制变量包括公司规模（Size）、公司年龄（Age）、杠杆（Lev）、净资产回报（Roa）、经营活动现金流（Opcash）、可抵押资产（Fixas）、息税前利润（Ebit）、借款水平（Loan）、第一大股东持股比例（Hold1）等。

表6-1　　　　　　　　　　变量的定义

| 变量名称 | 符号 | 定义 |
| --- | --- | --- |
| 商业信用 | Credit1 | 应付账款平均余额/年末资产总额 |
|  | Credit2 | 应收账款平均余额/年末资产总额 |
| 经营环境 | HHI | 赫芬达尔指数， |
|  | Dum_Fincrsis | 样本为2008年与2009年则取值为1，其余年份为0 |
| 高管的"红顶商人"身份 | Anapc1 | 如果CEO或者董事长在国家级的行业协会曾任秘书长或副秘书长、理事长、副理事长、理事或执行理事等，赋值为1，否则为0 |
|  | Anapc2 | 如果CEO或者董事长在省级的行业协会曾任秘书长或副秘书长、理事长、副理事长、理事或执行理事等，赋值为1，否则为0 |
|  | Anapc3 | 如果CEO或者董事长在市县级的行业协会曾任秘书长或副秘书长、理事长、副理事长、理事或执行理事等，赋值为1，否则为0 |
|  | Dumanapc | 如果CEO或者董事长在行业协会曾任秘书长或副秘书长、理事长、副理事长、理事或执行理事等，赋值为1，否则为0 |
| 产权性质 | Dumcontrol | 如果是国有企业，取值为1，否则为0 |

续表

| 变量名称 | 符号 | 定 义 |
|---|---|---|
| 公司规模 | Size | 企业资产总额的对数 |
| 公司年龄 | Age | 公司存在的时间 |
| 杠杆 | Lev | 年末总负债与年末总资产之比 |
| 净资产回报 | Roa | 公司的年末净利润/权益 |
| 经营活动现金流 | Opcash | 公司年末经营现金流的净额 |
| 可抵押资产 | Fixass | 固定资产/总资产 |
| 息税前利润 | Ebit | （净利润＋所得税＋利息）/总资产 |
| 市场化水平 | So | 樊纲、王小鲁（2011） |
| 借款水平 | Loan | （长期借款＋短期借款）/总资产 |
| 第一大股东持股比例 | Hold1 | 第一大股东所持有股份/在外流通的股份 |

## 三、模型设计

为了检验假设 H6-1，设计了模型：

$$Credit = \alpha_0 + \alpha_1 \times Anapc + \alpha_2 \times Size + \alpha_3 \times Lev + \alpha_4 \times Fixass + \alpha_5 \times Roa + \alpha_6 \times Loan + \alpha_7 \times Ebit + \alpha_8 \times Opcash + \upsilon_{it} + \upsilon_{it} + \eta_{it} + \mu_i \quad (6-1)$$

在模型（6-1）中，被解释变量是商业信用，用应付账款平均余额/年末资产总额（Credit1）表示，解释变量是高管的"红顶商人"身份，另外，基于已有文献，控制了资产总额（Size）、资产负债率（Lev）、固定资产比例（Fixsast）、净资产利润率（Roa）、公司的银行借款水平（Loan）、息税前利润（Ebit）等因素，同时控制了行业、年度和省份固定效应，如果 $\alpha_1$ 的回归系数大于 0，就表明'红顶商人'能够增加公司所获得商业信用，模型最后一项是残差项。

假设 H6-2 的检验依然是利用模型（6-1），并按照企业的产权性质（国有、民营）进行分组，主要变量和假设 H6-1 一致，主要是比较两组企业的 Anapc 的估计系数的显著性。

为了检验假设 H6-3，设计模型（6-2）：

$$Credit = \gamma_0 + \gamma_1 \times Anapc + \gamma_2 \times Hhi + \gamma_3 \times Anapc \times Hhi + \gamma_4 \times Size + \gamma_5 \times Lev +$$

$$\gamma_6 \times Fixass + \gamma_7 \times Roa + \gamma_8 \times Loan + \gamma_9 \times Ebit + \gamma_{10} \times Opcash + \nu_{it} + \upsilon_{it} + \eta_{it} + \mu_i \tag{6-2}$$

其中，模型（6-2）是在模型（6-1）的基础上，加入了表示市场竞争程度的赫芬达尔指数（Hhi），并将其和高管的"红顶商人"身份（Anapc）进行交乘，其余变量的定义和模型（6-1）相同，如果系数 $\gamma_3$ 小于 0，则说明在市场竞争越激烈，高管的"红顶商人"身份越有可能增加其所获得的商业信用。

为了检验假设 H6-4，设计了模型（6-3）：

$$Credit = \beta_0 + \beta_1 \times Anapc + \beta_2 \times Dum\_fincrisis + \beta_3 \times Anapc \times Dum\_fincrisis + \beta_4 \times Size + \beta_5 \times Lev + \beta_6 \times Fixass + \beta_7 \times Roa + \beta_8 \times Loan + \beta_9 \times Ebit + \beta_{10} \times Opcash + \nu_{it} + \upsilon_{it} + \eta_{it} + \mu_i \tag{6-3}$$

在模型（6-1）的基础上，进一步加入了表示金融危机的变量（Dum_fincrsis），其他变量的定义同模型（6-1），在模型（6-3）中，如果 $\beta_3$ 的估计系数显著大于 0，从而表明越是金融危机等经济基本面较差时，"红顶商人"身份越能使企业获得较多的商业信用，从而渡过难关和危机，模型同时控制了行业、年度和省份固定效应，模型最后一项是残差项。

## 第四节

### 实证结果

### 一、描述性统计

表 6-2 是 2006~2013 年，上市公司的高管分别担任国家级、省级和市县级行业协会职务的公司数目，可以看出公司高管参与国家行业协会的数量最大，数量达到 556 个，省级的数量为 421，而地市级为 213 个。从笔者手工整理的数据来看，在较高级别的行业协会担任职务的，绝大多数也都在同一行政区的低级行业协会任职，因为高级别的国家行业协会身份的含金量会更高，给公司带来的社会资本以及资源效应也会更多；从时间趋势看，除 2012 年以外，其余时间区间内该指标都呈增加趋势，表明公司高管对进入行业协会担任职务有较高的热情，对其"红顶商人"的身份具有很高的认同度。

## 第六章 高管的"红顶商人"身份与公司商业信用

表6-2 泛政治关联事物的行政区域分布

| | 2006年 | 2007年 | 2009年 | 2008年 | 2010年 | 2011年 | 2012年 | 2013年 | 合计 |
|---|---|---|---|---|---|---|---|---|---|
| 全国 | 41 | 49 | 82 | 82 | 80 | 80 | 49 | 93 | 556 |
| 省级 | 30 | 35 | 56 | 63 | 62 | 72 | 41 | 62 | 421 |
| 地市级 | 14 | 19 | 30 | 30 | 31 | 32 | 17 | 40 | 213 |
| 合计 | 85 | 103 | 168 | 175 | 173 | 184 | 107 | 195 | 1190 |

表6-2是变量的基本统计量,可以看出高管的"红顶商人"身份所关联的国家、省级与市县级社会身份的均值分别是0.089、0.068与0.034,其均值对应的数量与表6-2的单个统计基本一致,表明公司高管更愿意拥有较高级别的"红顶商人"社会身份,因为其拥有的社会资本会更多。"红顶商人"的综合度量指标,即不分行业协会级别的样本(Dumanapc)的均值为0.194,说明近20%的公司高管具有"红顶商人"的社会身份;商业信用指标(Credit1)的均值为0.11,最小值为0,最大值是为0.6,表明样本的差异比较大,而该指标的中位数为0.08,说明50%左右的企业都有近9%的应收账款;代表公司产权性质的指标(Dumcontr)的均值为0.58,表明在数量上国有企业依然占有绝对优势;资产负债率(Lev)的均值为0.54,最小值为1%,最大值为0.99,中位数为54%,说明一半左右的公司负债比例较高。

表6-3 基本统计量

| 变量 | 观测值 | 均值 | 标准差 | 最小值 | 25分位 | 中位数 | 75分位 | 最大值 |
|---|---|---|---|---|---|---|---|---|
| Anap1 | 6234 | 0.089 | 1.482 | 0 | 0 | 0 | 0 | 1 |
| Anap2 | 6234 | 0.068 | 2.142 | 0 | 0 | 0 | 0 | 1 |
| Anap3 | 6234 | 0.034 | 1.005 | 0 | 0 | 0 | 0 | 1 |
| Dumanapc | 6234 | 0.194 | 0.178 | 0 | 0 | 0 | 0 | 1 |
| Opca | 6234 | 4.900 | 2.696 | -1.025 | 1.706 | 2.347 | 5.643 | 16.108 |
| Size | 6234 | 22.192 | 3.475 | 18.273 | 21.241 | 22 | 23.255 | 27.751 |
| Credit1 | 6234 | 0.110 | 1.006 | 0 | 0.050 | 0.080 | 0.130 | 0.600 |
| Credit2 | 6234 | 0.050 | 1.248 | 0 | 0.020 | 0.050 | 0 | 0.560 |
| Dumcontr | 6234 | 0.580 | 0.003 | 0 | 0 | 1 | 1 | 1 |
| Roa | 6234 | 0.040 | 3.429 | -1.150 | 0.020 | 0.030 | 0.070 | 0.520 |

续表

| 变量 | 观测值 | 均值 | 标准差 | 最小值 | 25分位 | 中位数 | 75分位 | 最大值 |
| --- | --- | --- | --- | --- | --- | --- | --- | --- |
| Lev | 6234 | 0.540 | 0.014 | 0.010 | 0.430 | 0.540 | 0.630 | 0.990 |
| Ebit | 6234 | 5.876 | 0.005 | -3.742 | 6.528 | 2.329 | 9.472 | 11.125 |
| Age | 6234 | 12.974 | 1.248 | 1 | 10 | 13 | 14 | 29 |
| Loan | 6234 | 1.900 | 0.193 | 0 | 1.024 | 6.174 | 7.238 | 96.645 |
| Fixas | 6234 | 0.260 | 7.093 | 0 | 0.090 | 0.240 | 0.450 | 0.950 |
| Hhi | 6234 | 0.110 | 2.651 | 0.030 | 0.060 | 0.080 | 0.150 | 1 |

表6-4是主要变量的相关系数，可以看出高管的"红顶商人"身份（Dumanapc）与两个商业信用变量的相关系数分别为0.048与0.024，且分别在1%与5%的水平上显著；较高级别的"红顶商人"身份（Anapc1）与商业信用变量（Credit1）的相关系数为0.025，且在1%的水平上高度显著，与另一商业信用变量（Credit2）的相关系数为0.005，尽管不显著但符号符合预期；而中等级别的省级行业协会身份（Anapc2）与商业信用变量（Credit1）的相关系数为0.051且在1%的水平上显著，说明公司高管的"红顶商人"身份所关联的社会资本有利于公司获得较多的商业信用，此外，这两类商业信用（Credit）变量之间的相关系数为0.137且不显著。其剩余变量之间的相关系数未超过50%，表明变量之间的多重共线性可以避免，而更准确的分析需要考虑多元回归分析。

表6-4  主要变量的相关系数

| | Anapc1 | Anapc2 | Anapc3 | Dumanapc | Hhi | Dumcontr | Credit1 | Credit2 |
| --- | --- | --- | --- | --- | --- | --- | --- | --- |
| Anapc1 | 1 | | | | | | | |
| Anapc2 | 0.431*** | 1 | | | | | | |
| Anapc3 | 0.379*** | 0.474*** | 1 | | | | | |
| Dumanapc | 0.347*** | 0.264*** | 0.477*** | 1 | | | | |
| Hhi | -0.033** | -0.013 | -0.030** | -0.029** | 1 | | | |
| Dumcontr | -0.043*** | -0.064*** | -0.081*** | -0.065*** | -0.0130 | 1 | | |
| Credit1 | 0.025* | 0.051*** | 0.035 | 0.048*** | 0.100*** | 0.235*** | 1 | |
| Credit2 | 0.005 | 0.056*** | 0.064*** | 0.024* | -0.084*** | -0.232*** | 0.137 | 1 |

注：*** 为 $p<0.01$，** 为 $p<0.05$，* 为 $p<0.1$。

## 二、多元回归分析

### (一) 高管的"红顶商人"身份与商业信用

表 6-5 是高管的"红顶商人"身份与商业信用的回归结果,被解释变量是商业信用(Credit1),解释变量依次是高管的"红顶商人"身份的综合度量指标(Dumanapc)、公司高管的国家级"红顶商人"身份(Anapc1)、高管的省级"红顶商人"身份(Anapc2)和公司高管的市县级"红顶商人"身份(Anapc3)等。第 2 列高管的社会身份综合度量变量(Dumanapc)的估计系数为 0.093(T=2.99),且在 1%的水平上高度显著,说明公司高管的"红顶商人"身份有利于公司获得更多的商业信用,从而增强公司的资源效应。第 3 列公司高管的国家级"红顶商人"身份(Anapc1)的估计系数为 0.038(T=1.93)且在 10%的水平上显著,而第 4 列省级"红顶商人"身份(Anapc2)和与第 5 列市县级"红顶商人"身份(Anapc3)等两个变量的估计系数的符号都为正但都不显著,表明高管"红顶商人"身份的级别越低,其实际作用和价值就越小,进而不能增加公司获得商业信用的机会。

表 6-5  高管的"红顶商人"身份与商业信用

| 变量 | 被解释变量:Credit1 | | | |
|---|---|---|---|---|
| | 模型 1 | | | |
| Dumanapc | 0.093 *** <br> (2.99) | | | |
| Size | -0.018 *** <br> (-16.70) | 0.031 *** <br> (51.38) | 0.032 *** <br> (51.46) | 0.036 *** <br> (51.49) |
| Age | 0.028 *** <br> (10.48) | 0.031 ** <br> (2.13) | 0.032 ** <br> (2.22) | 0.034 ** <br> (2.13) |
| Fixass | -0.146 *** <br> (-23.20) | 0.281 <br> (0.80) | 0.239 <br> (0.68) | 0.269 <br> (0.77) |
| Loan | 0.241 *** <br> (3.52) | -0.324 *** <br> (-84.99) | -0.362 *** <br> (-84.87) | -0.325 *** <br> (-84.96) |
| Roa | 0.647 *** <br> (8.47) | 0.538 *** <br> (12.63) | 0.533 *** <br> (12.51) | 0.535 *** <br> (12.57) |

续表

| 变量 | 被解释变量：Credit1 | | | |
| --- | --- | --- | --- | --- |
| | 模型1 | | | |
| Ebit | -0.485*** | -0.475*** | -0.470*** | -0.472*** |
| | (-6.79) | (-11.93) | (-11.80) | (-11.87) |
| Lev | 0.303*** | 0.210*** | 0.210*** | 0.210*** |
| | (44.52) | (55.50) | (55.43) | (55.43) |
| Opcash | 0.021** | 0.035*** | 0.016*** | 0.042*** |
| | (2.38) | (3.73) | (3.70) | (3.70) |
| Anapc1 | | 0.038* | | |
| | | (1.93) | | |
| Anapc2 | | | 0.021 | |
| | | | (0.95) | |
| Anapc3 | | | | 0.029 |
| | | | | (0.93) |
| Constant | -0.389*** | -0.603*** | -0.616*** | -0.617*** |
| | (-19.50) | (-5.43) | (-5.55) | (-5.56) |
| 行业 | 已控制 | 已控制 | 已控制 | 已控制 |
| 年度 | 已控制 | 已控制 | 已控制 | 已控制 |
| 省份 | 已控制 | 已控制 | 已控制 | 已控制 |
| Observations | 6234 | 6234 | 6234 | 6234 |
| Adj-$R^2$ | 0.33 | 0.34 | 0.44 | 0.36 |
| F | 383.0 | 952.2 | 951.9 | 951.9 |

注：括号里的数字为T值；\*、\*\*、\*\*\*分别代表在10%、5%、1%的水平上显著。

表6-6是考虑了市场竞争因素以及公司的产权性质因素后，分析两者对商业信用的影响机制和路径。第2列"红顶商人"身份（Anapc）的估计系数为0.039，尽管为正但不显著，而第3列相应的估计系数为0.066（T=2.44）且在1%的水平上显著，同时两组解释变量回归系数的卡方值为102.925，从而表明在严重融资约束的融资环境中，相对于国有企业，多数民营企业将会更加依赖于通过建立社会资本而获得商业信用，假设H6-1得到了验证与支持；第4列是考虑了市场竞争程度（Hhi），并加入了其"红顶商人"身份（Anapc）的交乘项，可以看出市场竞争程度（Hhi）的估计系数显著为负，并

且其交乘项的估计系数为 -0.378 且在 5% 的水平上显著，说明在高市场竞争环境下，高管的'红顶商人'身份将使其拥有较多社会资本，进而获得一定规模的商业信用以缓解公司的融资约束。

表 5-6　　经营环境、高管的"红顶商人"身份与商业信用

| 变量 | 被解释变量：Credit1 | | |
| --- | --- | --- | --- |
| | 模型 1 | | 模型 2 |
| | 国有 | 民营 | 全样本 |
| Anapc | 0.039<br>(1.32) | 0.066***<br>(2.44) | 0.023*<br>(1.78) |
| Hhi | | | -0.231*<br>(-1.83) |
| Hhi × Anapc | | | -0.378**<br>(-2.13) |
| Size | 0.258***<br>(15.04) | 0.325***<br>(12.15) | 0.145***<br>(9.23) |
| Age | -0.414<br>(-1.28) | 0.138***<br>(3.40) | 0.176***<br>(4.88) |
| Fixass | 0.207<br>(0.34) | -0.296***<br>(-3.42) | -0.063***<br>(-3.70) |
| Loan | -0.265***<br>(-31.68) | -0.251***<br>(-14.77) | -0.149**<br>(-2.126) |
| Roa | 0.156*<br>(1.90) | 0.466***<br>(4.04) | 0.065***<br>(2.63) |
| Ebit | -0.079<br>(-0.99) | -0.374<br>(-0.64) | 0.012***<br>(3.29) |
| Lev | 0.205***<br>(28.33) | 0.195***<br>(18.45) | 0.808***<br>(9.94) |
| Opcash | 0.331***<br>(3.17) | 0.334***<br>(2.91) | 0.644***<br>(5.91) |
| Constant | -0.138***<br>(-6.50) | -0.147***<br>(-4.53) | -0.196***<br>(-7.53) |
| 行业 | 控制 | 控制 | 控制 |
| 年度 | 控制 | 控制 | 控制 |
| 省份 | 控制 | 控制 | 控制 |
| 解释变量的组间差异显著性 | $\chi(2) = 102.925$ | | |

续表

| 变量 | 被解释变量：Credit1 | | |
|---|---|---|---|
| | 模型1 | | 模型2 |
| | 国有 | 民营 | 全样本 |
| 交互项的联合显著性水平 | | | P=0.073 |
| Observations | 3616 | 2618 | 6234 |
| Adj – $R^2$ | 0.41 | 0.35 | 0.56 |
| F | 457.7 | 96.40 | 140.4 |

注：括号里的数字为T值；*、**、*** 分别代表在10%、5%、1%的水平上显著。

### （二）高管的"红顶商人"身份、金融危机与公司的商业信用

表6–7是考虑2008~2009年国际金融危机因素后，高管的"红顶商人"身份与商业信用的回归结果。第2列社会身份变量（Anapc）的估计系数为0.012且在5%的水平上显著，相应的第2列表示金融危机的变量（Dum_Fincrisis）的估计系数为–0.018（T=–12.44）且在1%的水平上显著，表明金融危机最为严重的2008年公司会减少商业信用的供给，而其与商业信用（Credit1）的交乘项的估计系数为0.023（T=4.15），说明高管的"红顶商人"身份所具有的社会资本，能够使公司在金融危机期间获得更多的商业信用，第4列是2009年的样本估计结果，虽然（Dum_Fincrisis）的估计结果为正不显著，但其与高管的"红顶商人"身份（Anapc）的交互项的估计系数为0.323（T=2.60），说明在金融危机期间，公司高管的"红顶商人"身份确实会增加公司的商业信用，进而缓解企业的经营资金的周转压力。

表6–7 金融危机、高管的"红顶商人"身份与商业信用

| 变量 | 被解释变量：Credit1 | | | |
|---|---|---|---|---|
| | 模型3 2008年 | | 模型4 2009年 | |
| | 系数 | T值 | 系数 | T值 |
| Anapc | 0.012** | (2.12) | 0.018* | (1.71) |
| Size | 0.275*** | (30.57) | –0.258*** | (–12.56) |
| Age | 0.054*** | (3.42) | 0.375*** | (8.10) |
| Fixass | –0.057 | (–1.47) | –0.161*** | (–16.28) |
| Loan | –0.291*** | (–62.48) | –0.013*** | (–18.263) |

续表

| 变量 | 被解释变量：Credit1 | | | |
|---|---|---|---|---|
| | 模型3 2008年 | | 模型4 2009年 | |
| | 系数 | T值 | 系数 | T值 |
| Roa | 0.565*** | (11.92) | 0.161*** | (5.10) |
| Ebit | -0.500*** | (-11.36) | 0.023 | (1.27) |
| Lev | 0.215*** | (48.86) | 0.322*** | (30.38) |
| Opcash | 0.477 | (0.89) | 0.965*** | (6.74) |
| Dum_Fincrisis | -0.188*** | (-12.44) | 0.251 | (1.30) |
| Anapc·Dum_Fincrisis | 0.023*** | (4.15) | 0.323*** | (2.60) |
| 行业 | 控制 | | 控制 | |
| 省份 | 控制 | | 控制 | |
| Constant | -0.121*** | (-4.08) | 0.425*** | (-2.46) |
| 交互项的联合显著性 | P = 0.036 | | P = 0.017 | |
| Observations | 6234 | | | |
| Adj-R² | 0.19 | | 0.37 | |
| F | 495.4 | | 349.9 | |

注：括号里的数字为T值；*、**、***分别代表在10%、5%、1%的水平上显著。

### （三）稳健性检验

首先，采用 Heckman 两步法与固定效应的估计结果。由于高管的"红顶商人"身份所具有的社会资本与商业信用之间有可能存在自选择问题，在控制销售增长（Salgrow）、金融业（S4a）、市场化程度（S0）与政府对企业的干预（S3b），由于王小鲁与樊纲两位学者的市场化指数的实际编制截止日为2009年，因此，基于唐跃军、左晶晶和李汇东（2014）的做法，对于2010～2013年的四个表示市场环境变量，本章采用了王小鲁、余静文和樊纲（2013）的《中国分省企业经营环境指数2013年报告》中的企业所在省区市的经营环境总指数、金融服务指数和企业经营的法制环境指数来代替，同时包括第一大股东持股比（Hold1）、公司的年龄（Age）、公司规模（Size）、业绩（Roa）、经营现金流（Opcash）等控制变量后，进一步通过模型估计出逆米尔斯比率（Imr）

$$P(\text{Anapc}=1) = \alpha_0 + \alpha_1 \times \text{Salgrow} + \alpha_2 \times \text{S4a} + \alpha_3 \times \text{S5b} + \alpha_4 \times \text{Opcash} + \alpha_5 \times \text{Roa} + \alpha_6 \times \text{Lev} + \alpha_7 \times \text{size} + \alpha_8 \times \text{Age} + \alpha_9 \times \text{S0} + \alpha_{10} \times \text{Hold1} + \mu_i \quad (6-4)$$

然后再将模型（6-4）估计的逆米尔斯比率加入模型（6-1）作为控制变量，从表6-8可看出逆米尔斯比率（Imr）的估计值为2.647（Z=0.552）不显著，表明样本不存在明显的自选择问题，同时我们可以发现高管社会身份（Anapc）估计系数为0.398（T=2.01），本章的假设进一步得到支持；进一步再考虑了样本时间序列所涉及的个体效应问题，再用面板固定效应进行回归，结果没有变化。

表6-8　　　　Heckman两阶段与固定效应的回归

| 变量 | 两阶段 | | 固定效应 |
| --- | --- | --- | --- |
| | 第一阶段 | 第二阶段 | |
| Salgrow | -66.562<br>(-1.02) | | |
| S4a | 0.312<br>(0.53) | | |
| S5b | 0.581<br>(0.78) | | |
| Anapc | | 0.398**<br>(2.01) | 0.339***<br>(4.22) |
| Opcash | -0.395<br>(-0.40) | | |
| Roa | 12.04<br>(0.89) | 6.285***<br>(4.67) | 2.629***<br>(15.48) |
| Fixass | | | -0.169<br>(-1.83)* |
| Ebit | | | 0.012<br>(1.38) |
| Lev | 81.69<br>(1.07) | -1.554***<br>(-3.42) | -1.101***<br>(-17.26) |
| Loan | -0.207***<br>(-3.52) | -0.366***<br>(-10.98) | -0.193***<br>(-7.71) |
| Size | -0.375<br>(-0.28) | -0.343***<br>(-6.82) | -0.300***<br>(-33.66) |

续表

| 变量 | 两阶段 | | 固定效应 |
|---|---|---|---|
| | 第一阶段 | 第二阶段 | |
| Age | -0.037<br>(-0.21) | 0.049***<br>(2.68) | -0.074<br>(-0.95) |
| Hold1 | 0.908<br>(0.22) | -0.365<br>(-0.12) | 0.932<br>(1.46) |
| S0 | -0.449<br>(-0.48) | 0.769**<br>2.34*** | 0.049<br>(1.26) |
| Imr | | 2.647<br>(0.552) | |
| Constant | -14.112<br>(-0.89) | -8.777<br>(2.902)*** | -7.432***<br>(-2.57) |
| 行业 | 控制 | 控制 | 控制 |
| 年度 | 控制 | 控制 | 控制 |
| Observations | 6234 | 6234 | 6234 |
| Prob > chi2 | | 133.71 | |
| Within - $R^2$ | | | 0.236 |

注：括号里的值为 T(Z)值；\*、\*\*、\*\*\* 分别表示在10%、5%、1%的水平上显著。

再次，进一步将商业信用的测度指标换为（Credit2），即应收账款平均余额/年末资产总额，同时继续利用模型（6-1）到模型（6-3）进行检验，从表6-9的结果可以发现，无论是主要解释变量（Anapc），还是相应的交互项的估计结果基本没有变化。

表6-9　基于 Credit2 度量商业信用下的回归

| 变量 | 被解释变量：Credit2 | | | | | |
|---|---|---|---|---|---|---|
| | 全样本 | 国有 | 民营 | 市场竞争 | 2008年 | 2009年 |
| Anapc | 0.236*<br>(1.92) | 0.152<br>(1.34) | 0.252***<br>(2.92) | 0.113**<br>(2.21) | 0.291***<br>(4.07) | 0.145**<br>(2.10) |
| Dum_crisis | | | | | -0.608***<br>(-16.33) | 0.251<br>(0.38) |
| Hhi × anapc | | | | -0.0236*<br>(-1.90) | | |

续表

| 变量 | 被解释变量：Credit2 | | | | | |
|---|---|---|---|---|---|---|
| | 全样本 | 国有 | 民营 | 市场竞争 | 2008年 | 2009年 |
| Size | 0.236* <br> (1.92) | -0.237*** <br> (-11.18) | -0.252*** <br> (-12.19) | -0.235*** <br> (-11.08) | 0.152*** <br> (7.41) | -0.455*** <br> (-20.02) |
| Age | 0.292*** <br> (32.44) | 0.372 <br> (0.78) | 0.374*** <br> (8.08) | 0.364*** <br> (7.62) | 0.225*** <br> (4.85) | 0.156*** <br> (3.05) |
| Lev | 0.527*** <br> (11.89) | 0.314*** <br> (28.75) | 0.289*** <br> (18.90) | 0.354*** <br> (22.12) | -0.0139 <br> (-1.31) | -0.764*** <br> (-6.35) |
| Opcash | 0.216*** <br> (48.57) | 0.581*** <br> (3.98) | 0.990*** <br> (6.92) | 0.527*** <br> (3.59) | 0.875*** <br> (6.10) | 0.346** <br> (2.17) |
| Fixass | -0.387** <br> (-2.33) | -0.139 <br> (-1.30) | -0.167*** <br> (-16.66) | 0.161*** <br> (1.57) | -0.599*** <br> (-6.08) | -0.271 <br> (-0.24) |
| Roa | 0.030*** <br> (64.71) | 0.233*** <br> (6.99) | 0.159*** <br> (5.03) | 0.234*** <br> (7.04) | 0.088** <br> (2.78) | 3.529*** <br> (10.03) |
| Loan | -0.027** <br> (-2.26) | -0.019*** <br> (-7.09) | -0.047** <br> (-2.05) | -0.032*** <br> (-7.35) | -0.045*** <br> (-4.71) | -0.127*** <br> (-10.05) |
| Ebit | 0.597*** <br> (12.50) | 0.032 <br> (1.53) | 0.076 <br> (0.98) | 0.428* <br> (1.86) | -0.015 <br> (-0.50) | 0.012*** <br> (4.47) |
| Hhi | | | | -0.161*** <br> (-3.25) | | |
| Dum_Fincrisis × Anapc | | | | | 0.535*** <br> (4.64) | 0.054** <br> (2.42) |
| Constant | -0.140*** <br> (-4.69) | -0.396*** <br> (-11.25) | -0.372*** <br> (-10.05) | -0.348*** <br> (-10.16) | -0.138*** <br> (-4.05) | -11.13*** <br> (-29.57) |
| 行业 | yes | yes | yes | yes | yes | yes |
| 年度 | yes | yes | yes | yes | No | No |
| 交互项的联合显著性 | | | P = 0.0130 | P = 0.059 | P = 0.000 | |
| 解释变量估计系数的差异 | | | $\chi(2) = 17.86$ | | | |
| 观测值 | 6234 | 3616 | 2618 | 6234 | 6234 | 6234 |
| Adj-$R^2$ | 0.20 | 0.14 | 0.27 | 0.39 | 0.33 | 0.44 |
| F | 485 | 137.3 | 146.4 | 130.3 | 89.93 | 88.96 |

注：括号里的数字为T值；*、**、***分别代表在10%、5%、1%的水平上显著。

最后,考虑到高管的"红顶商人"身份与商业信用之间的关系可能同时受到空间、时间及行业的影响,因而采用了 Peterson (2009) 的方法进行了聚类调整后进行同栏的估计,估计结果在表 6-10,可以看出公司高管的"红顶商人"身份所带来的社会资本能够帮助公司获得较多的商业信用,并且在不同企业产权和不同市场竞争条件下,都有显著差异。

表 6-10　基于 Peterson (2009) 调整的稳健性回归

| 变量 | 被解释变量：Credit1 | | | | | |
|---|---|---|---|---|---|---|
| | 全样本 | 国有 | 民营 | 市场竞争 | 2008 年 | 2009 年 |
| Anapc | 0.162**<br>(2.29) | 0.207<br>(0.56) | 0.584**<br>(2.54) | 0.113*<br>(1.84) | 0.261***<br>(2.55) | 0.117*<br>(1.80) |
| Hhi<br>Hhi × Anapc | | | | -0.026*<br>(-1.83) | | |
| Dum_crisis | | | | | -0.039**<br>(-2.15) | 0.026<br>(1.23) |
| Dum_crisis × Anapc | | | | | -0.527***<br>(-6.33) | -0.146**<br>(-2.02) |
| Size | 0.343***<br>(9.21) | 0.330***<br>(10.93) | 0.278***<br>(3.89) | 0.285***<br>(8.39) | 0.135***<br>(3.03) | -0.237***<br>(-11.18) |
| Age | 0.956<br>(-0.78) | -0.139<br>(-0.29) | -0.721<br>(-1.10) | 0.177***<br>(4.71) | 0.147***<br>(3.25) | 0.372***<br>(7.78) |
| Fixas | -0.367<br>(-1.49) | -0.404***<br>(-3.68) | -0.151<br>(-6.10) | 0.495<br>(0.47) | -0.431***<br>(-4.22) | -0.135<br>(-1.30) |
| Roa | 0.810***<br>(5.78) | 0.544***<br>(3.82) | 1.426***<br>(4.25) | 0.791***<br>(5.11) | 0.783***<br>(4.61) | 0.233***<br>(6.99) |
| Ebit | -0.690***<br>(-6.31) | -0.511***<br>(-3.69) | -1.098***<br>(-3.57) | -0.674***<br>(-4.92) | -0.602***<br>(-3.92) | 0.011<br>(1.48) |
| Lev | 0.218***<br>(9.89) | 0.223***<br>(15.37) | 0.236***<br>(8.93) | 0.254***<br>(16.61) | 0.213***<br>(13.39) | 0.314***<br>(28.75) |
| Opc | -0.454<br>(-1.64) | 0.186<br>(0.89) | -0.503*<br>(-1.73) | -0.517***<br>(-3.05) | -0.836<br>(-0.56) | 0.581***<br>(3.98) |

续表

| 变量 | 被解释变量：Credit1 | | | | | |
|---|---|---|---|---|---|---|
| | 全样本 | 国有 | 民营 | 市场竞争 | 2008年 | 2009年 |
| Constant | -0.422<br>(-0.77) | -0.127**<br>(-2.38) | -00267<br>(-0.42) | -0.408<br>(-1.48) | -0.940*<br>(-1.99) | -0.396***<br>(-11.25) |
| 解释变量显著性差异 | $\chi(2)=78.115$ | | | | | |
| 交互项联合显著性 | | | | P=0.024 | P=0.001 | P=0.037 |
| 行业 | 控制 | 控制 | 控制 | 控制 | 控制 | 控制 |
| 年度 | 控制 | 控制 | 控制 | 控制 | 控制 | 控制 |
| 省份 | 控制 | 控制 | 控制 | 控制 | 控制 | 控制 |
| Observations | 6234 | 3616 | 2618 | 6234 | 6234 | 6234 |
| Adj-$R^2$ | 0.11 | 0.26 | 0.18 | 0.27 | 0.25 | 0.36 |
| F | 50.8 | 87.4 | 26.58 | 40.92 | 34.18 | 79.23 |

注：括号里的数字为T值；*、**、*** 分别代表在10%、5%、1%的水平上显著。

## 第五节

### 结论与启示

当众多企业无法从正规金融机构获得所需贷款时，足够的商业信用能有效缓解其融资约束，而以往的研究普遍低估了商业信用对融资约束的缓解程度。但是公司商业信用的使用也面临着巨大的道德风险和实施成本，因此，如何降低和消除商业信用的使用成本，建立完善的履约保证机制就成为一个理论和实践研究中的重要议题。公司高管的"红顶商人"身份就是一个较好的保证机制，然而其背后的机理和机制却是现有研究中较少触及的问题。在我国，行业协会是一个很重要的介于政府与企业间的社会组织，是联系企业、政府、金融机构以及利益相关者一个有效的平台，上市公司的高管具有"红顶商人"身份是其建立社会资本的一个特殊通道，有助于公司获取更多的体制内与体制外的资源。本章利用中国上市公司2006~2013年的数据，分析了高管的"红顶商人"身份对公司的商业信用的影响，并分样本研究了在不同产权性质企业之间的差异，以及在考虑不同市场竞争环境，以及国际金融危机期间等因素后，其具体的作用机制和表现。

本章研究发现，高管的"红顶商人"身份会显著增加公司的商业信用，

## 第六章 高管的"红顶商人"身份与公司商业信用

并且其身份的级别越高，越有可能获得更多的商业信用资源，从而有助于缓解公司的融资约束；相对于国有企业，民营企业高管的"红顶商人"身份使其获得更多的商业信用；进一步在高市场竞争环境中，以及在金融危机期间，高管的"红顶商人"身份的确能够显著增加公司商业信用的获得，从而有效减轻了公司面临的融资约束。

行业协会组织是一个具有悠久历史的社会中介组织，它对于解决市场的不完备和缺陷具有重要的推动作用，而与此相关的社会资本对企业和市场的作用是新兴市场国家一个非常重要的话题，由于市场经济发展的水平以及文化等因素的影响，导致了新兴市场经济国家的制度基础非常薄弱和不完备，而公司高管在行业协会任职而具有的"红顶商人"身份，在一定意义上是对不完备的资本市场基础制度的有效补充，有助于公司在道德风险和逆向选择较为普遍的交易中，作为一种履约和担保机制，进而获得一定的商业信用，有助于缓解部分公司普遍存在的融资约束，然而要发挥公司高管行业协会的社会身份的重要价值，则需要进一步按照2013年党的十八届三中全会文件的精神，激发各类社会组织的活力，培育和发展各类行业协会商会类、科技类、公益慈善类与城乡社区类的社会组织，进一步充分发挥我国的行业协会等中介组织的正面作用

# 第七章

# "资源获取"还是"人情偿还"——高管的"行业协会"任职与过度投资

## 第一节 前言

在大数据处理技术及诸多复杂社会网络分析技术的催生下,"社会网络与公司财务"的交叉研究近年来成为热点问题(陈运森和郑登津,2016)。与西方成熟市场国家相比,中国更是一个典型的人情社会。"人脉""关系""圈子"等社会关系对宏观经济和微观企业运作的影响更为全面和深刻。虽然已有研究发现企业的政治联系、高管的校友关系、连锁董事关系、商务关系、地理位置关系等不同类型的社会网络都会对公司的财务决策有直接或间接的影响(Faccio,2016;陈仕华等,2006;蔡庆丰等,2016),然而,对于公司高管在行业协会这一特殊的组织结构任职而形成的社会网络对公司财务行为的影响,至今还鲜有研究涉及,而我国的市场化改革导致国家与社会的关系进行了"重构",当国家权力逐渐从社会空间撤离时,在国家与市场之间,在家庭与单位之外,又诞生了一个新的社会要素行业协会(纪莺莺,2016)。一方面,公司高管进入行业协会或者担任职务是企业的一项政治战略,能够接触政府部门和官员,进而构建一种社会网络,为企业在政府资源分配、政策制定与实施中维护自身利益起到了重要的桥梁作用,有助于增强企业与政府及其他组织讨价还价的能力,以及获得必要的商业信用而缓解民营企业的融资约束(田志龙等,2007;罗劲博,2016;QiguiLiu,2016);另一方面,通过行业协会这一平台所构建的政商网络固然会给企业带来政府补助、较低土地出让价格、政策倾斜、政府项目招标等方面的优势(Faccio,2016;陈冬华,2003;潘岳等,

## 第七章 "资源获取"还是"人情偿还"——高管的"行业协会"任职与过度投资

2009)。然而企业所构建的这个政商网络是嵌入在中国的人情社会的环境中,并且一定是受到'来而不往非礼'的中国式"社会交换"规则的影响,换言之,当企业享受这一政商网络带来的"红利"时,是否需要给网络的另一个主体政府及其官员给予必要的"人情"或"礼节"的偿还?

当供给侧结构性改革成为我国经济社会发展的主要旋律时,如何有效地做好微观经济领域的"三去一补一降"就成为这一背景下极为重要的工作,也成为中央考核地方官员执行中央政策方针的质量和体现官员政治敏感性的重要体现,而其中的关键一项工作就是抑制某些行业或企业过度投资而造成的产能过剩局面。理论研究发现,公司的代理问题、管理者的非理性假说等是引起公司过度投资的重要因素(Jesnen,1986;肖峰雷等,2011;李云鹤,2014)除此之外,企业的政治关联也是导致企业过度投资的重要因素(Chens et al.,2011;杜兴强等,2011;彭红枫,2014),但是该结论并没有对其中的微观作用机制给出解释,而且企业的政治关联面临着度量的可靠性和"合法性"的考验,与此不同的是,高管参加或在行业协会任职是受有关法律支持与保护的权利,但不能忽视的是我国几乎所有的行业协会都是政府机构创设的,协会并非"完成"国家的附属物,不是被政府机构"指派"和被其"捕获",而是国家装置(器官)的部分,因此我国行业协会已成为戴着政府"红帽子"合法化的"中介"(Foster,2002),进一步地,公司通过进入行业协会后,使以此平台而建立政商网络的概率大大增加。众所周知,官员晋升"锦标赛"中具有充足含金量的指标是地方的GDP总量的排名,而实现这一目标的途径则是辖区企业如能够增加一定规模的投资,但往往又会给企业带来过度投资,并且与现在的供给侧结构性改革的精神相违背,现实中,我国企业的过度投资问题的严重性是前所未有的且屡禁不止,因而,本章试图研究,公司高管的行业协会任职(关联)是否影响了企业的过度投资?并进一步研究其中的作用机制和传导路径,以及研究外部的治理环境对两者之间关系的影响。

基于以上现实和理论的分析,本章基于我国沪深主板市场 2003 ~ 2014 年数据,我们发现,公司高管的行业协会任职显著增加了公司的过度投资规模,该效应在民营企业和省级、市县层级协会关联的企业更为显著,而政府对企业的干预则明显强化了两者的关系,进一步从外部治理机制研究发现,企业产品市场竞争和媒体的监督有助于抑制两者之间的关系,但仅在民营企业与省级、市县级的行业协会关联企业中较为明显。本章可能具有以下贡献与创新:第一,与已有社会网络文献不同,本章以高管的行业协会任职而形成的社会网络为主要研究对象,丰富了公司社会网络领域的研究文献和证据;第二,本章是在罗劲博(2016)与Liu等(2016)等文献的基础上,进一步从公司的过度投资视角研究高管的行业协会任职对投资行为的影响,有助于深刻理解企业过度投资的形成机理,并增加对过度投资的认识;第三,虽然公司高管在行业协会任职可以获得必要的资源,但本章研究的结论表明,高管的行业协会任职成为政府干预企业的一种途径和手段,因而本章研究为行业协会关联是政府干预一种新手段提供了证据。

除以上之外,以下是本章的结构安排:第二节是文献回顾;第三节是制度背景及假说的提出;第四节是研究设计;第五节是实证结果分析及讨论;第六节是研究结论及启示。

## 第二节 文献回顾

### 一、文献回顾

#### (一)行业协会的研究

行业协会作为一种次级社会团体,作为中介和桥梁,起到协调、沟通、稳定、保护、利益代表、弥补政府和市场"失灵"等作用。一方面,就行业协会的功能和作用而言,例如,杨海涛发现"行业组织"提供了协调社会经济组织的冲突、为会员企业提供服务、对行业发展进行管理规划;更重要的是,它能够促进社会经济组织之间的协作交易和合作行动。进一步在西方语境中,行业协会影响公共政策的行为被称为游说(lobbying),而其游说功能的发挥是衡量一个国家行业协会是否成熟和有效的主要指标之一,对行业协会在经济领域具有的竞争性合作治理、促进交流和学习、减少交易成本和增加内部成员的信任与团结、行业整体发展等方面具有重要作用(Doner,2000)。另一方面,企业家与官员的依附关系影响了行业协会的运作,成为依附于地方政府的工具,而不是企业与政府之间的连接纽带。张华(2015)、Foster(2002)认为几乎所有的行业协会都是政府机构创设的,它是国家装置(器官)的部分,

## 第七章 "资源获取"还是"人情偿还"——高管的"行业协会"任职与过度投资

并在这一限制内开展活动。因此,社会组织的成长在很大程度上受政府角色的影响(汪锦军和张长东,2014)。进一步,张沁洁和王建平(2010)发现行业协会与政府的关系强度对行业协会整体自主性、具体的人事与财务和认知自主性具有显著负相关作用。除此以外,社会文化传统与社会资本状况对于行业协会的成长有着至关重要的影响,其不仅影响着行业协会的组织层级设置,而且也限制或推动着协会融入当地的制度环境,并成为制度体系的一部分(吴军民,2005)。

总体而言,以上文献主要对行业协会的内涵和功能做了分析,在公司财务领域,相关研究相对较少,仅有 Liu 等(2016)与罗劲博(2016)两篇文章利用中国上市公司的核心高管在各级行业协会担任职务为切入点,分析其对公司的商业信用的影响,并首次发现,在转型经济国家的正式制度发展较为落后的现实背景下,高管进入有关行业协会而构建的社会网络和拥有的社会资本也能为公司的融资提供重要的渠道,然而公司高管进入行业协会任职对公司的财务行为的更多具体影响,仍然需要进一步研究。

**(二)公司财务领域的过度投资的研究**

主要包括过度投资的形成机理和影响因素等方面。第一,从形成机理来看,主要有市场"失灵"假说、体制扭曲假说、结构失衡假说和需求疲软假说。市场"失灵"假说以林毅夫(2007)的潮涌思想为主要代表,是由于信息不对称而导致某些行业或者企业的投资行为出现了非理性的"羊群"效应。而体制扭曲假说则认为企业过度投资源于体制原因,如耿强等(2011)、江飞涛和耿建海等(2009)一致认为体制扭曲下地方政府的政策性补贴是导致微观企业过度投资的重要原因,并且财政分权、土地财政等因素都加剧了公司过度投资(王立国和张日旭,2010;顾智鹏等,2016)。结构失衡假说提出国有经济主导的经济体系、产业结构调整滞后、微观企业"窖藏"行为和"在位企业"的可置信威胁策略行为、行业技术水平低下等导致了过度投资(张林,2016)。需求疲软假说则将过度投资归结于国际市场销售疲软而相对使国内企业的生产过剩。

第二,过度投资的影响因素包括公司治理与财务因素等两个方面。首先,公司核心高管的社会网络给公司带来融资资源,股东权力、机构投资者、财务信息等可有效降低企业的非效率投资行为(Jesnen,1986;Biddle,2009)。除此之外，与公司治理相关的非正式制度也会影响企业的过度投资，如 Chen 等（2011）发现公司的政治关联显著降低了国有企业的投资效率，进而导致国有上市公司的政治关联显著增加了其过度投资的概率与趋势，而且政治关系的强度越大，其过度投资的概率也会越大；彭红枫等（2014）基于银企间关系，发现有政治关联的企业都存在过度投资的现象，而银行关联则不会产生过度投资，与上述研究类似，罗劲博（2015）的研究则证实了公司的政治关联这一社会关系网络，是增强参股非上市银行与过度投资之间的正向关系背后的主要"推手"。另外，杜兴强等（2016）发现佛教作为一种社会规范，可以缓和股东与管理者之间的代理冲突、削弱管理者的机会主义行为和过度自信，进而抑制过度投资。

其次，在公司财务因素方面，刘娥平和关静怡（2016）发现公司的商业信用不但能抑制过度投资，而且还可以缓解企业的投资不足，从而对非效率投资问题发挥双向治理作用；林钟高和陈曦（2016）认为不同于现金持有的预防性动机，代理动机下的现金持有更可能导致企业过度投资，类似地，陆嘉玮等（2016）以我国房地产业上市公司为研究对象，发现企业的总体负债水平与过度投资规模呈显著正相关关系，即负债融资不仅不能有效治理房地产企业的过度投资行为，反而还会成为房地产企业过度投资的"助推器"，加剧了房地产企业的过度投资程度，从而反映了负债融资对中国房地产上市公司过度投资的治理机制失效的事实。

### （三）"社会交换"的相关研究

1958 年，霍姆斯发表的《交换的社会行为》（*Social Behavior as Exchange*），标志着社会交换理论的开始进入社会科学的研究领域。一方面，社会交换是通过彼此的交换得到各自所需要的东西，这些东西对于行动者来说构成一定的激励，满足其需求愿望，从而使行动者能够不断地持续交往（Blau，1964）。然而"社会交换"的形成是多重的原因作用的结果，例如，许苏明（2000）认为社会交换之所以发生，是由于有些人控制着有价值的东西或必需品，并因此能够给他人以报酬，一个人为了使他人给自己报酬，往往不得不给他人提供报酬。应当视社会交换为一种相互报酬活动的交换，在此交换中，一种有价值的东西能获取的收益视它能带来多少优惠回报而定。另一方面，社会交换之所以存在更是基于一些假设，例如，单伟和张庆普提出了社会交换的假

## 第七章 "资源获取"还是"人情偿还"——高管的"行业协会"任职与过度投资

设,基本包括:(1)社会行为是一连串的交换;(2)个体均尝试最大化他们的报酬以及最小化他们的成本;(3)当个体从他人那得到报酬时,他们会觉得有义务要回报。除以上之外,在"社会交换"的结果研究方面,Linda等(2006)认为每个行动者的交换结果都要依自己和他人的共同行动而决定,在此情况下,利益是双向流动的,并且交换双方不能在没有达成对双方都有益协议的情况下而进行交换,换言之,参与交换的各方期待从对方处得到回报,一旦无法获得这种回报,那么交换关系就会中止,因此,社会交换必须是双方彼此有各自所需的资源,并且需要在连续互动中形成稳定的基础。

现有"社会交换"的研究主要集中在社会学、管理学与政治学等学科中,在公司财务领域的应用很少,仅有的文献也是从间接视角来分析,例如,陈冬等(2016)基于国企避税的视角,发现政府官员能够许诺国有企业在经济下行期向政府提供税收支持后,未来可获得财政补贴作为补偿,因此,当经济处于下行期时,国有企业降低避税程度,能够在未来年度获得更多的财政补贴。进一步地,高勇强等(2011)认为当民营企业高管在进入行业协会和工商联担任职务时,能够显著提高其在政府官员和社会公众面前的曝光度,但他们也面临着来自政府和公众的一些压力,并会迫使他们去参与社会慈善事业且要保持较好的表现,然而这种义务更多的是强制性的而非自愿性的(Warren,2004)。以上两篇文献较为笼统地说明,正是企业与其重要的利益关联者社会交换准则的影响,才使彼此的互动有序进行。

然而,由于我国传统文化的根深蒂固,导致"社会交换"的表现形式和特征与西方大为不同。冯必扬(2011)认为中国的人情社会作为一种交换模式,其最基本的含义就是在人与人的交往互动中以人情作为交换媒介。并已经从"给予—回报—再给予—再回报"的模式就演变为"欠人情—还人情—再欠人情—再还人情"的特色模式,由此导致了人与人之间的社会关系就是在这样不断的欠人情、还人情过程中延续和强化。但是人情社会并非没有利益,正如翟学伟(2004)认为情理社会的人虽不直接追求利益的最大化,但不表示他们的人情交换中没有利益,其过程的委婉和迂回可能使人情的施予者获得的利益比直接的预计结果更大,也比没有人情味的利益谈判好处更多,否则中国市场中出现的大量人情投资便没有必要。因此,如果欠了别人的人情,意味着要感恩戴德地给予回报,而且发生了人情投资更意味着受惠人将有义务为投入者以"报恩、回报、报答、还愿"等方式提供服务,或者随时受有恩于他

· 117 ·

的人的指使。很显然，以上观点其实说明西方的"社会交换"理论并不适合直接应用于中国的制度环境中，结合本书的研究问题，我们认为公司高管在利用行业协会任职的机会而增加了获取政府官员手中所掌握的稀缺资源，表明公司欠下了一笔"人情债"，那日后必须进行回报与"偿还"，因此，公司过度投资是否代表了偿还官商"社会交换"中的一种"债"的方式，则需要本章予以实证检验。

总之，公司的过度投资不但是当前微观企业的一个普遍现象，而且也是公司金融研究领域一个重要的问题，虽然从高管的背景特征角度目前已有很多的相关研究，但高管在行业协会任职对过度投资的影响，目前尚未有具体而明确的结论，更为关键的是该影响的内在机制是为何，也缺乏系统而深入的剖析，这些问题的解答就成为本章研究的主要工作。

## 第三节　制度背景与假说的提出

### 一、制度背景与假说的发展

#### （一）制度背景

改革开放以来，我国行业协会商会迅猛发展，截至 2015 年 11 月，其从开始不到 1000 个发展到近 7 万个，并已涵盖了国民经济各个门类与各个层次，已成为我国经济建设和社会发展的重要力量，尤其是行业协会做了许多企业想做却做不到、政府要做却无精力做的事，从而为推动经济社会发展具有重要影响。然而，我国的行业协会行政化色彩明显，管理上实行民政机关登记、挂靠机关主管的双轨制。这说明了我国的行业协会和商会充当"第二政府"和"红顶中介"角色①，例如，2015 年 11 月 24 日，民政部网站公布了 148 个全国性行业协会商会脱钩试点名单，其中国务院国资委主管的有 53 家，工信部主管的有 4 家。虽然行业协会和商会曾经发挥过统筹协调、管理

---

① http://opinion.people.com.cn/n/2015/1130/c1003-27869061.html，人民日报人民时评：行业协会，"脱钩"才能正名，2015 年 11 月 30 日 03：38　　来源：人民网-人民日报。

## 第七章 "资源获取"还是"人情偿还"——高管的"行业协会"任职与过度投资

有效导独特优势而为国家经济发展做出了贡献,但问题也不少,2015年6月,审计署公布了46个中央部门单位2014年度预算执行情况和其他财政收支情况审计结果,其中一些各中央部门下属的行业协会出现问题,有接近10多个行业协会商会性质的社会团体被审计署点名,例如,国家发改委下属的中国价格协会未经批准违规收取全国价格行政执法人员价格监督执法证办证费,以及中国投资协会通过评选投资项目违规向参评企业和中介单位收取费用等①,以上分析表明:行业协会在现实的服务和管理实践中,并未做好自己的"本分"和"主业"工作,反而成为个别政府获取非法利益的合法通道。

### (二)研究假设的提出

#### 1 高管的"行业协会"任职与企业过度投资

近两年来,在我国的供给侧结构性改革的大背景下,去产能、去库存、去杠杆、降成本、补短板(又称"三去一补一降")已成为解决微观经济问题的重要方法,虽然如此,但我国企业的过度投资问题依然很严重,例如,2003年12月,国务院下发《关于制止钢铁、电解铝、水泥等行业盲目投资若干规定的通知》(国办发〔2003〕103号)时,列入落后产能名单的仅有3个行业,但是历经10多年后,淘汰名单上的行业竟然比原来多了5倍。虽然尽管有关调控政策频频出台,但部分行业企业的过度投资却突飞猛进,反而陷入"过剩、调控、再过剩、再调控"的怪圈,以至于形成行业的产能过剩"久调未决"甚至"越调越乱"的局面。

已有研究对上述问题的原因多从制度与宏观经济因素分析。一方面,体制问题是导致中国过度投资的根本原因(曹建海和李芳琴,2016),如政府采取投资补贴等非市场经济的方式激励企业投资以确保经济增长,则是出现巨额无效投资的直接诱因(江飞涛和曹建海,2009)。另一方面,一些研究从市场失灵假说、体制扭曲假说、结构失衡假说与需求疲软假说四种主流观点来解释我国企业的产能过剩问题的原因(张林,2016)。随着消费需求的多元化和企业差异化程度的增加,管理部门对市场的认知、预测和控制能力也会逐渐下降,

---

① http://finance.sina.com.cn/china/20151124/212823840485.shtml,新浪财经,全国148家行业协会商会试点脱钩其中53家国资委主管,2015年11月24日 21:28。

不可避免出现"计划不如变化快"的困境,从而说明政府的深度介入经济的调控会隐藏很多风险因素。

我国企业的产能过剩问题不仅是一个经济问题,更是一个企业面对的制度性问题与困境。首先,我国政府掌握着很多企业所必需的重要资源,如土地、准入许可证、管制政策等,由于此类资源的稀缺性,因此企业就有极强动机通过担任人大代表、政协委员等方式建立政治关联,以使其较为容易地获取此类资源,同样的情况,政治关联更是一类极度稀缺的资源,那些资源争夺博弈中的出局者则会通过其他途径来实现。高勇强等(2011)发现各级人大代表、政协委员或党代表的名额十分有限,能够当选人大代表、政协委员或党代表的企业家仍然只是庞大企业家群体中的极少数,导致一些企业通过加入行业协会或建立某种联盟的方式来建立一种"泛政治关联"来增强企业与政府及其他组织讨价还价的能力(田志龙等,2007),但是我国的行业协会和商会充当"第二政府"和"红顶中介"角色决定了高管在行业协会任职会更加便利地建立一种"隐性"的政治关联(田志龙等,2007)。并通过持续的互动和交往后,实现了组织间的"社会资本"向"私人关系"的转化(翟学伟,2012)。

其次,公司高管在行业协会任职尽管使公司有更多的机会和政府官员构建政商联盟,其直接的好处是能够获得政府提供的政府补贴、低成本的融资、政府项目等实惠。然而,任何社会互动从来都是双向的,虽然企业借助于行业协会这个平台而获得其极为稀缺的资源,但是"天下没有免费的午餐"这一谚语又带来了另一个问题。一方面,地方官员尤其是省级以下的官员都面临着晋升"锦标赛"的考验,如何能够在这场竞赛中胜出犹如企业追求最大化的利润一样,无可厚非,地方官员只有所在地的 GDP 能够在同僚官员中遥遥领先或居于前列,才有升迁的希望,很显然,官员辖区所在的企业成为影响其政绩目标的一个非常重要因素。另一方面,依据"社会交换"理论,任何社会互动都是双向进行的,而中国传统社会中的"报恩文化"依然是很多政商关系赖以存在的基础,因为与普通人一样,官员和企业高管进行持久互动后,彼此都会具有一定成分的"交情"和"感情","滴水之恩当以涌泉相报",因此,高管在行业协会任职企业需要以实际行动来回报地方官员的垂爱与关照(田志龙等,2007),企业扩大投资规模和增加投资项目就成为一个必然选项,当然也由于我国许多产业中,企业的固定资产和产能投资行为在不同层面和环节

## 第七章 "资源获取"还是"人情偿还"——高管的"行业协会"任职与过度投资

受各级政府主管部门的规划和引导,这些调节本身就是宏观调控的重要手段,即使投资项目可能会违背企业的利润最大化的目标(白让让,2016)。然而,如果依据简单的投资成本效益原则,个别投资项目可能属于产能过剩和国家限制发展的行业,理论上企业应果断和拒绝放弃该类投资,但由此则会导致企业违反了企业与官员之间的"社会交换"的游戏规则,这将会给企业未来的经营带来很多不利的不影响,况且企业前期的时间与感情的投资成本已经很高,从而会给企业带来很高的"沉没成本"。综合权衡后,高管在行业协会任职的企业不得不进行一些非效率投资,由此会使个体企业的过度投资最后演化为全行业、全国性甚至全球性的产能过剩。

公司高管在行业协会任职对企业过度投资的影响与产权性质有密切的关系。一方面,一些国有企业高管本身就是某些行业协会的主要领导,同时国企高管仍然具有"行政级别"。不少重要的行业协会的秘书长(理事长)是由政府官员或者行业内明星企业的高管担任。另一方面,各类民营企业高管进入各级行业协会的目的是与官员建立社会网路和获得一定的社会资本,进而获得政府补助和项目,以及克服民营企业所普遍面对的"融资约束"问题。依据"社会交换"理论的基本逻辑,当企业获得官员所控制的稀缺资源后,必然会通过某种方式进行"偿还"或者"交换"。在供给侧结构性改革背景下,淘汰过剩产能以及实行"三去一补一降"当前经济发展的主要任务,国有企业应当需要带头执行这一政策,这很显然与地方官员增加 GDP 的目标有明显矛盾,同时中央多次强调政令畅通和维护上级政府有关政策权威性的规定,并且国企高管又面临仕途向"更上层楼"的考虑,明显不会绝对服从和接受与其同属体制内政府官员的内在要求。相反,民营企业未来的发展仍然需要地方官员的支持和关注,同时由于"社会交换"法则的制约,民营企业没有任何逃避和推脱的理由。综合权衡,通过增大企业投资而实现地方 GDP 增加的任务自然就落到那些高管在行业协会任职的民营企业。

我国行业协会组织存在着国家、省、市及县层级的显著不同,并与其相应的地方政府的级别有效匹配。现实中,级别越低的地方官员越有动机参与晋升"锦标赛",但同样难度和压力也会越大,这导致此类级别的地方官员非常重视 GDP 的增加。甚至说地方政府主要官员就是当地最高级别的"CEO"。由此被称为"第二政府"的行业协会越有可能需要承担政府增加 GDP 的责任目标,或更多会受到地方官员的干预。一方面,公司高管通过行业协会而建立了社会

· 121 ·

关系网络，使企业优先获得了政府控制的很多各种优惠资源；另一方面，受"社会交换"规则的影响，企业也需要偿还或回报有关的"人情"成本，以达到社会交换行动中基本的利益互换的目的，这类企业需要承担更多增加投资项目和扩大产能，从而为地方官员政绩目标的实现创造基础，由此导致企业的过度投资成为一个大概率事件。因此我们认为，相对于国家层级的行业协会，省级及其以下的行业协会承担着地方政府增加GDP的重任，导致高管在此类行业协会任职对过度投资的影响会可能更加明显。基于以上的综合分析，我们提出如下系列假设。

H7-1a：其他条件不变，公司高管的行业协会任职与企业的过度投资正相关。

H7-1b：其他条件不变，相对于国企，民企高管的行业协会任职与企业的过度投资的正相关更加显著。

H7-1c：其他条件不变，相对于国家级行业协会，高管的省级、市县级行业协会任职与过度投资的正相关性更加显著。

2. 政府干预的影响

前面研究表明，公司高管通过在行业协会任职而与官员建立隐形"政治关联"，以实现企业价值最大化目标，然而结果却走向反面，换言之，为何以追求股东价值最大化与利润最大化的企业会成为地方官员实现其晋升锦标赛的"工具"，以及由于何种原因导致企业及高管会进入"社会交换"游戏中，其背后的"推手"又是什么？核心问题是政府对企业的干预导致的，其所依赖的手段就是地方政府掌握的财政补贴、税收优惠、土地出让优惠、信贷优惠等大权。虽然政府干预企业经营活动是一个全球普遍存在的现象（Faccio，2006），政府会通过各种政治压力迫使企业向政府倡导的政绩项目捐资、出力，且地方政府行为呈现明显的周期性（贾俊雪等，2012），而且政府干预程度越高，上市公司受到的影响就越大（陈德球等，2011；白立俊等，2014）。然而政府干预的"失灵"也是产能过剩的因素之一，如为应对2008年世界金融危机所采取的刺激政策，通过国有经济比重的提高和地方政府投资力度的加大使产能过剩蔓延（董敏杰等，2015），或者强调地方政府对若干产业的倾斜性补贴和指定购买，进而诱发了盲目扩大固定资产规模、重复建设等过度投资行为（李维安等，2007；王文甫等，2014；周亚虹等，2015）。由于我国的各级行业协会从一开始就扮演着"第二政府"的角

## 第七章 "资源获取"还是"人情偿还"——高管的"行业协会"任职与过度投资

色的影响,由此导致行业协会更有可能成为政府干预企业经营的一个"合法化"平台。

政府干预意味具有明显的政治经济后果。如果政府将政治目标施加于企业,此时企业经营并非遵循股东价值最大化目标(刘行,2016),同时由于行业协会的"第二政府"属性,导致那些高管在行业协会任职企业更容易受政府干预的影响,政府干预程度越高,在行业协会任职的企业高管就越会有强烈欲望和官员建立某种关系,这也使企业在获取优惠贷款和政府补贴,以及土地资源、融资便利方面将会有更大的优势。另外,为了使"社会交换"行为能够持久维持,企业则需要按照官员的意志和动机而增加投资项目;反之,在政府干预较弱的地方,市场规则与契约精神将会更加得到推崇,而且政府的依法行政水平也会更高,同时行业协会也会按照自己独立自治的原则去运行,企业高管通过任职行业协会而与地方官员建立政治关联的动机较弱,这也使企业与官员的交往中不太可能受传统社会"社会交换"法则的约束。进一步在政府干预较低的地区,企业通过市场手段配置资源的效率会更高,这也使企业出现过度投资的概率不大。所以政府干预的程度不但会直接影响高管进入行业协会任职的动机,更是企业过度投资和行业产能过剩问题的一个重要源头诱因。由此,我们提出假设 H7-2。

H7-2:其他条件不变,相对于政府干预程度低的地区,政府干预程度高的地区的高管的行业协会任职与企业过度投资的正相关性更显著。

三 外部治理机制:产品市场竞争与媒体治理

在政商联盟的社会互动中,高管在行业协会任职的企业由于受"社会交换"法则的影响而使企业过度投资程度显著增加,导致"商人"被官员所"俘获"的局面出现,然而在市场化环境中,企业能够通过政治关联而获得有关稀缺资源,对企业综合影响的确很大,但不具有可持续性,企业的生存和发展更多地需要通过自由竞争的法则和企业的产品竞争力来保证。适度的市场竞争是企业发展和前进的基本环境要素,Guadalupe 和 Perez-Gonzalez(2005)认为当产品市场竞争更激烈时,经理控制权的私人利益明显减少,体现了经理与股东的代理冲突降低,并且竞争激烈的市场会出现更高的企业破产可能性,这会导致经理人被替代概率显著提高,从而降低过度投资的概率,由此可以表明,产品市场竞争可能是比监督、控制权市场竞争更为有效的激励措施,能够促进公司效率的提高(Holmsteom,1982)。

行业协会的实际作用发挥离不开当地的市场竞争环境,在缺乏竞争的市场环境中,公司具有强烈动机带上行业协会的"红帽子",以便与官员建立政商关联,同时受到政府的干预也会更加明显和频繁,受制于"社会交换"规则的制约,企业的过度投资会更加频繁;反之,市场竞争程度越高时,市场竞争作为一种外部约束机制,能够抑制公司经理的自由现金流过度投资行为,进一步,如果企业不认真权衡而盲目追随地方官员意志和需求,其投资偏好带来的成本与后果将有可能会导致企业面临"生死"的考验,从而触及企业经营的最后底线,另外,市场竞争水平越高时,所在区域的法制化程度和契约精神会更为明显,从而大幅压缩了高管通过进入行业协会而谋利的可能性和机会,因而会更少地受到政商关联中"社会交换"法则的约束,所以产品市场竞争程度越高,高管在行业协会任职对过度投资的影响会有可能降低。

众所周知,供给侧结构性改革背景下的"三去一补一降"是中央近年来做出的重大经济决策部署,更是各级政府,尤其是媒体的关注重点。进入21世纪以来,媒体力量的崛起逐渐成为一种重要的社会现象,媒体甚至被视为是独立于立法、司法和行政之外的"第四方权力",它能够对新闻当事人形成一定的声誉压力,因而学术界普遍认为媒体作为一种重要的外部治理机制,可以有效改善公司治理环境和保护投资者利益(戴亦一等,2011);另外,根据"议程设置"理论,媒体报道与监督能够形成一种"盯住效应",使被报道的公司成为社会舆论关注的焦点,因此,媒体的曝光可能会对高管的声誉和企业带来不利影响(Dyck and Zingales, 2002),而且企业也非常害怕媒体的过度报道会引监管部门的关注,进而引发后续调查的"意外不测"(Dyck and Zingales, 2008;李培功和沈艺峰,2010)。因此,当媒体监督越强时,官员与商人交际圈面临更大的风险,这也显著抑制了官员随意干预企业的机会。

媒体也会影响行业协会与企业过度投资者间关系,其具体作用路径是多样化的。首先,如果地方官员对中央的抑制过剩产能的大方针进行"政策变通",从而导致辖区企业的过度投资出现,尤其是对社会影响较大时,必然会成为媒体的首选素材;其次,行业协会的治理宗旨奉行的是依法、自主、独立的原则,虽然会受到当地政府的直接管理和领导,但也有一定的边界和原则,尤其是行业协会是一个正常行政体制外的非政府组织,遵循自负盈亏的原则,

第七章 "资源获取"还是"人情偿还"——高管的"行业协会"任职与过度投资

其首要目的是为会员企业创造一流服务,提供最新的行业发展信息,以及做好与政府和行业外企业对接和沟通的任务。如果某些行业协会的管理人员为了自己企业的一己私利,而与政府主要官员建立了社会关系网络而损害了公平与公正的精神,从而可能会被嗅觉灵敏的媒体所捕获,随之而来的可能就是一些冲击眼球的事件频频出现,尤其是涉及与"三去一补一降"政策有明显矛盾的会员企业的过度投资时,将会更加引起媒体的围观和报道,进一步可能会导致上级政府、监管机构,甚至中央机构的调查,因此存在着巨大的政治风险。此外,对企业本身而言,如果被媒体负面报道会严重影响企业的股价和市场风险,企业为了迎合地方官员,而遭遇失去市场的"灭顶之灾",因而我们认为如果媒体介入后,高管在行业协会任职的企业与过度投资之间的关系会大大削弱。基于此,提出如下假设。

H7-3a:其他条件不变,产品市场竞争会抑制高管的行业协会任职与投资之间的正相关性

H7-3b:其他条件不变,媒体的报道会显著抑制高管的行业协会任职与过度投资之间的正相关性。

## 第四节

### 研究设计

#### 一、数据来源

本章以2006~2014年A股上市公司为研究样本,并按如下标准做了筛选:(1)剔除ST、PT公司的样本;(2)删除金融或证券类公司的样本,因为金融企业资本结构与一般企业存在差异,在研究中通常都被剔除;(3)删除资产负债率大于1或小于0的公司;(4)删除发行B股、H股、中小板的上市公司;(5)删除已经退市或上市的时间小于3年的公司,因为在计算过度投资时需要完整的3年连续的财务数据;(6)删除缺失值与异常值较多的公司,最后获得了5023个有效观测值。

高管的行业办会任职数据来自CSMAR数据库高管简历的披露,通过笔者的个人阅读和整理而获得,其具体过程为:如果公司的总经理及董事长在样本

年度县、市、省、国家级的行业协会担任职务,具体职务包括行业协会曾任秘书长或副秘书长、理事长(主席)、副理事长(副主席)、理事或执行理事时,我们就认为该企业具有行业协会关联①,与此同时我们也将数据与公司网站、巨潮咨询、新浪财经以及民政部的非营利组织网站所披露的相关数据进行了核对。媒体报道的数据是采用百度搜索引擎来获得。

## 二、变量定义

1. 解释变量

高管的行业协会任职(Dum_Proffice),本章研究基于罗劲博(2016)的做法,如果公司的总经理(CEO)或董事长在县、市、省、国家级有关行业协会担任秘书长或副秘书长、理事长(主席)、副理事长(副主席)、理事或执行理事时,因而赋值为1,否则为0。

2. 被解释变量

过度投资(Overinvest),本章基于Biddle等(2009)、Chen等(2011)、窦欢等(2014)学者的做法,使用以下模型估算企业的正常投资水平。

$$\text{Deltainvest}_{i,t} = \alpha_0 + \alpha_1 \times \text{Salegrow}_{i,t-1} + \varepsilon_{i,t} \tag{7-1}$$

其中,Deltainvest为企业的年度投资的增加额,Salgrow是企业的年度主营业务收入的年度增长率,通过模型(7-1)分年度与分行业的回归,我们估算出企业的正常投资金额,而在回归过程中所获得残差值,如果其值大于零,我们认为是过度投资,就称其为过度投资(Overinvest)。

3. 控制变量

基于已有研究企业的过度投资的相关文献,本章对以下因素进行了控制:公司的规模(Size)、负债率(Lev)、股权集中度(Hold1)、董事长与总经理兼任(Dual)、市场化水平(Marketindex)、资产回报率(Roa)、投资机会(Tobin)、经营现金流(Opcash)、公司上市时间(Age)、代理成本(Managefee),具体的变量定义如表7-1所示。

---

① 在搜集数据过程中,我们发现有一些企业的高管并未在本行业的协会商会中任职,但是在其他的行业协会中任职,如万科的王石就担任亚洲赛艇协会的主席,尽管与其行业无关,但是其所具有的"头衔"的光环对其所在企业也有很多"隐性"的帮助。

# 第七章 "资源获取"还是"人情偿还"——高管的"行业协会"任职与过度投资

表7-1 变量的定义

| 变量类别 | 变量名 | 变量符号 | 变量定义 |
| --- | --- | --- | --- |
| 解释变量 | 高管的"行业协会"任职 | Dum_Proffice[a] | 总经理（CEO）或董事长在县、市、省、国家级有关行业协会担任秘书长或副秘书长、理事长（主席）、副理事长（副主席）、理事或执行理事时，赋值为1，否则为0。 |
| 被解释变量 | 过度投资 | Overinvest | 模型（1）的回归残差大于0 |
| 控制变量 | 销售增长率 | Salgrow | 主营业收入增长/上期主营业务收入 |
| | 公司规模 | Size | 公司资产总额的自然对数 |
| | 公司负债 | Lev | 年末债务与资产总额比率 |
| | 董事会结构 | Dual | 董事长总经理两职合一取值1，否则为0 |
| | 投资机会 | Tobin | 公司的托宾值 |
| | 资产回报率 | Roa | 本年净利润/资产总额 |
| | 股权集中度 | Hold1 | 第一大股东持股的数量 |
| | 公司上市时间 | Age | 公司IPO的时间长度 |
| | 经营现金流 | Opcash | 年末企业经营现金流的净额 |
| | 市场化水平 | Marketindex | 樊纲等[b]（2011） |
| | 代理成本 | Managefee | 管理费用率 |
| | 企业产权 | Dum_state | 国企赋值为1，否则为0 |
| | 市场竞争 | HHI | 赫芬戴尔指数 |
| | 媒体报道 | Mediareport | 每年有关公司媒体报道数量的加1后取自然对数 |
| | 政府干预 | Gov_interv | 樊纲等（2011） |
| | 政治关联 | PC | 如果公司董监高曾在党群、政府、人大、政协等机构有任职经历，则赋值为1，否则为0 |

注：a. 在具体回归分析时，我们进一步按照行业协会的级别（全国、省、市、县）等四个等级设置哑变量进行分组，即按照Dum_Proffice1、Dum_Proffice2、Dum_Proffice3、Dum_Proffice4，例如Dum_Proffice2就定义为，如果高管具有省级的"行业协会"关联，就赋值为1，否则为0，由此导致后面的回归中四个层级的观测值都为5023。b. 由于樊纲等的市场化进程的数据时间为2009年，而对于2009~2014年的数据，我们采用王小鲁等[64]"中国分省企业经营环境指数2013年报告"中的"企业经营环境指数"来代替，2013~2014年的数据采用2006~2012年的移动平均数来表示。

## 三、模型设计

针对本章的假说H7-1及其子假设，我们设计了以下计量模型。

Overinvest = $\beta_0$ + $\beta_1$ × Dum_Proffcie + $\beta_2$ × Size + $\beta_3$ × Lev + $\beta_4$ × Roa + $\beta_5$ ×

$$Dual + \beta_6 \times Age + \beta_7 \times Tobin + \beta_8 \times Marketindex + \beta_9 \times Opcash + \beta_{10} \times Hold1 + \beta_{11} \times$$
$$Managefee + \beta_{12} \times Pc + \sum Industry + \sum Year + \sum Region + \mu_{i,t} \qquad (7-2)$$

其中模型（7-2）的被解释变量（Overinvest）为模型（7-1）残差大于零的部分，我们参考了窦欢[62]等的做法，控制了公司的规模（Size）、负债率（Lev）、股权集中度（Hold1）、董事长与总经理兼任（Dual）、资产回报率（Roa）、投资机会（Tobin）、经营现金流（Opcash）、代理成本（Managefee），企业的政治关联（Pc）并控制了市场化水平（Marketindex）和公司上市时间（Age），以及控制了行业、年度和省区市的固定效应，我们预期 $\beta_1$ 显著为正，意味着高管在行业协会任职加剧了企业的过度投资。

为了检验假设 H7-2，我们构建了模型：

$$Overinvest = \gamma_0 + \gamma_1 \times Dum\_proffice + \gamma_2 \times Gov\_interv + \gamma_3 \times Dum\_proffice \times$$
$$Gov\_interv + \gamma_4 * Size + \gamma_5 \times Lev + \gamma_6 \times Roa + \gamma_7 \times Dual + \gamma_8 \times Age + \gamma_9 \times Tobin +$$
$$\gamma_{10} \times Marketindex + \gamma_{11} * Opcash + \gamma_{12} \times Hold1 + \gamma_{13} \times Managefee + \gamma_{14} \times Pc +$$
$$\sum Industry + \sum Year + \sum Region + \varepsilon_{i,t} \qquad (7-3)$$

其中，模型（7-3）是在模型（7-2）中加入政府干预因素（Gov_interv），并与高管的"行业协会"任职组成交互项，主要观察 $\gamma_3$ 的回归系数符号，我们预计该系数显著为正。

为了检验与外部治理环境因素的影响所有关的假设 H7-3，设计了以下模型。

$$Overinvest = \alpha_0 + \alpha_1 \times Dum\_proffice + \alpha_2 \times Dum\_proffice \times Mediareport + \alpha_3 \times$$
$$Mediareport \alpha_4 \times Size + \alpha_5 \times Lev + \alpha_6 \times Roa + \alpha_7 \times Dual + \alpha_8 \times Age + \alpha_9 \times Tobin +$$
$$\alpha_{10} \times Marketindex + \alpha_{11} \times Opcash + \alpha_{12} \times Hold1 + \alpha_{13} \times Managefee + \alpha_{14} \times Pc +$$
$$\alpha_{15} \times Dum\_gm + \sum Industry + \sum Year + \sum Region + \zeta_{i,t} \qquad (7-4)$$

$$Overinvest = \gamma_0 + \gamma_1 \times Dum\_Proffice + \gamma_2 \times Dum\_Proffice \times HHI + \gamma_3 \times HHI +$$
$$\gamma_4 \times Size + \gamma_5 \times Lev + \gamma_6 \times Roa + \gamma_7 \times Dual + \gamma_8 \times Age + \gamma_9 \times Tobin + + \gamma_{10} \times$$
$$Marketindex + \gamma_{11} \times Opcash + \gamma_{12} \times Hold1 + \gamma_{13} \times Managefee + \gamma_{14} \times Pc + \gamma_{15} \times$$
$$Dum\_gm + \sum Industry + \sum Year + \sum Region + \nu_{i,t} \qquad (7-5)$$

其中模型（7-4），媒体报道（Mediareport）对于每家上市公司，利用百度新闻搜索工具，对新闻报道中标题中含有的上市企业股票名称的报道，逐年进行检索和统计,并将每家企业的数量加 1 后并取自然对数后所获得值为公司的媒体报道变量,预计回归系数 $\alpha_2$ 显著为负,模型(7-5)的产品市场竞争(HHI)为赫芬达尔指数,预计回归系数 $\gamma_2$ 显著为正。

## 第五节
### 实证结果分析及讨论

### 一、变量的描述性统计

图 7-1 是高管的行业协会任职的层级与年度分布趋势,从中可以看出,上市公司的高管的行业协会任职(Dum_Proffice)主要集中在省级与国家级层面,且市级的样本相对较少,同时省级与国家级的"红顶中介"的数量差距也比较明显,例如,2008~2011 年,国家级高管的行业协会任职的数量分别为 82、82、80、80,而省级的高管行业协会任职的数量为 56、63、62、72,两者之间比较接近,而地市级的高管的行业协会任职一直在 30 左右,从时间趋势看,各个层级高管的行业协会任职的数量一直保持稳定增长趋势,但是 2012~2013 年有一个"断崖"式的下降,其内在的原因可能与党的十八大的召开以及中央的"八项规定"有一定关系,因而暂时受到"冲击",而 2013~2014 年依然保持了上升态势。

表 7-2 是基本统计量结果,样本企业的过度投资(Overinvest)的均值为 0.0480,中位数为 0.0510,与窦欢等(2014)所计算值基本一致,高管的行业协会任职(Dum_Proffice)的均值为 0.0360,标准差是 0.1870,与罗劲博(2016)的结果也比较接近;政府干预(Gov_interv)的均值是 4.7760,中位数为 4.9200,表明该数据的分布基本较为均匀;产品市场竞争(HHI)的均值为 0.1120,中位数 0.0840,最小值为 0.0260,最大值为 1,说明该变量的分布较为离散;媒体报道(Mediareport)的均值为 5.2870,中位数是 5.8490,最小值为 3.0240,最大值为 8.1560,标准差是 1.7830,说明企业的媒体报道分布比较均衡。企业的产权变量(Dum_state)的均值为 0.5830,说明有接近 50% 的样本企业是国有企业,与我国目前上市公司产权结构的现实比较吻合。

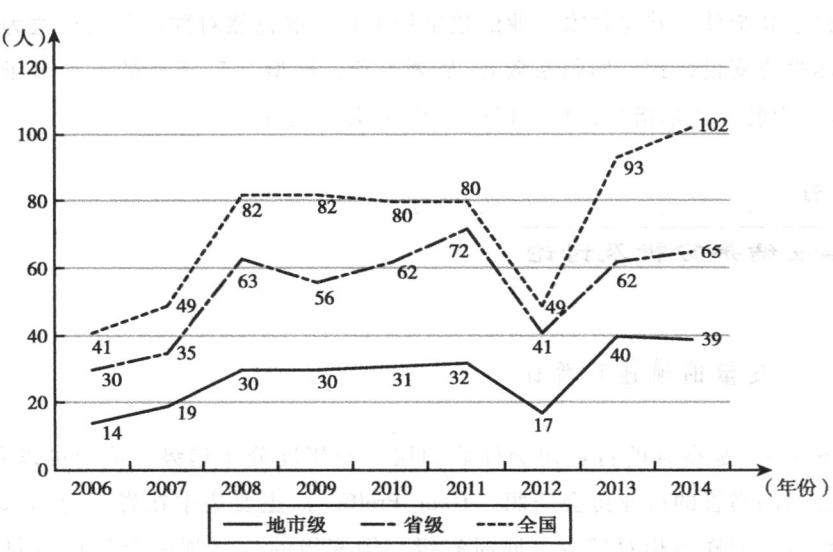

**图 7-1　高管的行业协会任职的层级与年度分布**

数据来源：作者手工整理。

表 7-2　　　　　　　　　　　　主要变量的基本统计量

| 样本 | 样本量 | 均值 | 中位数 | 75 分位 | 标准差 | 最小值 | 最大值 |
| --- | --- | --- | --- | --- | --- | --- | --- |
| Overinvest | 5023 | 0.0480 | 0.0510 | 0.0670 | 0.0420 | 0.0010 | 0.3720 |
| Dum_Proffice | 5023 | 0.0360 | 1 | 1 | 0.1870 | 0 | 1 |
| Opcash | 5023 | 19.3900 | 19.7400 | 20.1400 | 1.5200 | 12.2900 | 25.7900 |
| Lev | 5023 | 0.5380 | 0.5360 | 0.6270 | 0.1630 | 0.1050 | 0.8520 |
| Size | 5023 | 22.1900 | 22.0000 | 23.2500 | 1.1800 | 18.2700 | 27.7500 |
| Roa | 5023 | 0.0380 | 0.0340 | 0.0660 | 0.0490 | 0.0146 | 0.517 |
| Age | 5023 | 12.96 | 13 | 14 | 3.2880 | 1 | 29 |
| Tobin | 5023 | 1.6250 | 1.2620 | 1.827 | 1.0630 | 0.4980 | 16.0100 |
| Hold1（%） | 5023 | 36.1300 | 33.360 | 48.08 | 16.11 | 2.1970 | 57.2600 |
| Dual | 5023 | 1.8570 | 1 | 1 | 0.3500 | 0 | 1 |
| Managefee | 5023 | 0.7380 | 0.0650 | 0.1040 | 31.3500 | 0.0080 | 2.1150 |
| HHI | 5023 | 0.1120 | 0.0840 | 0.1460 | 0.0960 | 0.0260 | 1 |
| Dum_state | 5023 | 0.5830 | 1 | 1 | 0.4930 | 0 | 1 |
| Gov_interve | 5023 | 4.7760 | 4.9200 | 7.5900 | 2.9170 | 0.2200 | 12.0700 |
| Mediareport | 5023 | 5.2870 | 5.8490 | 6.2170 | 1.7830 | 3.0240 | 8.1560 |

# 第七章 "资源获取"还是"人情偿还"——高管的"行业协会"任职与过度投资

从表7-3主要变量之间的相关系数可看出，高管的行业协会任职（Dum_Proffice）与过度投资（Overinvest）之间的相关系数为0.2510，且在1%的水平上高度显著，媒体报道（Mediareport）与过度投资（Overinvest）之间的相关系数为-0.3120且显著为负；企业的产权性质（Dum_Proffice）与过度投资（Overinvest）的相关系数为0.2510，且在1%的水平上高度显著，表明国有企业是造成"产能过剩"的一个重要因素；同时我们发现政府干预（Gov_interv）与过度投资（Overinvest）的相关系数为0.2700且在10%的水平上显著，与高管的行业协会任职（Dum_Proffice）的相关系数为0.3500且在5%的统计水平上显著，表明政府干预是导致企业过度投资的一个重要因素；企业的市场竞争（HHI）与过度投资（Overinvest）之间的相关系数为0.1210且高度显著，表明充分的市场竞争可以减少过度投资的概率（陈冬华，2003），剩余变量之间的相关系数都在50%以下，意味着多重共线性问题得到一定的克服。

表7-3 变量的相关系数统计

| | Overinvest | Dum_Proffice | Opcah | Lev | Size | Roa | Age |
|---|---|---|---|---|---|---|---|
| Overinvest | 1 | | | | | | |
| Dum_Proffice | 0.2510*** | 1 | | | | | |
| Opcash | 0.1440*** | -0.0260* | 1 | | | | |
| lev | -0.1430 | -0.0075 | 0.0790*** | 1 | | | |
| Size | -0.0540 | 0.0010 | 0.2270*** | 0.4640*** | 1 | | |
| Roa | 0.0330* | -0.0210 | 0.2460*** | -0.2320*** | 0.182*** | 1 | |
| Age | 0.3390 | 0.0330** | 0.0208* | 0.0108 | 0.0810*** | -0.0220 | 1 |
| Tobin | -0.0300* | 0.0610*** | -0.2250*** | -0.3870*** | -0.4220*** | 0.1501*** | 0.0180 |
| Hold1 | 0.0190 | 0.0060 | -0.0110 | 0.0010 | -0.0072 | -0.0040 | 0.0110 |
| Gov_interve | 0.2700* | 0.3520** | -0.0503 | 0.0021 | 0.0020 | 0.0240 | -0.0040 |
| Mediareport | -0.3120** | 0.2170 | 0.0100 | -0.0150 | -0.0100 | -0.0040 | 0.0050 |
| HHI | 0.1210*** | -0.0330** | 0.1760*** | -0.0950 | 0.1040*** | 0.1690*** | -0.1280*** |
| Dum_state | 0.3950*** | -0.043*** | 0.2590*** | -0.2710*** | 0.0630*** | -0.0110 | 0.1230*** |

| | Tobin | Hold1 | Gov_interve | Mediareport | HHI | Dum_state |
|---|---|---|---|---|---|---|
| Tobin | 1 | | | | | |

续表

| | Tobin | Hold1 | Gov_interve | Mediareport | HHI | Dum_state |
|---|---|---|---|---|---|---|
| Hold1 | 0 | 1 | | | | |
| Gov_interve | 0.0080 | 0.1000*** | 1 | | | |
| Mediareport | -0.003 | -0.026* | -0.0360** | 1 | | |
| HHI | 0.0730*** | -0.0040 | 0.0250* | -0.004 | 1 | |
| Dum_State | -0.024* | 0.0090 | 0.0150 | 0.0140 | -0.0126 | 1 |

注：括号里的数字为稳健性标准误；*、**、*** 分别代表在 10%、5%、1% 的水平上显著。

## 二、多元回归分析

### （一）高管的行业协会任职与过度投资

表 7-4 是高管的行业协会任职（Dum_Proffice）与企业的过度投资（Overinvest）间的回归结果，第 2 列是全样本分析，结果表明高管的行业协会任职（Dum_Proffice）的回归系数为 0.0194，且在 5% 的统计水平上显著，第 3 列~第 4 列按照企业产权性质的分组回归，可看出只有国有企业组的 Dum_Proffice 回归系数为 0.0236 但不显著，民营企业组的 Dum_Proffice 回归系数为 0.0150，并在 5% 的统计水平上显著，进一步地，第 5 列~第 7 列是高管的行业协会任职按照国家、省级、地市等层级的分组回归，从中我们可以发现除第 5 列国家层级高管的行业协会任职的回归系数不显著外，省级与地市层级的高管的行业协会任职的回归系数分别为 0.0126 与 0.0170，且分别在 10% 与 5% 的统计水平上显著，以上数据说明高管的行业协会任职企业是推动过度投资的一个被忽视的因素，其原因是行业协会这一平台的作用而形成了政商利益网络，进而使彼此的交往受到中国式的"社会交换"规则所影响的结果。导致政府干预的具体对象指向了该类企业的投资决策，同时对国有企业的影响比民营企业显著，以及层级越低的行业协会越有可能需要当地官员"支持"，企业高管也更喜欢与官员建立一种"社交网络"而进行"社会交换"，从而使省级与地市级的高管的行业协会任职明显推动了过度投资，本章的假设 H7-1 得到了支持。

# 第七章 "资源获取"还是"人情偿还"——高管的"行业协会"任职与过度投资

表7-4　高管行业协会任职与过度投资的回归

| | 因变量：过度投资 | | | | | |
|---|---|---|---|---|---|---|
| | 全样本 | 国有 | 民营 | 国家 | 省 | 市 |
| Dum_office | 0.0194** (2.162) | 0.0236 (1.240) | 0.0150** (2.121) | 0.0215 (1.278) | 0.0126* (1.695) | 0.0170** (2.189) |
| Opcash | 0.0123*** (2.892) | 0.0615*** (3.212) | 0.0148* (2.845) | 0.0117*** (2.866) | 0.0121*** (2.855) | 0.0122*** (2.769) |
| MarketIndex | -0.0676 (-1.601) | -0.0452 (-1.397) | -0.0379* (-1.814) | -0.0680 (-1.332) | -0.0676 (-1.574) | -0.0674 (-1.551) |
| Lev | -0.0478*** (-2.706) | -0.0469*** (-3.800) | -0.0495*** (-4.124) | -0.0411*** (-2.624) | -0.0413*** (-2.644) | -0.0417*** (-2.676) |
| Size | -0.0181** (-2.243) | -0.0108*** (-3.846) | -0.0507** (-2.196) | -0.0180** (-2.148) | -0.0182** (-2.243) | -0.0181** (-2.215) |
| Roa | 0.0646** (2.297) | 0.143*** (3.475) | 0.0870* (1.897) | 0.0634** (2.251) | 0.0639** (2.263) | 0.0655** (2.325) |
| Age | 0.0138 (1.239) | 0.0381 (0.610) | 0.0101 (1.168) | 0.0142 (1.329) | 0.0142 (1.308) | 0.0143 (1.348) |
| Tobin | -0.0234** (-2.082) | -0.0267* (-1.798) | -0.0202** (-2.212) | -0.0720* (-1.968) | -0.0115** (-2.108) | -0.0149** (-2.140) |
| Hold1 | 0.0248 (0.423) | 0.0265 (0.296) | 0.0215 (0.025) | 0.0272 (0.464) | 0.0240 (0.410) | 0.0236 (0.409) |
| Dual | 0.0374 (0.335) | 0.0167 (0.427) | 0.0524 (0.244) | 0.0594 (0.228) | 0.0622 (0.238) | 0.0643 (0.246) |
| PC | 0.0167 (0.427) | 0.0524 (1.244) | 0.0124 (0.693) | 0.0528 (0.865) | 0.0948 (0.284) | 0.0189 (0.487) |
| Manage | -0.0724 (-0.189) | -0.0975 (-0.022) | -0.0552 (-0.616) | -0.0596 (-0.155) | -0.0707 (-0.184) | -0.0702 (-0.183) |
| 行业、年份、区域 | 控制 | 控制 | 控制 | 控制 | 控制 | 控制 |
| 截距项 | 0.142*** (4.053) | 0.147*** (3.102) | 0.0417* (1.913) | 0.140*** (3.973) | 0.145*** (4.124) | 0.145*** (4.115) |
| 样本量 | 5023 | 2928 | 2095 | 5023 | 5023 | 5023 |
| Adj-$R^2$ | 0.471 | 0.161 | 0.693 | 0.470 | 0.469 | 0.469 |
| F | 40.97 | 5.770 | 47.73 | 40.81 | 40.61 | 40.62 |

注　括号里的数字为经过区域、行业、年度层面聚类调整的T值；*、**、*** 分别代表在10%、5%、1%上的显著性水平。

### (二) 政府干预对高管的行业协会任职与过度投资之间关系的影响

既然由于"社会交换"规则的影响,高管的行业协会任职(Dum_Proffice)会直接增加有关企业的过度投资(Overinvest),进而导致全社会或者全行业的"产能过剩"局面的出现,那么其潜在的传导机制为何?从表7-5的回归结果表明,政府对企业的干预(Gov_intre)的回归系数尽管不显著,但在几个回归中都为正,尤其是与高管的行业协会任职的交互项 Dum_Proffice × Gov_intrev 的全样本回归系数为 0.0316,且在 5% 的统计水平上显著,表明政府干预是影响高管行业协会任职对过度投资的重要因素,并且强化了两者的关系,假设 H7-2 得到支持,进一步分组后发现,该结果在民营企业组、省级与地市行业协会关联组显著,假设 H7-1 在此得到间接支持。这些结果说明高管的行业协会任职由于有更明显的政府干预(Gov_interv)而增加了过度投资(Overinvest),换言之,政府干预是影响高管的行业协会任职与过度投资之间关系的一个重要机制。

表 7-5　　高管的行业协会任职、政府干预与过度投资

| | 被解释变量:过度投资 | | | | | |
|---|---|---|---|---|---|---|
| | 全样本 | 国有 | 民营 | 国家 | 省 | 市 |
| Dum_Proffice | 0.0490 **<br>(2.178) | 0.0693<br>(1.278) | 0.0170 **<br>(2.026) | 0.0203<br>(1.137) | 0.0015 *<br>(1.821) | 0.0214 **<br>(2.124) |
| Gov_intrev | 0.0482<br>(1.326) | 0.0703<br>(1.028) | 0.0266<br>(1.542) | 0.0211<br>(1.294) | 0.0237<br>(1.015) | 0.0395<br>(1.381) |
| Dum_Proffice × Gov_intrev | 0.0316 **<br>(2.024) | 0.0228<br>(1.218) | 0.0479 **<br>(2.145) | 0.0128<br>(0.979) | 0.0235 **<br>(1.786) | 0.0247 **<br>(1.937) |
| Lev | -0.545 ***<br>(-3.428) | -0.546<br>(-1.427) | -0.532 **<br>(-2.693) | -0.512<br>(-1.625) | -0.627 *<br>(-1.778) | -0.604 **<br>(-1.926) |
| Size | -0.0298 **<br>(-2.009) | -0.0165 **<br>(-2.151) | -0.0116 ***<br>(-2.680) | -0.0203 *<br>(-1.765) | -0.0174 **<br>(-2.024) | -0.0519 *<br>(-1.927) |
| Roa | 0.143 ***<br>(3.051) | 0.146 ***<br>(3.069) | 0.0997 **<br>(2.164) | 0.0135 *<br>(1.804) | 0.0107 **<br>(2.246) | 0.156 *<br>(1.935) |
| Dual | 0.0312<br>(0.071) | 0.0174<br>(0.040) | 0.0164<br>(0.127) | 0.0152<br>(0.426) | 0.0149<br>(0.305) | 0.0438<br>(0.237) |

续表

|  | 被解释变量：过度投资 | | | | | |
|---|---|---|---|---|---|---|
|  | 全样本 | 国有 | 民营 | 国家 | 省 | 市 |
| Manage | -0.0252<br>(-0.017) | -0.0122<br>(-0.008) | -0.1705<br>(-0.766) | -0.0199<br>(-0.426) | -0.0126<br>(-0.387) | -0.0348<br>(-0.514) |
| Age | 0.0143<br>(1.117) | 0.0121<br>(1.225) | 0.0359<br>(1.132) | 0.0122<br>(1.025) | 0.0134<br>(1.268) | 0.0156<br>(1.317) |
| Opcash | 0.0896**<br>(2.162) | 0.0862*<br>(1.976) | 0.0217*<br>(1.751) | 0.0424**<br>(2.004) | 0.0613*<br>(1.729) | 0.0935*<br>(1.835) |
| Pc | 0.0172<br>(1.013) | 0.0184<br>(1.280) | 0.0517<br>(0.355) | 0.0204<br>(0.927) | 0.0318<br>(1.135) | 0.0116<br>(1.047) |
| Hold1 | 0.0213<br>(1.225) | 0.0175<br>(1.349) | 0.0148<br>(1.407) | 0.0118<br>(0.929) | 0.0163<br>(1.348) | 0.0285<br>(1.526) |
| MarketIndex | -0.0980**<br>(-2.193) | -0.0977*<br>(-1.842) | -0.0105*<br>(-1.728) | -0.0976**<br>(-2.114) | -0.1238*<br>(-1.879) | -0.0815*<br>(-1.728) |
| Tobin | -0.0547*<br>(-1.901) | -0.0553*<br>(-1.823) | -0.0119*<br>(-1.739) | -0.0429**<br>(-2.134) | -0.0506**<br>(-2.007) | -0.0673*<br>(-1.925) |
| 行业、年份、区域 | 控制 | 控制 | 控制 | 控制 | 控制 | 控制 |
| 截距项 | 0.0199<br>(0.353) | 0.0162<br>(0.285) | 0.0531<br>(0.266) | 0.0499<br>(0.279) | 0.0273<br>(0.305) | 0.0183<br>(0.5264) |
| 样本量 | 5023 | 5023 | 5023 | 5023 | 5023 | 5023 |
| Adj-$R^2$ | 0.356 | 0.452 | 0.302 | 0.275 | 0.336 | 0.294 |
| F | 205.1 | 193.3 | 101.2 | 148.14 | 143.05 | 137.29 |

注　括号里的数字为经过区域、行业、年度层面聚类调整的 T 值；*、**、*** 分别代表在 10%、5%、1%上的显著性水平。

### (三) 进一步讨论：外部的治理因素的影响

媒体总是热衷于那些被市场所关注的、他们认为有新闻价值的 "明星公司" 的热点新闻，媒体具有追求轰动效应的倾向（田高良等，2016）。一旦国有企业被媒体曝光引起上级行政机构介入，进而会影响国企高管的政治前途，因此媒体曝光能够促使国有企业改正不规范行为（窦欢等，2014），同样地，民营企业的违规行为如遭到了媒体的披露，会严重影响企业声誉。表 7-6 是检验媒体是否能够作为外部治理影响去抑制高管的 "行业协会" 任职对企业过度投资的影响？可以发现高管的"行业协会"任职与媒体报道的交互项 Dum_Proffice × Mediareport 的估计系数为 -0.0181 且在 5% 的水平上显著，但是分企业产权和行业协会的层级后发现，国有组的 Dum_Proffice × Mediareport 回归系数都为负，但不显著，其内在原因是两个方面：第一，由于我国的媒体受到政府、监管者的影响与监管，媒体的独立性很难保证，其主要服务于国有企业改革，很难发挥其应有的社会属性，由于与国企同属"体制"内组织，很难切实履行监督；第二，"去产能"的重点落在省级以下企业，而且省级与市县级企业官员的升迁动机极为强烈，会在意媒体对辖区企业的负面报道，因而适当增加了在"社会交换"原则影响下的政商社会网络的风险和成本，进而导致高管在"行业协会"任职企业与过度投资间的正相关性减弱。

表7-6 高管"行业协会"任职、媒体报道与过度投资

| | 因变量：过度投资 | | | | | |
|---|---|---|---|---|---|---|
| | 全样本 | 国有 | 民营 | 国家 | 省 | 市 |
| Dum_Proffice | 0.0218*** (2.597) | 0.0122 (1.289) | 0.0349** (2.116) | 0.0878 (1.506) | 0.0531** (1.760) | 0.0108** (2.134) |
| Dum_Proffice × Mediareport | -0.0181** (-2.141) | -0.0176 (-1.137) | -0.0463* (-1.906) | -0.0751 (-1.122) | -0.0943* (-1.826) | -0.0184** (-2.094) |
| Mediareport | -0.0625 (-1.433) | -0.0416 (-1.083) | -0.1560 (-1.343) | -0.0561 (-1.284) | -0.0619 (-1.416) | -0.0635 (-1.454) |
| Opcah | 0.0123*** (2.855) | 0.0619*** (3.228) | 0.0118* (1.682) | 0.0122*** (2.791) | 0.0122*** (2.808) | 0.0122*** (2.751) |
| Marketindex | -0.0678*** (-2.610) | -0.0247** (-2.214) | -0.0699*** (-3.861) | -0.0642*** (-2.603) | -0.0675*** (-2.564) | -0.0649*** (-2.542) |
| Lev | -0.0490*** (-2.657) | -0.0481*** (-2.884) | -0.0513*** (-2.996) | -0.0707*** (-2.577) | -0.0709*** (-2.595) | -0.0712*** (-2.618) |
| Size | -0.0181 (-1.205) | -0.0442 (-0.672) | -0.0135 (-1.277) | -0.0179 (-1.070) | -0.0181 (-1.186) | -0.0182 (-1.189) |
| Roa | 0.0680 (1.411) | 0.147 (1.550) | 0.0125 (1.041) | 0.0660 (1.336) | 0.0669 (1.364) | 0.0686 (1.428) |
| Age | 0.0136 (1.184) | 0.0377 (1.602) | 0.0110 (1.396) | 0.0142 (1.328) | 0.0140 (1.273) | 0.0143 (1.301) |

续表

| | 因变量：过度投资 | | | | | |
|---|---|---|---|---|---|---|
| | 全样本 | 国有 | 民营 | 国家 | 省 | 市 |
| Pc | 0.0194 | 0.0400 | 0.0034 | 0.0480 | 0.0418 | 0.0892 |
| | (1.374) | (1.548) | (1.216) | (1.358) | (1.124) | (1.471) |
| Tobin | -0.0517** | -0.0400* | -0.0634* | -0.0934* | -0.0149** | -0.0175** |
| | (-2.110) | (-1.848) | (-1.684) | (-1.913) | (-2.139) | (-2.180) |
| Hold1 | 0.0221 | 0.0288 | 0.0174 | 0.0202 | 0.0002 | 0.0215 |
| | (0.376) | (0.322) | (0.135) | (0.342) | (0.340) | (0.364) |
| Dual | 0.0829 | 0.161 | 0.0513 | 0.0562 | 0.0577 | 0.0592 |
| | (0.318) | (0.412) | (1.230) | (0.215) | (0.221) | (0.227) |
| Manage | -0.0807 | -0.0169 | -0.0905 | -0.0677 | -0.0790 | -0.0789 |
| | (-0.210) | (-0.004) | (-0.572) | (-0.176) | (-0.206) | (-0.205) |
| 行业、年份、区域 | 控制 | 控制 | 控制 | 控制 | 控制 | 控制 |
| 截距项 | 0.1422*** | 0.3010** | 0.0230*** | 0.1390*** | 0.1450*** | 0.1460*** |
| | (4.050) | (2.008) | (4.373) | (3.957) | (4.123) | (4.135) |
| 样本量 | 5023 | 2928 | 2095 | 5023 | 5023 | 5023 |
| Adj-$R^2$ | 0.471 | 0.160 | 0.402 | 0.470 | 0.469 | 0.469 |
| F | 38.70 | 35.469 | 47.07 | 38.53 | 38.35 | 38.38 |

注：括号里的数字为经过区域、行业、年度层面聚类调整的T值；*、**、*** 分别代表在10%、5%、1%上的显著性水平。

除某体以外，企业的产品市场竞争程度是一个重要的外部治理机制（陈东华，2003）。表7-7的第2列结果显示，市场竞争（HHI）的回归系数显著为正，意味着市场集中度越低，即竞争越激烈时，企业的过度投资（Overinvest）会减少，进一步高管在"行业协会"任职（Dum_Proffice）与市场竞争（HHI）的交互项的回归系数为0.0431且在10%的水平上显著，表明产品市场竞争越激烈时，高管在"行业协会"任职（Dum_Proffice）对企业过度投资（Overinvest）的影响将会降低，进一步发现在国有企业组与高管所任职的行业协会为国家层级时，交互项系数都不显著，一方面由于很多国企居于战略性或垄断行业，市场竞争程度低；另一方面越是省级、市县级企业大多为市场化程度较高的行业，对于市场竞争较为敏感，从而表明只有利用市场手段才可以有效抑制"社会交换"规则所衍生的社会网络对企业过度投资的不利影响。总之，以上表明只有利用外部治理手段,才能够抑制官员与企业社会交换中的不利因素,以及减少高管任职"行业协会"对企业过度投资的影响,假设 H7-3 得到了支持。

表 7-7  高管的"行业协会"任职、市场竞争与过度投资

|  | 因变量:过度投资 | | | | | |
|---|---|---|---|---|---|---|
|  | 全样本 | 国有 | 民营 | 国家 | 省级 | 市县 |
| Dum_Proffice | 0.3170 ** <br> (2.131) | 0.2550 <br> (1.034) | 0.4040 ** <br> (2.113) | 0.3490 <br> (1.416) | 0.2550 * <br> (1.934) | 0.0404 ** <br> (2.113) |
| HHI × Dum_Proffice | 0.0431 * <br> (1.784) | 0.0362 <br> (0.196) | 0.0665 ** <br> (2.183) | 0.0463 <br> (0.937) | 0.0362 * <br> (1.783) | 0.0665 ** <br> (2.196) |
| HHI | 0.0643 * <br> (1.845) | 0.0750 * <br> (1.751) | 0.0368 * <br> (2.140) | 0.5270 <br> (1.527) | 0.7120 * <br> (1.965) | 0.6147 ** <br> (2.012) |
| Pc | 0.0682 <br> (0.044) | 0.0175 <br> (0.761) | 0.119 <br> (0.845) | 0.0826 <br> (0.199) | 0.0989 <br> (0.238) | 0.0358 <br> (0.085) |
| Lev | -0.0332 *** <br> (-3.162) | -0.0785 ** <br> (-2.510) | -0.0121 ** <br> (-2.076) | -0.0359 *** <br> (-3.417) | -0.0315 ** <br> (-2.997) | -0.0360 *** <br> (-3.392) |
| Dual | 0.0335 <br> (1.251) | 0.0175 <br> (0.761) | 0.0519 <br> (0.845) | 0.0353 <br> (1.321) | 0.0337 <br> (1.252) | 0.0375 <br> (1.395) |
| Roa | 0.178 *** <br> (2.543) | 0.0284 * <br> (1.747) | 0.124 ** <br> (2.575) | 0.188 *** <br> (2.867) | 0.172 *** <br> (2.359) | 0.180 *** <br> (2.649) |
| Opcash | 0.0136 <br> (0.834) | 0.0115 <br> (0.754) | 0.0243 <br> (0.971) | 0.0165 <br> (0.893) | 0.0109 <br> (0.584) | 0.0134 <br> (0.719) |
| Age | 0.0764 <br> (1.470) | 0.183 <br> (1.333) | 0.0314 <br> (1.410) | 0.0809 <br> (1.569) | 0.0748 <br> (1.431) | 0.0792 <br> (1.504) |
| Size | -0.0715 <br> (-0.283) | -0.0470 <br> (-0.915) | -0.0938 <br> (-1.032) | -0.0156 <br> (-0.618) | -0.0263 <br> (-0.104) | -0.0108 <br> (-0.429) |
| Hold1 | 0.0627 <br> (0.851) | 0.0752 <br> (0.558) | 0.0158 <br> (0.838) | 0.0563 <br> (0.764) | 0.0645 <br> (0.872) | 0.0634 <br> (0.857) |
| Marketindex | -0.0126 <br> (-0.333) | -0.0855 <br> (-0.357) | -0.0111 <br> (-0.766) | -0.0124 <br> (-0.326) | -0.0129 <br> (-0.339) | -0.0123 <br> (-0.322) |
| Tobin | -0.0189 * <br> (-1.833) | -0.0480 <br> (-1.352) | -0.0018 ** <br> (-2.158) | -0.0196 <br> (-1.076) | -0.0143 <br> (-0.783) | -0.0148 * <br> (-1.811) |
| Managefee | -0.0199 <br> (-0.174) | -0.0145 <br> (-0.052) | -0.0281 <br> (-0.469) | -0.0198 <br> (-0.174) | -0.0201 <br> (-0.176) | -0.0223 <br> (-0.194) |

## 第七章 "资源获取"还是"人情偿还"——高管的"行业协会"任职与过度投资

续表

| | 因变量：过度投资 | | | | | |
|---|---|---|---|---|---|---|
| | 全样本 | 国有 | 民营 | 国家 | 省级 | 市县 |
| Constant | 0.1160** | 0.3980*** | 0.0890 | 0.1090** | 0.1213** | 0.1208** |
| | (2.143) | (3.444) | (0.380) | (2.019) | (2.241) | (2.174) |
| 行业、年份、区域 | 控制 | 控制 | 控制 | 控制 | 控制 | 控制 |
| Observations | 5023 | 2928 | 2095 | 5023 | 5023 | 5023 |
| Adj-R² | 0.540 | 0.402 | 0.415 | 0.541 | 0.537 | 0.536 |
| F | 30.94 | 47.07 | 82.49 | 31.04 | 30.60 | 30.43 |

注：括号里的数字为经过区域、行业、年度层面聚类调整的T值；*、**、***分别代表在10%、5%、1%上的显著性水平。

## 三、稳健性检验

### (一) 内生性问题

高管的"行业协会"任职与企业的过度投资之间的关系，可能会受到遗漏变量因素的影响，以及自选择等问题的困扰，为此，基于 Liu 等（2016）的做法我们利用两阶段工具变量法来解决此问题，分别选择企业员工的数量（Numemploy）、CEO的学历层次（Ceoedu）作为工具变量，由于在中国员工数量越多的企业，一般都是在当地有影响力的企业，高管或者CEO更有可能到行业协会去任职，同时学历越高的公司高管和CEO也越能满足行业协会等组织的选人用人要求，而且从常识和理论上分析，这两个工具变量与过度投资无关，因而满足作为工具变量的计量经济学假定。

首先，将两个工具变量与公司规模（Size）、负债率（Lev）、股权集中度（Hold）、董事长与总经理兼任（Dual）、市场化水平（Marketindex）、资产回报率（Roa）、投资机会（Tobin）、经营现金流（Opcash）、代理成本（Managefee）进行回归，获得相对较为"干净"的高管行业协会任职的拟合值（Dum_ate_Hat）；其次，再利用该值，对模型（7-2）进行第二阶段的回归，从表7-8的第2列发现，两个工具变量的弱工具变量识别的判定系数为28.06且显著，同时Hansen检验的J值也在5%的水平上显著，进一步地，高管的行业协会任职的估计系数为0.0740，且在1%的水平上高度显著，从而表明在考虑了遗漏变量因素后，本章的假设H7-1得到了支持。

表 7-8　Heckman 两阶段回归

| | 第一阶段 | 第二阶段 | | | | | |
|---|---|---|---|---|---|---|---|
| | 被解释变量 Dum_Proffice | 被解释变量 Overinvest | | | | | |
| | | 全样本 | 国有 | 民营 | 国家 | 省级 | 市县 |
| Ceoedu | 0.100** (2.128) | | | | | | |
| Numemploy | 0.254* (1.873) | | | | | | |
| Dum_Proffice_Hat | | 0.0740*** (3.332) | 0.0215 (1.028) | 0.0793* (1.939) | 0.0338 (0.952) | 0.0605** (2.014) | 0.0791** (2.176) |
| Pc | -0.1432 (-1.177) | 0.0144 (0.350) | 0.0115 (0.426) | 0.0128 (1.002) | 0.0135 (1.447) | 0.0157 (0.938) | 0.0186 (1.216) |
| Lev | -0.1271 (-1.290) | -0.0397*** (-3.813) | -0.0412 (-1.528) | -0.0170* (-1.779) | -0.0316 (-1.258) | -0.0225** (-2.004) | -0.0528* (-1.951) |
| Dual | 0.0563** (2.128) | 0.0351 (1.302) | 0.0441 (1.002) | 0.0209 (0.871) | 0.0316 (1.125) | 0.0137 (1.269) | 0.0534 (1.331) |
| Roa | -0.6133** (-2.188) | 0.1950*** (2.321) | 0.1830 (1.728) | 0.264** (2.115) | 0.119 (1.634) | 0.247* (1.872) | 0.013** (2.124) |
| Opcash | -0.0213 (-1.440) | 0.0822*** (2.442) | 0.0904 (1.614) | 0.0588** (2.118) | 0.0201* (1.724) | 0.0316* (1.873) | 0.0876** (2.246) |
| Age | 0.0212*** (4.608) | 0.0126 (1.514) | 0.0247 (1.123) | 0.0105 (0.909) | 0.0348 (0.348) | 0.0094 (1.124) | 0.0104 (1.343) |
| Size | 0.0134 (0.619) | 0.0424** (-2.167) | -0.0526* (-1.725) | -0.0237* (-1.998) | -0.0364 (-1.573) | -0.0201** (-2.004) | 0.0582* (-1.815) |
| Hold1 | 0.0732 (1.003) | 0.0545 (0.734) | 0.0211 (0.525) | 0.0647 (0.738) | 0.0349 (1.002) | 0.0218 (0.953) | 0.0601 (0.887) |
| Marketindex | 0.0133 (0.526) | -0.0126 (-0.329) | -0.0016 (-1.223) | -0.0174 (-1.156) | -0.0105 (-1.326) | -0.0227 (-0.939) | -0.276 (-1.002) |
| Tobin | -0.0253 (-1.538) | -0.0601 (-0.332) | -0.0773 (-0.526) | -0.0428 (-1.013) | -0.0296 (-0.907) | -0.0375 (-1.326) | -0.0712 (-1.254) |
| Managefee | -0.0406 (-0.078) | -0.0231 (-0.201) | -0.0418 (-0.337) | -0.0135 (-0.419) | -0.0258 (-0.723) | -0.0371 (-0.818) | -0.0486 (-0.449) |

## 第七章 "资源获取"还是"人情偿还"——高管的"行业协会"任职与过度投资

续表

| | 第一阶段 | 第二阶段 | | | | | |
|---|---|---|---|---|---|---|---|
| | 被解释变量 Dum_Proffice | 被解释变量 Overinvest | | | | | |
| | | 全样本 | 国有 | 民营 | 国家 | 省级 | 市县 |
| Constant | 0.4290 (1.191) | 0.3470 (0.700) | 0.4480 (1.113) | 0.2690 (1.295) | 0.5502 (0.937) | 0.1384 (0.838) | 0.2437 (1.246) |
| 行业、年度、区域 | 控制 | 控制 | 控制 | 控制 | 控制 | 控制 | 控制 |
| Observations | 1700 | 1700 | 986 | 714 | 1700 | 1700 | 1700 |
| Adj-$R^2$ | 0.197 | 0.132 | 0.236 | 0.305 | 0.274 | 0.196 | 0.228 |
| Weak IV F Statistics | 28.06** | | | | | | |
| Hansen's J Statistics | 0.0015** | | | | | | |
| F | 36.346 | 31.832 | 43.05 | 38.14 | 42.09 | 35.16 | 37.82 |

注：括号里的数字为稳健性标准误；*、**、*** 分别代表在10%、5%、1%的水平上显著。

### (二) 改变有关变量的度量方式

已有关于企业过度投资的文献中，多数文献使用 Richardson (2010) 所提到的过度投资度量方式，本章也通过采用该方法计算出了相应的企业过度投资指标，并结合了媒体报道的监督因素在此进行了综合分析。结果如表 7-9 所示，主要结果没有变化，相关假设得到了支持。

表 7-9  高管的"行业协会"任职与过度投资

| | 因变量：过度投资 | | | | | |
|---|---|---|---|---|---|---|
| | 全样本 | 国有 | 民营 | 国家 | 省级 | 市县 |
| Dum_Proffice | 0.0426*** (2.926) | 0.004 (1.148) | 0.0573** (2.026) | 0.0210 (1.323) | 0.452** (2.290) | 0.0149** (2.184) |
| Pc | 0.0120 (0.424) | 0.0594 (0.633) | 0.0104 (0.646) | 0.0153 (0.678) | 0.0466 (0.667) | 0.0216 (0.145) |
| Lev | -0.0612* (-1.860) | -0.408** (-2.125) | -0.0728** (-2.447) | -0.0620*** (-2.966) | -0.0174** (-2.156) | -0.0523** (-2.057) |

续表

| | 因变量：过度投资 | | | | | |
|---|---|---|---|---|---|---|
| | 全样本 | 国有 | 民营 | 国家 | 省级 | 市县 |
| Size | -0.0152*** | -0.0034** | -0.0352*** | -0.0815* | -0.0996* | -0.0506 |
| | (-2.455) | (-2.470) | (-2.721) | (-1.886) | (-1.854) | (-1.084) |
| Roa | 0.0657*** | 0.0823 | 0.0109* | 0.0360 | 0.0117* | 0.0306*** |
| | (2.384) | (1.329) | (1.920) | (0.945) | (1.793) | (4.635) |
| Dual | 0.0163 | 0.0118 | 0.0350 | 0.0123 | 0.0244 | 0.0428 |
| | (0.635) | (1.146) | (0.076) | (0.281) | (0.320) | (0.802) |
| Managefee | -0.0407 | -0.0124 | -0.0759* | -0.0177 | -0.0589 | -0.0189 |
| | (-0.125) | (-0.327) | (-1.772) | (-0.153) | (-1.076) | (-0.013) |
| Age | 0.0472 | 0.0205 | 0.0617 | 0.0302 | 0.0897 | 0.0229 |
| | (0.241) | (0.503) | (0.651) | (0.401) | (0.893) | (0.271) |
| Opcash | 0.0102*** | 0.0119*** | 0.0048*** | 0.0124*** | 0.0142*** | 0.0354 |
| | (2.418) | (4.136) | (3.728) | (3.855) | (4.873) | (1.228) |
| Marketindex | -0.0526*** | -0.0231 | -0.119* | -0.0114*** | -0.0275 | -0.0108*** |
| | (-6.650) | (-1.345) | (-1.739) | (-6.516) | (-1.574) | (-6.630) |
| Tobin | -0.0869* | -0.119 | -0.0531 | -0.0136 | -0.0261 | -0.0880** |
| | (-1.831) | (-1.214) | (-1.266) | (-1.469) | (-1.017) | (-2.153) |
| 行业、年份、区域 | 控制 | 控制 | 控制 | 控制 | 控制 | 控制 |
| 截距项 | 0.490* | 0.4072 | 0.517** | 0.168 | 0.249** | 0.133* |
| | (1.801) | (0.335) | (2.246) | (1.514) | (2.204) | (1.829) |
| 样本量 | 5023 | 2928 | 2095 | 5023 | 5023 | 5023 |
| Adj-$R^2$ | 0.472 | 0.392 | 0.394 | 0.366 | 0.361 | 0.317 |
| F | 38.80 | 142.0 | 101.2 | 250.4 | 47.50 | 172.6 |

注：括号里的数字为经过区域、行业、年度层面聚类调整的T值；*、**、***分别代表在10%、5%、1%上的显著性水平。

## 第六节

### 研究结论及启示

近年来，我国的行业协会取得了很大的发展，截至2015年第一季度，我国在册登记的行业协会已经有近7万个，对企业的公司治理和财务决策产生重

### 第七章 "资源获取"还是"人情偿还"——高管的"行业协会"任职与过度投资

要直接与间接影响。本章基于企业的过度投资视角，研究公司的高管的"行业协会"任职对过度投资行为的影响机制，研究发现，高管的行业协会任职显著加剧了企业过度投资，然而该效应在民营企业与省级和市县级的行业协会所关联的企业更显著，同时发现政府的干预是影响两者关系的重要机制因素，最后发现产品市场竞争与媒体能够显著抑制高管行业协会任职与过度投资间的关系，且仅在民营与省级和市县级的行业协会所关联的企业显著。

2015年国办发布了有关行业协会改革的重要文件，而主管的民政部也向社会发布了《全国性行业协会商会负责人任职管理办法（试行）》，从而对行业协会负责人的任职问题作了明确规定，这些足以说明当下行业协会对我国的政治治理以及政治生态环境的影响之深刻，很有必要进一步厘清政府与企业的权利边界，尤其是政府要改善和优化对行业协会类社会组织的管理水平、思路与方法，构建干净的政商网络，并进一步创造公平、正义的市场环境，防止行业协会变为"富人俱乐部"，或者蜕化为建立非正常的官商网络的通道，以及转化为我国传统"社会交换"法则支配的利益勾兑平台。因而本章的研究具有重要的启示，一方面，尽管行业协会对我国企业的发展及整个行业与国民经济的质量提升做出过重要的贡献，而随着时代的变迁以及经济全球化的发展，行业协会的运营模式可能已经对企业的及行业的发展带来一定的负面作用，这就要求我们需要对行业协会进行系统性的改革，减少行业协会对企业行为的不公平、不透明的干预和影响，同时对其权力进行必要的约束，将其"关进制度的笼子"，并让行业协会真正发挥其重要的影响力与作用，使不同产权的企业能够更加公平、公正地享受行业协会的服务和实惠。另一方面，本章研究表明，为了有效实现供给侧结构性改革背景下的"三去一补一降"的战略目标，需要重视基层的落实工作和执行力度，完善对官员政绩的评价细则，压缩官员利用传统社会的某些潜规则和亚文化来实施"变通""软化"这一战略目标的空间，逐步将中央的目标落实在微观企业的减少过度投资等的财务决策的行动中去。

# 第八章

# 制度壁垒能否"穿越"——企业高管的"行业协会"任职与并购决策

## 第一节 引言

并购是现代企业非常重要的财务决策行为,也是当下我国资本市场"炙手可热"的话题,并购成功与否会直接影响公司价值或股东财富的变化。中央经济工作会议更是把"去产能"列为五大结构性改革的任务之首,并明确了"多兼并重组,少破产清算"这一核心思路。在相关政策的指引下,我国上市公司发起的并购事件呈逐年增长趋势,例如,2017年由上市公司发起的并购事件达1829例,总金额高达9406.42亿元,事实上,随着我国企业的市场化与全球化步伐不断加快,生产要素的区域流动日趋频繁,企业的区域或跨区域的兼并收购现象日趋普遍。然而,由于地区间的地方保护主义和地区封锁问题的长期存在,企业的并购因经常会触及地方官员的政治与经济利益而变得异常敏感和复杂(周黎安,2017),使企业的并购面临很多具有地方特色的"制度壁垒"的干扰,导致很多本来应该被市场淘汰或被收购的落后企业得以苟活,同时,我国大部分上市公司的并购主要标的是非上市企业,并购的信息不对称性问题尤为明显,而且并购协议的达成多是以协议转让形式进行的(曾昭灶等,2012;刘峰等,2016),进而加重了并购中的信息不对称性问题,这些都对以优化资源配置、加快产业转型为目的企业并购重组带来较大不利影响。

2014年,《国务院关于进一步优化企业兼并重组市场环境的意见》(国发〔2014〕14号)提出"进一步完善企业兼并重组公共信息服务平台,拓宽信息

### 第八章 制度壁垒能否"穿越"——企业高管的"行业协会"任职与并购决策

交流渠道,发挥"行业协会"在企业兼并重组中的重要作用。众所周知,公司高管作为并购战略的主要决策者和实施者,往往在并购实施中发挥关键作用(扈文秀等,2016),已有研究发现并购中的主并公司间高管的社会网络(万良勇和郑小玲,2014;万良勇和胡璟,2014)、连锁董事(陈仕华等,2013;韩洁等,2014;庄高良等,2013)、高管的政治关联(张雯等,2013)等高管构建的关系网是影响并购的重要机制。据统计,我国大约25%的上市公司高管在"行业协会"担任职务(Liu et al.,2016),其可为企业的股权变动提供交易信息和环境信息,甚至清除不同体制企业并购时的意识形态障碍,突破并购当中的制度壁垒,进而提高企业的并购效率,加快企业的资源优化配置。

为此,本章以我国A股市场的2004~2016年的上市公司数据为研究样本,通过手工收集的上市公司的董监高等高管在工商联、商会、协会等"协会"类组织担任任职的数据,分析了高管的"行业协会"任职对企业并购决策的影响。研究表明,公司高管的"行业协会"任职不但可以显著增加企业并购发生的概率,而且可以降低并购溢价,表明高管的"行业协会任职"有助于打破制度壁垒,降低并购中的信息不对称性,并发现该影响在政府干预强度较大和社会信任较低的地区更为显著,进一步检验发现高管"行业协会"任职可以减弱民营企业的产权因素和高融资约束企业在并购中的"短板"效应,经济后果检验揭示出并购后企业业绩和价值得到提高,并购整个完成时间会降低,以及并购成功项目的数量也显著增加。

本章可能的贡献体现在以下几个方面:(1)如何消除企业并购重组中的地方保护主义视角下的地方制度壁垒是管制经济学和公司金融的重要研究问题?本章基于高管"行业协会"任职的视角研究为此问题的解决提供了新的经验证据,丰富公司金融领域内"行业协会"等社会组织对公司财务决策影响的文献,以及扩展企业并购影响因素的文献。(2)本章扩展了高管的"社会网络"研究领域的研究内容,提出了高管的"行业协会"任职是一个新的社会网络类型,进而有助于拓展与丰富高管的社会关系对公司并购影响因素领域的文献。(3)本章也具有较强的实务指导价值和政策意义。在当前我国的忽悠式并购、虚假并购、跨界并购等并购乱象的多发态势而导致监管机构面临较大监管压力的现实背景下,本章的研究可能有助于监管部门优化和创新并购重组监管的思路和方法。

## 第二节
### 制度背景、理论分析与研究假设

#### 一、制度背景

随着我国企业的市场化与全球化步伐不断加快，生产要素的区域流动日趋频繁，使企业的区域或跨区域的兼并收购现象日趋普遍。近年来，证券监管机构提出企业并购应以产业逻辑为主线，而且并购决策要聚焦于公司主业，并加快对产能过剩行业的兼并重组和产能出清。然而，由于地区地方保护主义和地区封锁问题的长期存在，导致企业并购因经常会触及地方官员的政治与经济利益而变得异常敏感和复杂（周黎安，2017），使企业并购面临很多具有地方特色的"制度壁垒"的阻碍，并直接造成很多本应被市场淘汰或被收购的落后企业得以存在。2001年国务院曾颁布了《关于禁止在市场经济活动中实行地区封锁的规定》，明令禁止任何单位或个人违反法律、行政法规和国务院规定，以任何方式阻挠、限制外地产品或工程建设类服务进入本地市场，或对阻挠、干预外地产品或服务进入本地市场的行为纵容包庇，限制公平竞争。该规定说明并购中存在的地方保护主义具有普遍性与严重性的特点，使企业的并购形成制度壁垒。此外，我国企业并购实务中还存在巨大的信息不对称性，一方面，一些企业将并购重组作为获得非法利益的重要手段，充分利用并购重组的信息优势，通过内幕交易或与相关机构人员在二级市场进行相关操作，进而赚取巨额暴利；另一方面，公司大股东与其他中小股东相互勾结，以非关联化为目标，将关联交易去除，以并购重组为诱饵，采取较高价格购买关联资产，以较低的价格对非关联资产进行出售，以便非法牟取上市公司不正当利益（田高良等，2013）。

针对并购市场中的存在的制度壁垒，2010年9月6日国务院发布的《国务院关于促进企业兼并重组的意见》中曾提出，各"行业协会"要贯彻落实文件精神，以便促进企业兼并重组；2014年《国务院关于进一步优化企业兼并重组市场环境的意见》（国发〔2014〕14号）提出"进一步完善企业兼并重组公共信息服务平台，拓宽信息交流渠道，发挥"行业协会"

### 第八章 制度壁垒能否"穿越"——企业高管的"行业协会"任职与并购决策

在企业兼并重组中的重要作用"。2015 年 6 月 30 日,工业和信息化部在京召开婴幼儿配方乳粉企业兼并重组工作会议,提出"行业协会要为婴幼儿配方乳粉企业的兼并重组及发展提供服务,及时反映企业诉求"。例如,在南方水泥、中联水泥、北方水泥、西南水泥、中材祁连山水泥、冀东水泥、金隅水泥、同力水泥等公司的并购中,中国水泥协会在其中就发挥了重要作用。这表明在我国产业转型背景下,"行业协会"是实现企业并购重组战略不可缺少的部分。

## 二、理论分析与基本假设

企业并购的实施是政策资源与经济资源最优匹配的结果,但地方政府因限制外国企业从本地市场中获益而构建了税收、贸易、行业准入等多重壁垒,使辖区内外地企业的"非国民待遇"的地方保护主义特征尤为明显,导致某些具有资源整合和产业优化属性的企业并购的实施面临障碍。首先,目标企业的地方政府可能会因为并购不符合相关的产业集群、产业优化等政策,以及影响了地方财政收入等而对并购申请进行否决(潘红波和余明桂,2011;王凤荣等,2011),而那些脱离当地政府控制的企业可能会对产业转移、税收转移、裁员、掏空,以及对 GDP 及税收等行为等带来直接影响(夏立军等,2011)。不仅如此,较大的制度距离和严重的市场分割也成为企业并购的"绊脚石",以至于我国省份间的市场分割效应甚至比欧盟国家更严重(Poncet,2003),进而提高了企业跨地区经营的成本(宋渊洋,2014),而且由于政治、制度壁垒及文化因素的影响而使前期的并购调查不周,同时也导致并购失败率逐年上升(卡建红,2010)。其次,大多数并购活动能为目标公司股东带来溢价补偿,但却不能为并购公司股东创造价值(Sirower,1997;张新,2003),其外在原因往往与超额支付价款、支付方式不合理、价值评估不当、并购后整合失效等有关联,而内在的原因则是由信息不对称带来过高的并购成本。信息不对称一方面会导致主并企业无法获得充足而又低成本的并购资金;另一方面使并购方支付更高的并购溢价,造成并购资产定价的"虚高",最终导致并购经济资源的错配和扭曲。

上述分析表明,并购交易的成功完成,首先要解决主并双方企业如何冲破制度壁垒,以及获得企业所在地的政府、监管机构的同意或授权等问题,并充分了解目标市场的法律、法规和相关的行业自律规范等。并购中的企业高管在"行业协会"任职可以充分利用其信息优势、沟通优势,或者委托其他相关"协会"而对影响并购的潜规则、文化与制度因素进行调查,以便减少异地并购的制度障碍。其次,高管在"行业协会"任职有助于其"游说"政府及官员(甘思德和邓国胜,2012),并通过其斡旋和出面而提高目标公司、当地官员、并购企业等三方之间的信任程度(刘春等,2015),减少政府对并购企业的干预,以便获得政府的支持(方军雄,2008;潘红波等,2011;姜付秀等,2015),从而破除并购中地方政府设置的"制度壁垒"。最后,高管在"行业协会"任职使企业具有较多的社会资本,进而为目标企业与政府的非正式或"隐性"契约提供多边"担保",减少签约和履约过程中高管的机会主义行为和道德风险,这不但有助于增加并购成功的概率,而且也会提高标的资产价值的透明度,降低并购溢价的水平。

尽管通过前期调研、聘用中介机构、新闻媒体和资产评估机构等社会渠道可获得目标公司的信息,但较之上述几种途径而言,并购企业的高管的"行业协会"任职经历可以让并购方高管能更加深入一线了解目标公司的经营信息,接触目标公司关键标的资产的实际定价过程。由于我国企业并购标的企业多为非上市公司,由于此类企业的信息披露无明确要求,使企业信息的透明度较低,导致并购企业需要花费较多的时间和成本去识别标的价值(巫岑和唐清泉,2016)。当然即使并购顺利且为目标公司股东带来了溢价补偿,但也未必会给并购公司的股东创造价值(Sirower,1997;张新,2003;陈仕华等,2013;万良勇和郑小玲,2014),其核心原因是主并企业缺乏对目标企业真实状况的了解,导致对目标企业的定价偏高。

如果并购企业高管在"行业协会"任职,将会使并购企业处在信息交流的"结构洞"位置(Burt,1995)。第一,其能掌握标的企业的产品需求状况和市场发展态势等外围信息,以及企业的真实管理能力和财务状况等内部信息,有助于并购企业高效获取并购信息与并购机会的社会网络,缓解双方企业间的信息不对称,并发挥其甄别和约束网络成员行为的作用(万良勇和郑小玲,2014;李培馨等,2013),进而对并购的协同效应提供合理保证(Schonlau,2009);第二,高管在"协会"任职具有显著的"信号显示"效应,从而能够与"劣质"企业予以区别(杨育敏等,2009),因为企业高管的"行业协会"任职可以向目标方传递出并购方质量良好的信号,降低目标方的抵触

# 第八章 制度壁垒能否"穿越"——企业高管的"行业协会"任职与并购决策

和怀疑心理,减少目标方的信息搜寻成本;第三,借助"行业协会"的独特优势,主并企业能够对目标方的资产、利润、现金流、税务、市场地位等进行专业的分析和判断,避免仅靠主并企业判断而掉入并购陷阱,而高管的"行业协会"任职具备了类似产业集群内的先验信息、专业信息的特征和信息交流等的功能(巫岑和唐清泉,2016);第四,"行业协会"特殊的职能和定位,使其可以与目标企业进行充分磋商与交流,进而降低谈判成本;因而,并购决策中有"行业协会"介入,其有利于增强双方企业的管理层和员工对并购协同效应的认识和信心,增强彼此的认同感,降低目标方核心管理层和关键员工的抵制情绪(李曜和宋贺,2017),这不但会增加并购的成功率,而且也会降低并购的溢价水平,基于以上分析,提出如下假设。

H8-1:其他条件不变,公司高管的"行业协会"任职会显著提高企业的并购决策效果。

虽然企业并购是一种市场化行为,但我国的企业并购经常因涉及辖区内的税收、GDP 和官员的政绩而变得异常敏感和复杂(周黎安,2017),导致企业的并购会受到地方政府干预和审查,特别在企业的市场化程度较低地区。在我国地方保护主义盛行的格局下,主并企业的并购行为,不仅目标企业所在地政府"不欢迎",而且主并企业所在地政府也会担心企业异地经营,导致主并企业可能会失去当地政府原本在税收和资金上的各种优惠(潘红波和余明桂,2011)。因此,企业并购中如何与地方政府进行沟通而获得其同意尤为关键,只有破除兼并重组中的制度壁垒,才有可能增加并购成功的概率。

与西方国家"行业协会"不同的是,我国相当比例的"协会"类组织是政府机构创设的,对政府有较强的"依附"性,而"协会"也需要依靠政府的支持发挥某些方面的职能,两者之间存在互补的关系(Foster,2002;张沁洁等,2010)。张沁洁和王建平(2010)发现 84% 的"行业协会"会长、87% 的"协会"秘书长或多或少与国家力量有关,并且政府官员退休后兼任"行业协会"会长、秘书长、理事长等的现象较为普遍(王伟进,2015)。首先,高管的"行业协会"任职使在并购的谈判和斡旋中,高管会利用"行业协会"的力量和"招牌"而与标的企业所在地政府去沟通和谈判,甚至企业可以动用"行业协会"的高层领导,利用其退休或退居二线官员的身份去化解和排除来自并购企业所在地政府的干预,同样当面对目标企业的政府干预时,相比那些高管未在"行业协会"任职的企业,高管任职的企业可以动用本地"行业协会"，或者通过目标企业所在地的关联"行业协会"等力量去与当地政府进行沟通，以缓解和降低政府干预对并购完成所带来的"掣肘"，其次，在谈判中，主并公司与目标公司当地政府的谈判也难免会遇到各种障碍，更重要的是，在我国这样的关系型社会中，许多的分歧既不能以正式的语言来表达，更不能以正式的合同进行约定，而只能表现为大量的意会性的潜规则（刘春等，2015），主并企业如果能够利用标的企业所在地的对口"行业协会"的某些力量，为主并企业高管提供政府官员的具体信息、标的企业对当地 GDP 的影响，甚至标的企业所在地"行业协会"可以在其中充当"掮客"做好主并企业与标的企业之间的协调工作，以便较好地识别标的资产的内在价值，降低并购溢价的水平，基于上述分析，提出如下假设。

H8-2：其他条件不变，公司高管的"行业协会"任职对并购决策效果的影响在强政府干预地区会更显著。

并购过程的每个环节均存在较为严重的信息不对称，造成一些极具吸引力的并购交易没能完成，或者一些极有可能创造的并购价值未能实现，引致社会福利损失（Aliberti，1999）。组织内部的人际信任与组织认同可以减少主并公司与目标公司之间的冲突并促进彼此融合（Weber，2011），因而并购企业与外部利益相关者相互信任，可以降低市场摩擦和交易成本，进而促进和加快并购决策实施的效率。由此表明，社会信任在企业的并购实施中具有极为重要的作用，正如 Stiglitz（2000）认为，社会信任作为一种非正式制度的作用体现在它与以市场为基础的交换和分配体系的相互补充或者相互替代上。

主并企业所在地区社会信任水平越高，越有助于并购双方之间通过信任与互惠降低机会主义和"搭便车"行为，督促交易双方彼此的诚实守信合作行为，减少交易的不确定性，最终促进并购的完成（王艳和李善民，2017）。然而，我国企业的并购交易呈现出大量的虚假并购重组、忽悠式、掏空式，以及并购实施后的业绩"变脸"现象，不但体现出并购中企业的社会信任水平堪忧的现状，而且也意味着在法律制度相对落后的国家，社会信任等非正式制度因素对经济增长的促进作用（Peng，2003）。一方面，高管的"行业协会"任职可以在上下游企业、同行企业之间发挥信息传递、知识溢出以及合作意向等作用，破除企业并购中因地方保护主义而存在"制度壁垒"，而在社会信任较低的地区，高管的"行业协会"任职可以为并购中的双方企业建立信任提供良好的基础，有助于主并企业获得更多的并购目标企业的信息、企业的详细的资产、公司治理及发展前景等信息，有助于降低并购溢价的水平，为信息不对称所关联的标的资产选择和并购整合失败等问题提供帮助（陈仕华等，2013）；另一方面，在社会信任程度较低的地区，通常需要政府的"有形之手"来弥补"无形之手"的短板，但也会增加政府干预企业并购的概率。如果在"行业协会"任职的主并方企业高管能通过对口的异地"行业协会"，并借助通过本地社会关系网而与标的方企业所属地的政府官员取得联络，通过必要的润滑和斡旋以使得促进并购沟通的顺利进行，显著提高标的企业所在地的官员对主并公司的信任程度和合作意愿。此外，在低社会信任地区，市场交易环境中的信息不对称水平会更高，企业并购融资的信贷、抵押与担保等面临巨大阻力，导致并购支付的资金融通受到较大的限制，此情形下，主并企业高管的"行业协会"任职会使企业具有较高的社会资本，其不但有助于和客户、供应商企业取得信任，保证企业获得较多的商业信用（罗劲博，2016），而且有利于企业从银行获得较多的低成本并购资金，克服在低社会信任地区并购资金获取的劣势，提高并购成功的概率。基于上述分析，提出如下假设。

H-3：其他条件不变，公司高管的"行业协会"任职对并购决策效果的影响在低社会信任地区更为显著。

## 第三节

### 研究设计

#### 一、样本选择与数据来源

本章以2004～2016年的非金融行业发生并完成的并购事件作为研究的初始样本，从2004年开始，我国的上市公司并购披露的数据才相对完整和可靠，样本筛选标准如下：（1）删除ST、PT公司的样本；（2）删除了金融或证券类公司的样本；（3）删除资产负债率大于1或小于0的公司；（4）删除发行B股、H股、中小板的上市公司；（5）删除已经退市或上市的时间小于3年的样本，因为在计算过度投资时需要完整的3年连续的财务数据；（6）剔除了研究中所需关键数据缺失的样本，主要包括那些由非上市公司发起的并购事件；（7）剔除了企业集团内部的并购，以及具有明确关联方交易特征的企业并购，原因是集团企业内部的并购和关联企业并购，往往不会依靠外部的中介和咨询机构的服务。

高管的"行业协会"任职数据来自 CSMAR 数据库高管简历的披露，首先，通过阅读，如果公司的总经理及董事长在样本年度在县、市、省、国家级的"行业协会"担任职务，包括曾任秘书长或副秘书长、理事长（主席）、副理事长（副主席）、理事或执行理事时，我们就定义存在高管的跨组织任职，对于高管简历中信息缺失的部分，通过 Wind 数据库的高管简历、巨潮资讯等媒体进行补充，或者进一步通过翻阅特定公司的年报来获得；其次，由于我国"行业协会"类组织的名称很多，进一步通过新浪财经的公司高管简历信息中，将那些高管在"其他协会"，如××促进会、××联合会、××基金会、××联盟等社会组织等担任职务的也界定为高管的跨组织任职，因为这些机构可能间接为企业的并购决策提供有价值的信息（田高良等，2013）；再次，利用主并企业的名称去和具有相同名称的企业进行匹配，获得并购实施过程的所有样本。企业的财务报表数据来自 CSMAR 数据库，企业的产权性质来自 Wind 数据库的企业实际控制人数据，如果企业实际控制人为地方政府或相应的国有资产管理委员会，我们认定其产权性质为国有，否则认定为民营，在此基础上我们并将其和 CCER 数据库中的企业产权性质进行比对，并删掉了彼此不一致的样本，通过严格而详细的样本筛选，最后共获得有效观测值为 1451 个，在实证检验过程中，利用了 Stata 13.0 统计软件。

## 二、模型设计与主要变量定义

本章首先建立回归模型来检验假设 H8-1。

$$\text{Dum\_ma(Ma\_Premia)} = \alpha_0 + \alpha_1 \times \text{Dum\_Protie} + \alpha_i \times \sum \text{Control} + \alpha_j \times \sum \text{Year} + \alpha_k \times \sum \text{Industry} + \mu \quad (8-1)$$

模型（8-1）主要解释变量是高管的跨组织任职（Dum_Protie），借鉴 Liu 等（2016）、罗劲博（2016）的做法，如果企业高管在"行业协会""商会""联合会""促进会""联盟""论坛"等社会组织担任职务，赋值为1，否则为0。被解释变量是公司并购实施效果，本章采用两个指标衡量，第一个度量

# 第八章 制度壁垒能否"穿越"——企业高管的"行业协会"任职与并购决策

采用企业是否发生并购（Dum_ma），本章借鉴了李增泉等（2005）、李善民和朱滔（2006）以及王砚羽（2014）的做法，将企业通过资产收购、股权收购、吸收合并和要约收购获取标的公司的财产权和控制权的界定为并购，并剔除了重组类型为资产剥离、资产置换、债务重组、股份回购、股权转让的样本，如果主并企业当年发生并购，赋值为1，否则为0；另一个是使用并购溢价（MA_Premia），通过（交易总价－目标公司净资产账面价值×收购比例）/目标公司净资产账面价值×收购比例来计算，$\sum$ Control是指本章的控制变量：参考陈士华和卢昌荣（2014）、唐建新和陈冬（2010）、王化成等（2010）、潘红波和余明桂（2011）、陈仕华（2013）等的做法，在回归中引入了公司规模（Size）、资产负债率（Lev）、公司的净资产利润率（Roa）、销售增长率（Salgrow）、经营活动现金流（Opcash）、总经理和董事长两职兼任（Dual）、流动比率（Quic_ration）、有形资产比例（Fixaset）、销售费用率（Sale_fee）、公司当年是否亏损（Dum_loss）、第一和第二大股东总的持股比例（Top12）；融资约束借鉴了潘爱玲等（2018）的做法，采用SA指数（潘爱玲等，2018）度量，另外，也包括年度与行业虚拟变量，进一步我们使用Cluster修正的方法控制同一样本不同年度观测值之间截面相关所可能带来的时间效应问题，模型（8-1）的回归中，如果$\alpha_1$大于零，说明公司高管的跨组织任职会显著增加所在企业的并购决策。变量及其定义如表8-1所示。

表8-1　　　　　　　　　　　变量及其定义

| 变量描述 | 变量符号 | 定义 |
| --- | --- | --- |
| 并购决策 | Dum_ma | 如果企业发生并购，赋值为1，否则为0 |
| 并购溢价 | Ma_Premia | （交易总价－目标公司净资产账面价值×收购比例）/目标公司净资产账面价值×收购比例。 |
| 并购所用时间 | Ma_Months | 并购从宣告到完成所用的月份 |
| 并购的数量 | Ma_Number | 当年并购项目的总数 |
| 并购的财务效应 | BHAR | 购买并持有目标公司股票24个月，主并公司股票收益率超过市场组合或对应组合的收益率 |
| 公司的托宾 | Tobin | （公司的市值＋公司负债）/公司的总资产 |
| 高管的跨组织任职 | Dum_protie | 如果公司的董监高等三类高管曾经在"行业协会"担任正副秘书长、理事长、会长、执行理事等职务，赋值为1，否则为0 |

续表

| 变量描述 | 变量符号 | 定义 |
| --- | --- | --- |
| 公司规模 | Size | 公司资产总额的对数 |
| 所在地的社会信任水平 | Trust | 张维迎和柯荣柱 |
| 所在地的法制化水平 | Law | 樊纲和王小鲁 |
| 公司负债 | Lev | 公司的负债总额与总资产之比 |
| 账面市值比 | MB | 公司的价值与总资产之比 |
| 资产收益率 | Roa | 公司的净利润与总资产之比 |
| 销售增长 | Salgrow | 公司的主营业务收入的变化率 |
| 经营活动现金流 | Opcash | 公司的年末经营活动现金流量的净额 |
| 流动比率 | Quic_ration | 公司的流动负债与流动资产之比 |
| 公司是否亏损 | Dum_loss | 如果公司亏损赋值为1,否则为0 |
| 有形资产比率 | Fixaset | 公司的固定资产净额与总资产的比率 |
| 管理费用率 | Manage_fee | 公司的销售费用与主营业务收入之比 |
| 董事长与总经理两职兼任 | Dual | 如果董事长与总经理的职务由一人担任,赋值为1,否则为0 |
| 第一和第二大股东持股比 | Top1_2 | 第一和第二大股东的持股数量之和与公司流通股的比例 |
| 公司的产权比率 | NSOE | 如果企业的实际控制人为个人或家族,赋值为1,否则为0 |
| 融资约束 | FC | 采用 SA 指数,$(-0.737 \times Size) + (0.043 \times Size^2) - (0.040 \times Age)$ |
| 公司的年龄 | Age | 公司当年和上市年份之间的年份之差 |
| CEO 的学历 | CEO_edu | 公司的 CEO 的学历水平,博士赋值为5,硕士为4,本科为3,中专为2,其他为1 |
| CEO 性别 | CEO_gender | 公司的 CEO 如果为男性,赋值为1,否则为0 |

# 三、描述性统计

表8-2为主要变量的描述性统计,可以看出高管的"行业协会"任职(Dum_Protie)的均值为0.250,与 Liu 等(2016)的结果接近,表明公司高管在协会类社会组织担任有关职务具有普遍性,公司当年公告并完成并购交易比

# 第八章 制度壁垒能否"穿越"——企业高管的"行业协会"任职与并购决策

例（Dum_ma）的均值为 0.246，企业并购溢价（Dum_Premia）的均值为 1.458 中位数为 1.390，并购完成所需要时间（Ma_Month）均值为 17.325 个月，最小值为 2.185，中位数为 12.481，说明一半左右的公司并购实际完成需要一年多的时间，最大值为 28.187，表明不同企业完成并购的时间具有明显的差异。并购的完成数量（Ma_Number）的均值 1.365，最小值为 0，中位数为 1.109，最大值为 3.491，说明我国上市公司的并购趋势有一定的活跃度。企业的年龄（Age）的均值为 13.145，最小值为 1，最大值为 28，说明企业的上市时间差异很大。

表 8-2　　　　　　　　主要变量的描述性统计

| 变量 | 样本量 | 均值 | 标准差 | 最小值 | 中位数 | 最大值 |
| --- | --- | --- | --- | --- | --- | --- |
| Dum_tie | 1451 | 0.250 | 0.178 | 0 | 0 | 1 |
| Dum_ma | 1451 | 0.246 | 0.372 | 0 | 0 | 1 |
| Ma_Premia | 1451 | 1.458 | 1.372 | 0 | 1.390 | 4.716 |
| Ma_Month | 1451 | 17.325 | 0.912 | 2.185 | 12.481 | 28.187 |
| Ma_Number | 1451 | 1.365 | 0.762 | 0 | 1.109 | 3.491 |
| BHAR | 1451 | -0.216 | 0.391 | -0.327 | -0.295 | -0.408 |
| Trust | 1451 | 2.607 | 4.013 | 0.148 | 0.826 | 20.243 |
| Lawinc | 1451 | 8.265 | 1.974 | 3.218 | 7.435 | 12.863 |
| Fc | 1451 | 2.738 | 3.025 | -3.124 | 2.152 | 9.026 |
| Size | 1451 | 0.540 | 0.935 | 0.022 | 0.189 | 1.806 |
| Lev | 1451 | 0.509 | 0.502 | 0.016 | 0.487 | 1.238 |
| MB | 1451 | 1.058 | 1.631 | 0 | 0.678 | 2.44 |
| Roa | 1451 | 0.682 | 1.375 | 0.021 | 0.430 | 1.250 |
| Salegro | 1451 | 0.483 | 0.356 | 0.007 | 0.123 | 0.590 |
| Opcash | 1451 | 0.130 | 1.90 | 0.019 | 0.084 | 1.10 |
| Dum_bs | 1451 | 0.048 | 0.214 | 0 | 0 | 1 |
| Quic_ration | 1451 | 1.989 | 0.204 | 0.017 | 1.391 | 3.134 |
| Fixase | 1451 | 0.294 | 0.304 | 0.087 | 0.160 | 0.522 |
| Dual | 1451 | 0.178 | 0.416 | 0 | 0 | 1 |

续表

| 变量 | 样本量 | 均值 | 标准差 | 最小值 | 中位数 | 最大值 |
| --- | --- | --- | --- | --- | --- | --- |
| Top1_2 | 1451 | 0.495 | 1.584 | 0.080 | 0.4271 | 0.783 |
| Tobin | 1451 | 4.033 | 2.768 | 0.070 | 3.475 | 6.510 |
| SOE | 1451 | 0.420 | 0.098 | 0 | 0 | 1 |
| Manag_fee | 1451 | 0.703 | 1.207 | 0.017 | 0.079 | 2.200 |
| Age | 1451 | 13.145 | 2.479 | 1 | 12 | 28 |
| PC | 1451 | 0.346 | 0.130 | 0 | 0 | 1 |

表8-3为多变量检验的结果，可以看出高管的"行业协会"任职的企业并购发生的概率（Dum_ma）为0.3213，而高管未任职企业的仅为0.1488，高管"行业协会"任职企业并购完成时间（Dum_month）为10.58，而高管未任职企业并购需要24个月，且统计检验水平显著，说明相对于其他情况，高管的"行业协会"任职会使并购发生的概率更高，以及并购的溢价水平也会更低，并购所持续的时间会更少，以及并购的数量也会更多，进一步的检验需要通过多元回归分析。

表8-3 核心测试变量的多变量检验

| 变量 | "行业协会"任职 | | "行业协会"未任职 | | 差异 |
| --- | --- | --- | --- | --- | --- |
| | N | mean | N | mean | T值 |
| Dum_ma | 363 | 0.3213 | 1088 | 0.149 | 2.506*** |
| Dum_Premia | 363 | 0.838 | 1088 | 2.025 | 1.937* |
| Dum_Month | 363 | 10.580 | 1088 | 24.20 | 1.048 |
| Dum_Number | 363 | 2.850 | 1088 | 1.14 | 3.176*** |
| Trust | 363 | 1.603 | 1088 | 3.028 | 1.086 |
| Lawindex | 363 | 5.195 | 1088 | 11.063 | 1.924* |
| Fc | 363 | 3.961 | 1088 | 1.478 | 0.876 |
| Roa | 363 | 0.712 | 1088 | 0.265 | 2.515* |
| BHAR | 363 | -0.138 | 1088 | -0.259 | 1.724* |
| Tobin | 363 | 8.167 | 1088 | 2.586 | 2.631*** |
| PC | 363 | 0.146 | 1088 | 0.067 | 1.823* |

注：*、**、***分别表示在1%、5%和10%的水平上显著。

# 第八章 制度壁垒能否"穿越"——企业高管的"行业协会"任职与并购决策

## 第四节

### 实证结果

#### 一、高管的"行业协会"任职与企业并购结果

表 8-4 分别检验了高管的跨组织任职对企业并购发生的概率、并购溢价等两个方面的影响,可以看出,高管的"行业协会"任职会显著增加企业实施并购的概率,以及降低并购的溢价水平,高管的跨组织任职的回归系数分别为 0.247（Z=2.22）与 -0.149（T=-2.160）,说明企业通过高管"行业协会"任职增加了并购发生的概率和降低了并购溢价水平,此外,控制变量公司规模（Size）的回归系数显著为正,说明企业的并购需要自身有一定的规模,公司的销售增长（Salegrow）的回归系数显著为正,表明企业自身的发展潜力是实现理性企业并购的内在动机,公司治理的两个变量,董事长和总经理两职兼任（Dual）与第一和第二大股东持股比例（Top1_2）的回归系数都显著为负,间接证明并购标的企业不大"钟情"于股东强势和管理层权力集中的主并企业,这意味着在我国并购市场乱象较为普遍的大环境下,借助"行业协会"这一平台将会较好地保证并购的质量和效率,假设 H8-1 得到检验。

表 8-4　高管"行业协会"任职与企业并购

| 变量 | Dum_ma | Ma_Premia |
| --- | --- | --- |
| Dum_Ptie | 0.247** <br> (2.220) | -0.149** <br> (-2.160) |
| Size | 0.021** <br> (2.350) | 0.013** <br> (2.388) |
| Lev | 0.767** <br> (2.083) | 0.486** <br> (2.137) |
| MB | 0.069* <br> (1.815) | 0.041* <br> (1.917) |
| Roa | 0.442** <br> (2.374) | 0.295*** <br> (2.415) |

续表

| 变量 | Dum_ma | Ma_Premia |
|---|---|---|
| Salgrow | 0.097*<br>(1.854) | 0.059*<br>(1.851) |
| Opcash | 0.431<br>(0.212) | 0.257<br>(0.204) |
| Dum_loss | -0.196***<br>(-2.462) | -0.113***<br>(-2.438) |
| Quic_ration | 0.043<br>(0.857) | 0.026<br>(0.830) |
| Fixaset | 0.048**<br>(2.052) | 0.045**<br>(2.086) |
| Manag_fee | -0.182<br>(-1.283) | -0.109<br>(-1.621) |
| Dual | -0.446*<br>(-1.966) | -0.268*<br>(-1.937) |
| Top1_2 | -0.012*<br>(-1.902) | -0.074*<br>(-1.880) |
| Constant | -0.247<br>(-1.396) | -0.152<br>(-1.419) |
| 行业、年度 | 控制 | 控制 |
| Pseudo (Adj) $R^2$ | 11.99 | 12.05 |
| N | 1451 | 1451 |
| F | | 17.63 |

注：***、**、*分别表示在1%、5%和10%的水平上显著，回归中所使用的连续变量均经过±1%的Winsorize处理。

表8-5是H8-2和H8-3的实证检验，从表8-5的第2列与第3列看出，高管的"行业协会"任职的回归系数分别为0.145、-0.162，分别在5%和10%的统计水平上显著，而社会信任（Trust）的回归系数尽管符号不一样，但都不显著，说明在社会信任水平较低的环境中，企业并购发生的概率会降低，而所在地的社会信任水平（Trust）与高管在"行业协会"任职（Dum_protie）的交互项Dum_protie×Trust在两列回归系数分别为0.023、-0.049，意味着高管的"行业协会"任职可以弥补低社会信任环境下的信息不对称对

### 第八章 制度壁垒能否"穿越"——企业高管的"行业协会"任职与并购决策

企业并购发生的不利影响。第 4 列与第 5 列是考虑了政府干预因素的影响，政府干预变量（Gov_interv）的回归系数尽管显著，但符号相反，而其与高管在"行业协会"任职（Dum_protie）的交互项的回归系数分别为 0.073 和 -0.061 且分别在 1% 和 5% 的统计水平上显著，说明在政府干预程度越强的地区，高管在"行业协会"任职可以较好地规避相关的"制度壁垒"而增加了企业并购发生率，同时也降低了并购的溢价水平。

表 8-5　　高管"行业协会"任职对企业并购影响的机制

| 变量 | Dum_ma | Ma_Premia | Dum_ma | Ma_Premia |
| --- | --- | --- | --- | --- |
| Dum_protie | 0.145** (2.153) | -0.162* (-1.985) | 0.036** (2.163) | -0.140* (-1.928) |
| Trust | 0.036 (1.403) | -0.025 (-1.124) | | |
| Dum_protie × Trust | 0.023** (2.157) | -0.049* (-1.862) | | |
| Gov_interve | | | -0.049* (-1.752) | 0.025* (1.903) |
| Dum_protie × Gov_interve | | | 0.073*** (2.314) | -0.061** (-2.123) |
| Size | 0.052** (2.230) | 0.012** (2.069) | 0.019** (2.353) | 0.029** (2.267) |
| Lev | 0.991** (2.206) | 0.463*** (2.537) | 0.121*** (2.468) | 0.669* (1.975) |
| MB | 0.008 (0.061) | 0.339** (1.985) | 0.177*** (2.599) | 0.123* (1.975) |
| Roa | 0.121* (1.943) | 0.116** (2.147) | 0.594*** (2.573) | 0.224** (2.114) |
| Salgro | 0.216* (1.798) | 0.024** (2.287) | 0.086** (2.383) | 0.049* (1.963) |
| Opcash | 0.114 (0.177) | 0.085** (2.250) | 0.061 (0.667) | 0.062 (1.123) |
| Dum_los | -0.041 (-0.103) | -0.036 (-0.087) | -0.206 (-0.354) | -0.084 (-0.246) |

续表

| 变量 | Dum_ma | Ma_Premia | Dum_ma | Ma_Premia |
|---|---|---|---|---|
| Quic_ration | 0.053<br>(1.390) | 0.019<br>(0.203) | 0.109** <br>(2.149) | 0.097<br>(0.153) |
| Fixaset | 0.385***<br>(2.634) | 0.569**<br>(2.119) | 0.113**<br>(2.145) | 0.121**<br>(2.120) |
| Sale_fee | -0.361**<br>(-2.196) | -0.463<br>(-1.455) | -0.197<br>(-1.352) | -0.705<br>(-0.602) |
| Dual | -0.320*<br>(-1.758) | -0.373***<br>(-2.535) | -0.550***<br>(-2.898) | -0.064<br>(-0.221) |
| Top1_2 | -0.043<br>(-0.939) | -0.012**<br>(-2.103) | -0.028***<br>(-2.418) | -0.024***<br>(-2.394) |
| Constant | -0.240*<br>(-1.864) | -0.171**<br>(-2.105) | -0.129***<br>(-2.494) | -0.118*<br>(-1.982) |
| 行业、年度 | 控制 | 控制 | 控制 | 控制 |
| Pseudo (Adj) $R^2$ | 0.137 | 0.163 | 0.151 | 0.139 |
| N | 1451 | 1451 | 1451 | 1451 |
| F |  | 20.08 |  | 17.65 |

注：***、**、* 分别表示在1%、5%和10%的水平上显著，回归中所使用的连续变量均经过 ±1% 的 Winsorize 处理。

## 二、稳健性测试

OLS 回归模型依赖于诸多经典假设，即高管"行业协会"任职的交互项是一个严格的外生变量且具有规范的随机性特征，然而现实中一些完成并购的企业，并购的发生可能另有原因，而并非受到高管"行业协会"任职的影响，所以两者之间关系可能存在遗漏变量问题，大企业正式通过并购的手法而成为行业的龙头企业，这类企业的高管更有可能去"行业协会"担任职务，更有可能实施更多的并购，因而两者之间又可能存在自选择的问题。

首先，为了解决遗漏变量问题，本章基于2008年全球金融的准自然实验，原因是金融危机期间企业并购发生的概率，以及并购所需巨额资金和融资约束将会更加苛刻，无形中减少并购发生的概率和规模，而主并企业的高管"行

## 第八章 制度壁垒能否"穿越"——企业高管的"行业协会"任职与并购决策

业协会"任职可能会缓解此问题,本章利用双倍差分法(DID),将企业高管在"行业协会"任职作为实验组,其余的企业作为控制组,将样本属于2008年以后的变量(Dum_08)赋值为1,而将2008年以前则为零,依据经典的计量经济学理论,采用此种方法可以较好地减弱研究结论的遗漏变量问题,基于以上分析,本章构建了模型来解决此问题[①]。

$$Dum\_ma(Ma\_Premia) = \alpha_0 + \alpha_1 \times Dum\_Protie + \alpha_2 \times Dum\_08 + \alpha_3 \times Dum\_Protie \times Dum\_08 + \alpha_i \times \sum Control + \alpha_j \times \sum Year + \alpha_k \times \sum Industry + \sigma \quad (8-2)$$

其中,模型(8-2)是在模型(8-1)的基础上加入了时间虚拟变量(Dum_08),剩余控制变量未变化,如果模型回归系数 $\alpha_2$ 显著为负,而交互项的回归系数 $\alpha_3$ 则显著为正,意味着当企业控制权交易市场处于低谷的世界金融危机期间,相对于其他企业,高管"行业协会"任职会抑制金融危机对企业并购的不利影响。从表8-6的结果可以看出,Dum_08 的回归系数在两组回归分别为 -0.223 与 0.796,其与 Dum_protie 的组成的交互项 Dum_08 × Dum_protie 的回归系数分别为 0.129 与 -0.454 且统计显著,说明即使在国际金融危机期间,高管"行业协会"任职对企业并购的影响的结论依然稳健,本章的核心假设再次得到支持。

表8-6 高管"行业协会"任职、制度环境与企业并购决策

| 变量 | Dum_ma | Ma_Premia |
| --- | --- | --- |
| Dum_08 | -0.223<br>(-1.592) | 0.796<br>(0.947) |
| Dum_08 × Dum_protie | 0.129***<br>(5.752) | -0.454**<br>(-2.216) |
| Dum_protie | 0.095**<br>(2.391) | -0.0544*<br>(-1.881) |
| Size | 0.035**<br>(2.264) | 0.024**<br>(2.318) |

---

① 此外,我们基于 Liu 等(2016)的做法,也使用两阶段工具变量法,将企业高管的学历、企业员工的数量作为工具变量并与高管在"行业协会"任职进行回归,获得估计的高管"行业协会"任职的变量,进一步按照模型(8-1)的方法进行回归,结果没变化,说明高管在"行业协会"任职的企业的特征(如企业规模、行业地位)不会显著影响并购的发生及并购规模。

续表

| 变量 | Dum_ma | Ma_Premia |
|---|---|---|
| Lev | 0.195* <br> (1.980) | 0.120** <br> (2.000) |
| MB | 0.491 <br> (1.008) | 0.303 <br> (1.028) |
| Roa | 0.053** <br> (2.034) | 0.055** <br> (2.057) |
| Salgrow | 0.468* <br> (1.798) | 0.279** <br> (2.262) |
| Opcash | 0.010 <br> (1.265) | 0.002 <br> (1.266) |
| Dum_loss | −0.149 <br> (−1.576) | −0.936* <br> (−1.853) |
| Quic_ration | 0.030** <br> (2.205) | 0.017** <br> (2.188) |
| Fixaset | 0.158** <br> (2.257) | 0.095** <br> (2.264) |
| Sale_fee | −0.256 <br> (−1.499) | −0.154 <br> (−1.497) |
| Dual | −0.578* <br> (−1.904) | −0.339*** <br> (−2.493) |
| Top1_2 | −0.036* <br> (−1.819) | −0.022* <br> (−1.936) |
| Constant | −0.449 <br> (−1.284) | −0.269 <br> (−1.288) |
| 行业、年度 | 控制 | 控制 |
| Pseudo (Adj) $R^2$ | 0.163 | 0.164 |
| N | 1451 | 1451 |
| F | | 18.63 |

注：***、**、*分别表示在1%、5%和10%的水平上显著，回归中所使用的连续变量均经过±1%的Winsorize处理。

其次，为了解决自变量和因变量可能存在的自选择问题，本章借鉴Rosen-

## 第八章 制度壁垒能否"穿越"——企业高管的"行业协会"任职与并购决策

baum 于 Rubin（1983）的做法，采用 PSM 方法，将高管"行业协会"任职的样本作为处理组，并寻找那些高管未任职企业作为匹配样本，作为对照组，具体而言，第一，以高管是否是在"行业协会"任职为因变量，采用 Logit 回归估计公司高管"行业协会"任职概率得分；第二，根据概率得分值最为接近，并使用一配四的原则匹配处理组与对照组样本；第三，采用匹配完成后的样本再次回归，表8-7 就是采用倾向得分匹配法处理后的回归结果，表明高管"行业协会"任职（Dum_protie）的回归系数与主假设一致，从而表明高管"行业协会"任职对于并购的影响是稳健和可靠的。

表8-7 高管"行业协会"任职与企业并购决策的PSM检验

| 变量 | Dum_ma | Ma_Premia |
| --- | --- | --- |
| Dum_protie | 0.247** <br> (2.220) | -0.149** <br> (-2.180) |
| Size | 0.021** <br> (2.350) | 0.013** <br> (2.388) |
| Lev | 0.767** <br> (2.083) | 0.486** <br> (2.137) |
| MB | 0.069 <br> (0.415) | 0.041 <br> (0.417) |
| Roa | 0.442** <br> (2.374) | 0.295*** <br> (2.415) |
| Salgro | 0.098* <br> (1.854) | 0.059* <br> (1.873) |
| Opcas | 0.048 <br> (1.052) | 0.045 <br> (1.086) |
| Dum_os | -0.196 <br> (-0.462) | -0.113 <br> (-0.438) |
| Quic_ation | 0.043* <br> (1.897) | 0.026** <br> (2.134) |
| Fixas | 0.048** <br> (2.052) | 0.045** <br> (2.086) |
| Sale_ | -0.182** <br> (-2.147) | -0.109* <br> (-1.746) |
| Dual | -0.446* <br> (-1.966) | -0.268* <br> (-1.937) |

续表

| 变量 | Dum_ma | Ma_Premia |
|---|---|---|
| Top1_2 | -0.012* <br> (-1.902) | -0.074* <br> (-1.880) |
| Constant | -0.247 <br> (-1.396) | -0.152 <br> (-1.419) |
| 行业、年度 | 控制 | 控制 |
| Pseudo (Adj) $R^2$ | 0.120 | 0.121 |
| N | 784 | 784 |
| F |  | 23.76 |

注：***、**、*分别表示在1%、5%和10%的水平上显著，回归中所使用的连续变量均经过±1%的Winsorize处理。

最后，控制了并购企业高管的教育和年龄等个体特征后，再次回归发现结果没有变化，此外，由于我国资本市场在2005~2006年曾经进行过股权分置改革，企业的控制权市场曾经发生过较大的变化，在此期间实施的企业并购可能是由于政府"有形之手"干预而非市场化选择的结果，因而将这些期间的并购样本进行了剔除后，再次进行回归，核心假设没有变化，具体结果如表8-8所示。我们使用安慰剂检验（Placebo_Test），将高管未在"行业协会"任职变量假设为"真实"的高管在"行业协会"任职变量，并对模型（8-1）重新回归，结果发现高管未在"行业协会"任职的回归系数不显著，假设依然得到支持。

表8-8 控制高管特征和市场特征的影响

| 变量 | 控制了CEO的教育和年龄 | | 删掉股权分置改革样本 | |
|---|---|---|---|---|
|  | Dum_ma | Ma_Premia | Dum_ma | Ma_Premia |
| Dum_protie | 0.213*** <br> (2.550) | -0.127*** <br> (-2.552) | 0.215* <br> (1.735) | -0.133* <br> (-1.782) |
| Size | 0.090*** <br> (2.587) | 0.054*** <br> (2.581) | 0.021** <br> (2.327) | 0.013** <br> (2.360) |
| Lev | 0.775** <br> (2.146) | 0.445*** <br> (2.619) | 0.613* <br> (1.852) | 0.383* <br> (1.879) |
| MB | 0.272 <br> (1.127) | 0.165 <br> (1.126) | 0.104 <br> (0.606) | 0.064 <br> (0.612) |

# 第八章 制度壁垒能否"穿越"——企业高管的"行业协会"任职与并购决策

续表

| 变量 | 控制了CEO的教育和年龄 | | 删掉股权分置改革样本 | |
|---|---|---|---|---|
| | Dum_ma | Ma_Premia | Dum_ma | Ma_Premia |
| Roa | 0.290** | 0.196** | 0.961* | 0.605* |
| | (2.185) | (2.207) | (1.880) | (1.896) |
| Salgro | 0.075 | 0.069** | 0.097 | 0.059* |
| | (0.054) | (2.082) | (0.829) | (1.830) |
| Opcas | 0.280 | 0.155 | 0.681 | 0.414 |
| | (0.283) | (0.268) | (0.449) | (0.446) |
| Dum_b | −0.091 | −0.063 | −0.187 | −0.106 |
| | (−0.152) | (−0.175) | (−0.436) | (−0.407) |
| Quic_on | 0.073* | 0.046 | 0.050* | 0.030 |
| | (1.8187) | (0.777) | (1.962) | (0.936) |
| Fixase | 0.343** | 0.235** | 0.832*** | 0.510*** |
| | (2.206) | (2.231) | (2.517) | (2.520) |
| Sale_f | −0.265 | −0.171 | −0.157 | −0.922 |
| | (−0.724) | (−0.756) | (−1.050) | (−1.035) |
| Dual | −0.441 | −0.250 | −0.433* | −0.264* |
| | (−0.668) | (−0.632) | (−1.885) | (−1.879) |
| Top1 | −0.077 | −0.048** | −0.012* | −0.074* |
| | (−1.062) | (−2.187) | (−1.865) | (−1.855) |
| CEO_ | 0.131* | 0.070 | | |
| | (1.763) | (1.582) | | |
| CEO_der | 0.162* | 0.988* | | |
| | (1.931) | (1.835) | | |
| Const | −0.153 | −0.918 | −0.1028 | −0.645 |
| | (−0.655) | (−0.650) | (−0.636) | (−0.652) |
| 行业_年度 | 控制 | 控制 | 控制 | 控制 |
| Pseud (Adj) $R^2$ | 0.161 | 0.163 | 0.103 | 0.089 |
| N | 1322 | 1322 | 715 | 715 |
| F | | 16.04 | | 18.35 |

注：***、**、*分别表示在1%、5%和10%的水平上显著，回归中所使用的连续变量均经过±1%的Winsorize处理。

## 三、进一步的研究

### (一) 企业产权因素的影响

企业的并购交易借助"行业协会"的力量以跨越制度壁垒,进而提高并购成功的概率和降低并购溢价水平。数量众多的民营企业与占据国民经济主导地位的国有企业并存是我国企业产权结构的典型特征。一方面,不同于民营企业,国有企业的大股东或者控股股东大多为政府机构,并购重组的最终决策者为政府机构,导致国企的高管在企业并购决策中的话语权较微弱,而且在国企实施并购时,先要考虑国有资产的保值与增值任务,不可否认,部分重要国企借助并购有可能会壮大其经营实力,但如果决策不慎使并购失败而导致国有资产流失,将使国企高管面临着巨大的政治和经济风险。另一方面,风险规避意识突出的国企高管实施并购的动机不是很强,由于国企进行并购面临较多的政策壁垒,并购必须获得主并双方企业所在地政府的一致同意,因此国企高管在"行业协会"任职对并购的影响非常微弱。

相反,民营企业在高管的"行业协会"任职并购企业的影响较为明显。首先,我国企业并购中受到政府的"干扰和阻挠"将是无法避免的,而民企高管在"行业协会"任职有助于主并方更容易和标的企业的政府进行沟通、斡旋,如站在专业和中立的视角向当地政府表明,如果并购成功可以明带来显著的就业、地方税收和GDP增加等"利好";其次,在并购标的识别方面,民企高管在"行业协会"任职有助于内部的信息分享、交流功能等发挥,或者获取正常途径无法获取的"软信息",并掌握标的企业的真实信息和减少标的选择失败的概率;最后,并购企业通过"行业协会"的"牵线搭桥",必然要遵守"行业协会"所具有的社会资本的约束和惩罚功能的规定,间接地为标的企业寻找放心和可靠的"买家"提供了信号显示效应,为此,我们设计了模型对以上分析进行检验。

$$\text{Dum\_ma}(\text{Ma\_Premia}) = \beta_0 + \beta_1 \times \text{Dum\_Protie} + \beta_2 \times \text{NSOE} + \beta_3 \times \text{Dum\_Protie} \times \text{NSOE} + \beta_i \times \sum \text{Control} + \beta_j \times \sum \text{Year} + \beta_k \times \sum \text{Industry} + v \quad (8-3)$$

表8-9是模型(8-3)的检验结果,从中可以看出企业产权性质变量(NSOE)的回归系数为负但不显著,其与高管的"行业协会"任职变量所组

# 第八章 制度壁垒能否"穿越"——企业高管的"行业协会"任职与并购决策

成的交互项(NSCE × Dum_protie)的回归系数,在两组回归中分别为 0.037 (Z = 2.109) 和 -0.042 (T = -1.943),说明相对于国有企业,民营企业高管的"行业协会"任职既可以增加企业并购的概率,又可以降低企业并购溢价水平,原因可能是国有企业的并购决策缺乏市场化特征,导致"行业协会"很难在并购中有所作为,而追求利润最大化的民营企业可以较好地弥补此缺陷,并借助"行业协会"这一平台而解决并购中的制度壁垒问题。

表 8-9 高管的"行业协会"任职、公司产权性质与企业并购

| 变量 | Dum_ma | Ma_Premia |
| --- | --- | --- |
| Dum_protie | 0.041 * <br> (1.821) | -0.219 ** <br> (-2.175) |
| NSOE | -0.016 <br> (-1.253) | 0.049 <br> (1.491) |
| Dum_protie × NSOE | 0.037 ** <br> (2.109) | -0.042 * <br> (-1.943) |
| Size | 0.030 *** <br> (2.324) | 0.048 ** <br> (2.275) |
| Lev | 0.201 * <br> (1.874) | 0.108 * <br> (1.946) |
| MB | 0.294 *** <br> (2.569) | 0.201 * <br> (1.961) |
| Roa | 0.971 *** <br> (2.583) | 0.325 ** <br> (2.100) |
| Salgro | 0.139 ** <br> (2.376) | 0.077 * <br> (1.825) |
| Opcas | 0.099 <br> (0.613) | 0.098 <br> (1.079) |
| Dum_os | -0.363 <br> (-0.384) | -0.099 <br> (-0.179) |
| Quic_ion | 0.184 ** <br> (2.133) | 0.014 <br> (0.137) |
| Fixase | 0.692 ** <br> (2.344) | 0.201 ** <br> (2.124) |

续表

| 变量 | Dum_ma | Ma_Premia |
|---|---|---|
| Sale_fee | -0.329<br>(-1.370) | -0.114<br>(-0.590) |
| Dual | -0.906***<br>(-2.867) | -0.775<br>(-0.159) |
| Top1_2 | -0.053***<br>(-2.471) | -0.033*<br>(-1.827) |
| Constant | -0.221***<br>(-2.517) | -0.199**<br>(-2.008) |
| 行业、年度 | 控制 | 控制 |
| Pseudo (Adj) $R^2$ | 0.153 | 0.137 |
| N | 1451 | 1451 |
| F |  | 12.03 |

注：***、**、*分别表示在1%、5%和10%的水平上显著，回归中所使用的连续变量均经过±1%的Winsorize处理。

**（二）融资约束因素的影响**

企业的并购往往会受到融资约束、内外部融资成本的差异（Fazzari，1998）等方面的影响（Almeida，2010）。签订并购的协议只是并购的"万里长征"的第一步，而主并企业的并购支付能力和方式则是并购完成的关键环节。在并购的实务中，如果并购企业自有资金不足并且股价过高（或过低），导致被并购公司无法接受股票支付时，进而可能导致其放弃并购机会（谢纪刚和赵立斌，2014）。如果公司高管"行业协会"任职而获得的"红顶商人"身份，会显著增加企业的商业信用（Liu，2016），进而缓解并购企业资金支付压力；而且高管的"行业协会"任职可以传递出企业高品质的信号，改变企业的成本结构与市场的信息结构，以便信贷机构甄别企业的优劣（杨育敏等，2009），从而有利于其更方便与银行等信贷机构沟通，降低其对企业违约的担心和顾虑，缓解并购企业支付压力；此外，"行业协会"自身所具有的社会资本也会为并购的权益融资带来帮助（黄福广等，2013；戴亦一等，2014），获得"政治企业家"与"社会活动家"所"承载"社会资本（Waarden，1992；吴军民，2005），其不但有利于在企业债务融资时，使并购企业获得更多的担保资源和高级别金融机构的支持；而

# 第八章 制度壁垒能否"穿越"——企业高管的"行业协会"任职与并购决策

且在进行权益融资时,更容易与中介机构、监管机构进行沟通,打消和解除部分标的企业的顾虑和担心,同时增加并购的权益融资的成功率,从而保证并购融资的效率。为此,我们进一步设计了模型进行检验。

$$Dum\_ma(Ma\_Premia) = \lambda_0 + \lambda_1 \times Dum\_Protie + \lambda_2 \times Fc + \lambda_3 \times Dum\_Protie \times Fc + \lambda_i \times \sum Control + \lambda_j \times \sum Year + \lambda_k \times \sum Industry + \varepsilon \quad (8-4)$$

表8-10是模型(8-4)的实证检验结果,可以看出融资约束(FC)的回归系数在两列中都为负但不显著,其与高管"行业协会"任职(Dum_protie)组成的交互项 Dum_protie×FC 的回归系数分别为 0.433(Z=3.029)和 -0.507(T=-2.158),说明虽然并购决策中的融资约束是很多企业的"拦路虎",但对于高管的"行业协会"任职可以帮助并购企业解决面临的融资约束,以克服制度壁垒对企业并购的负面影响,从而增加高融资约束企业并购的成功概率,以及降低并购的溢价水平。

表8-10 高管的"行业协会"任职、企业融资约束与企业并购

| 变量 | Dum_ma | Ma_Premia |
| --- | --- | --- |
| Dum_protie | 0.237*<br>(1.905) | 0.267**<br>(2.331) |
| FC | -0.047<br>(-1.206) | 0.052<br>(1.340) |
| FC×Dum_protie | 0.433***<br>(3.029) | -0.507**<br>(-2.158) |
| Size | 0.102**<br>(2.272) | 0.018*<br>(1.971) |
| Lev | 0.152**<br>(2.113) | 0.621***<br>(2.448) |
| MB | 0.009<br>(1.032) | 0.604**<br>(2.085) |
| Roa | 0.194*<br>(1.833) | 0.281<br>(2.219) |
| Salgro | 0.349***<br>(2.469) | 0.041**<br>(2.311) |
| Opcas | 0.122<br>(1.109) | 0.015*<br>(2.194) |

续表

| 变量 | Dum_ma | Ma_Premia |
| --- | --- | --- |
| Dum_loss | -0.044<br>(-0.067) | -0.072<br>(-0.104) |
| Quic_ration | 0.084<br>(1.368) | 0.049<br>(0.300) |
| Fixaset | 0.557*<br>(1.694) | 0.148**<br>(2.184) |
| Sale_fee | -0.583**<br>(-2.158) | -0.769<br>(-1.473) |
| Dual | -0.536*<br>(-1.795) | -0.639***<br>(-2.563) |
| Top1_2 | -0.074*<br>(-1.801) | -0.020*<br>(-1.757) |
| Constant | -0.396*<br>(-1.901) | -0.444<br>(-1.231) |
| 行业、年度 | 控制 | 控制 |
| Pseudo (Adj) $R^2$ | 0.136 | 0.164 |
| N | 1451 | 1451 |
| F | | 14.69 |

注：***、**、*分别表示在1%、5%和10%的水平上显著，回归中所使用的连续变量均经过±1%的Winsorize处理。

## 四、经济后果

公司的并购是一个较为漫长的过程，并购完成并非意味着合并后整体企业业绩的改善，并购后的整合失败占并购失败的比例高达70%，因此评价高管的"行业协会"任职不仅要分析其对并购完成的影响，而且关注并购完成后的经济后果。Jenson 和 Ruback（1983）、张新（2003）等认为，从短期来看，主并企业的股东只获取了少量的正收益，而从长期来看，股东收益甚至为负，原因是企业并购活动在某种程度上服务于经理人追求个人利益的攫取，而非并购企业价值最大化的目标（Jesen and Ruback，1983），如果并购能带来巨大的个人利益，如增加薪酬和权力、提高声誉和地位等，经理人甚至会在股东利益

# 第八章 制度壁垒能否"穿越"——企业高管的"行业协会"任职与并购决策

受损情况下也实施并购（shleifer and Vishny，2003）。

我们认为主并方企业借助"行业协会"而跨越了企业并购中的制度壁垒，如果能够成功实现并购，必定也会加快企业并购的实施进度，从而减少并购宣告与完成之间的时间，同时对企业业绩和公司价值的正面改善也会有直接影响，同时企业可以在同等时间内考察和调研更多有价值的并购项目，从而增加并购项目的数量。表8-11检验了高管的"行业协会"任职对并购企业的业绩、企业价值，以及并购完成的时间和并购数量的影响。其中，因变量分别是并购后企业的价值（Tobin）、前后两年之内并购企业资产利润率的变化（$\Delta Roa$）、并购宣告完后24个月的BHAR、并购完成所用的具体月份（MA_month）、完成的并购项目的数量（MA_Number）等作为并购经济后果的度量指标。从表8-11可以看出，高管"行业协会"任职回归系数分别为0.024、0.025、0.196、-0.841、0.039，表明高管的"行业协会"任职不但显著增加了主并企业的价值与业绩，而且有助于加快并购的完成进度和完成更多的并购项目，进而给企业并购带来了显著的财富效应。

表8-11 高管的"行业协会"任职对并购的经济后果与效率的影响

| 变量 | Tobin | ΔRoa | BHAR | MA_Month | Ma_Number |
|---|---|---|---|---|---|
| Dum_artie | 0.024*** (2.663) | 0.025** (2.123) | 0.196* (1.851) | -0.841** (-2.269) | 0.039** (2.124) |
| Size | 0.059 (1.123) | 0.058 (0.011) | -0.083 (-0.377) | -0.105*** (-3.249) | 0.047 (0.996) |
| Lev | -0.591* (-1.938) | -0.029 (-1.358) | -0.137 (-1.142) | 0.286*** (2.307) | -0.181 (-0.667) |
| MB | 0.553*** (10.372) | 0.051 (1.597) | 0.064 (0.208) | -0.336 (-1.546) | -0.048 (-1.004) |
| Roa | 0.028*** (5.191) | 0.109*** (7.549) | 0.198 (0.523) | -0.021 (-0.009) | 0.284 (1.597) |
| Salgrow | 0.170*** (5.976) | 0.022 (1.641) | 0.156** (2.083) | -0.416** (-2.356) | 0.014** (2.073) |
| Opcash | 0.022*** (3.005) | 0.029 (1.467) | 0.075 (1.360) | 0.329 (0.260) | 0.072** (2.112) |
| Dum_loss | -0.028 (-1.623) | -0.016 (-1.522) | -0.028 (-0.413) | 0.131*** (2.625) | -0.047 (-0.304) |

续表

| 变量 | Tobin | ΔRoa | BHAR | MA_Month | Ma_Number |
|---|---|---|---|---|---|
| Quic_ration | 0.136*** | 0.049 | 0.243 | -0.019 | 0.025** |
|  | (5.712) | (0.283) | (0.243) | (-0.410) | (2.120) |
| Fixaset | 0.373* | 0.019 | 0.450 | -0.1.90 | 0.330* |
|  | (1.803) | (1.185) | (0.322) | (-0.841) | (1.909) |
| Sale_fee | -0.129** | -0.064 | -0.123 | 0.185 | 0.303 |
|  | (-2.125) | (-1.265) | (-0.687) | (1.630) | (0.559) |
| Dual | -0.589*** | -0.013* | -0.145 | 0.414* | -0.113 |
|  | (-5.710) | (-1.708) | (-0.409) | (1.688) | (-1.226) |
| Top1_2 | -0.068** | -0.066*** | -0.111 | 0.105 | 0.608** |
|  | (-2.406) | (-3.126) | (-1.151) | (0.152) | (2.024) |
| Constant | -0.201*** | -0.096* | 0.611 | -0.561*** | 0.235 |
|  | (-2.822) | (-1.989) | (1.351) | (-3.302) | (1.370) |
| 年度、行业 | 控制 | 控制 | 控制 | 控制 | 控制 |
| N | 1451 | 1440 | 1451 | 1451 | 1451 |
| Adj-R² | 0.151 | 0.174 | 0.339 | 0.252 | 0.270 |
| F | 22.21 | 27.31 | 13.363 | 12.087 | 12.294 |

注：***、**、*分别表示在1%、5%和10%的水平上显著，回归中所使用的连续变量均经过±1%的Winsorize处理。

## 第五节 研究结论

每一个社会现象背后都有关联事物的运行法则。由于地方保护主义的长期存在，我国企业的并购重组往往需要直接面对地方政府所设置的具有地方特色的"制度壁垒"。近年来，监管机构和政府职能部门多次要求在并购重组中要充分发挥"行业协会"在政府沟通、信息交流和其具有的较高社会资本等方面的价值。本章利用了手工搜集的2004~2016年我国上市公司高管在"行业协会"类组织担任职务的数据，并基于企业的并购决策问题，研究公司高管的"行业协会"任职是否会影响企业并购决策，研究发现，高管的"行业协会"任职显著提高企业实施并购的概率和降低了并购溢价，且该影响在低社会信任地区和政府对企业干预较强的企业会较为明显，从而有助于跨越并购中

### 第八章 制度壁垒能否"穿越"——企业高管的"行业协会"任职与并购决策

的"制度壁垒"的玻璃墙,进一步检验表明,高管的"行业协会"任职对企业并购决策的影响会在民营企业与融资约束严重的企业更突出,而经济后果揭示出,高管的"行业协会"任职不仅能增加企业并购的发生和规模,也使并购完成时间较短,增加了并购项目的数量、并购的企业价值和业绩,进而增强了并购企业的财富效应。

根据我们对文献的分析,本章是公司财务领域首次分析高管的"行业协会"任职对并购决策影响的研究,本章不但发现了影响企业并购决策的新的证据,进而深化了高管社会网络更为具体的类型——"行业协会"对企业并购决策的影响,而且获得了社会组织对公司财务决策行为影响的证据,除此之外,本章的研究也具有丰富的政策含义和应用价值。

首先,针对我国并购重组"失败"的高概率现象,以及并购乱象的野蛮生长等事件的频频出现,本章的研究为解决和消除这些市场"毒瘤"提供了有益的思路和借鉴,高管的"行业协会"任职有助于并购双方企业能彼此"精准识别"以提高并购的成功率等,无疑具有较强的借鉴意义,从而也表明高管在"行业协会"任职具有降低信息不对称的重要机制与功能。

其次,为了提高统一市场的规模经济效应,改善上市公司的资源配置质量,需要我们进一步开放国内的市场环境,打破区域的市场分割,减少政府对企业的深度干预,通过相关法律体系的完善来束缚地方政府干预企业之"手",确保企业能够在市场规则引导下实施更加公平而高效的并购行为。

最后,我们有必要进一步认识和厘清政府、企业和市场的关系,也为社会组织管理部门认识和评价协会的功能和作用提供证据和文献,以及为当下进行的"行业协会"的"脱钩改制"提供启示和帮助,实现政府、市场和社会机制的有机结合,特别是我国实施"一带一路"倡议背景下,更加需要强调"行业协会"的集体行动能力,逐步增强其组织的制度化水平,提升"行业协会"的自主性和代表性,发挥"行业协会"在公司并购等重大决策中优化资源配置的作用。

# 第九章

# 管理者的过度自信影响公司的业绩吗
## ——基于会计稳健性视角的经验证据

## 第一节
### 引 言

公司管理者的过度自信是公司高级管理者中一个普遍存在的心理特质,而公司管理者的过度自信加速或直接导致了企业投融资失败也成为制约中国企业生存和发展的重要因素之一。然而,只要公司的风险控制得当,中等程度的管理者过度自信有助于协调公司的投融资决策与股东的利益,从而增加公司的价值(Heaton,2002)。会计稳健性作为重要的公司治理机制和内部风险控制措施,具有及时反映公司损失的特征,有助于降低公司的信息不对称程度和代理成本,减少公司过度投资和投资不足现象的产生(刘斌和吴娅玲,2011),从而有助于降低管理者的过度自信给公司带来损失。

但是,会计稳健性作为一个有力的约束机制,能够制约过度自信管理者的行为,而这又会对公司价值的主动型增长产生不利影响,进一步会抑制公司积极进取的发展战略,使公司和管理者的经营行为更加保守,从而使公司丧失有价值的投资机会,导致未来业绩的下滑。然而在互联网和新经济时代,只有具有高度自信执着且具有开拓精神和冒险精神的管理者才会有更大的可能性实现公司业绩和价值的提升,才有可能为股东创造更多的价值和回报,实现公司价值的"主动增长"。正如一枚硬币正反面的存在,高度自信的管理者可能会采取冒险和积极进取的经营战略,又可能会给公司的运营过程带来不确定性和风险。因此,我们感兴趣的是:管理者的过度自信有利于公司的业绩提升还是有损于公司的业绩,以及会计稳健性一定是保障公司业绩和股东价值的"防火墙"吗?在此背景下,我们认为研究公司的会计稳健性在管理者过度自信与

### 第九章 管理者的过度自信影响公司的业绩吗——基于会计稳健性视角的经验证据

公司业绩之间的作用中充当何种"角色",并且在盈利公司和亏损公司之间,这种"角色"是否有差异,就有极其重要的理论价值和现实意义。本章的贡献在于:(1)不同于以往研究,本章客观地从适度管理者过度自信可以提高公司业绩,以及过度的会计稳健性有可能阻碍公司未来发展等视角来重新认识两者的功能和作用,丰富了管理者过度自信和会计稳健性研究的相关文献;(2)在现有研究基础上,进一步研究了会计稳健性如何在管理者过度自信对公司业绩影响的过程中发挥调节作用,以及在不同经营状况公司间是否有差异?(3)利用了国内较少使用的净资产账面市值稳健法和累计应计稳健法两个会计稳健性度量指标,扩展了会计稳健性度量指标的研究文献,加深了对两个方法使用条件和效果的进一步认识。

## 第二节

### 文献回顾

有关高管过度自信的文献和会计稳健性的相关文献不可谓不多,大约包括四种类型:第一类主要涉及管理者过度自信的定义和内涵的研究。Heaton (2002) 发现过度自信的管理者主观上认为自己企业的成功概率大于其他企业;也会非常乐观地低估设备投资成本、损失或者过高估计销售收入;或认为资本市场出现牛市的概率会大一些,对市场估计十分乐观。第二类研究主要涉及管理者的过度自信的经济后果,主要观点是具有过度自信心理的企业管理者更有可能从事过度投资,以及进行具有一定挑战性的并购(Malmendier and Tat, 2003, 2005; Doukas and Petmezas, 2006; Heaton, 2002; Brown and Sarma, 2006; 郝颖等, 2005)。第三类研究的主要观点认为会计稳健性可以有效地制约公司的过度投资现象(Chen et al., 2006; Ball and Shivakuma, 2005; Liang and Wen, 2007)。第四类文献则侧重于研究高管的过度自信与会计稳健性之间的关系,Anwer 和 Scott (2013) 发现公司管理者的过度自信与会计稳健性负相关,随着公司 CEO 的变化,管理者的过度自信与会计稳健性依然保持负相关,而且其并未发现外部监督对两者关系的影响;国内学者胡国柳和周遂 (2013) 认为国有企业中管理者的过度自信心理对过度投资的影响更为显著;会计稳健性能够对管理者非理性行为产生抑制作用,但其效果表现为国有企业显著高于民营企业。

然而，尽管已经有大量研究直接或间接涉及了管理者过度自信与会计稳健性问题，通过对此类文献的梳理和总结，我们发现此类研究的研究对象和范围综合性都不强，且集中在高管过度自信与过度投资、并购，或集中在会计稳健性与过度投资等方面。更为重要的是现有研究在分析高管过度自信与会计稳健性之间的关系时，既没有考虑两者对公司业绩的影响，也没有分析在不同的公司经营亏损或盈利的条件下两者的关系以及对业绩的反作用，这些都为本章的深入研究提供较大的空间。基于现有研究的回顾和本章的研究条件，本章研究了管理者的过度自信及其程度对会计稳健性的影响，在此基础上进一步重点探讨了管理者过度自信对公司业绩的影响，同时分析会计稳健性在两者关系中的调节效应，并且研究了在盈利或亏损企业，此调节效应是否有显著的差异。

## 第三节 理论分析与假设的提出

从我国的传统文化及我国企业在改革开放40年来的实践看，中国企业管理者的过度自信程度可能更大，对绝对权威强调有余，而对民主决策重视不足（姜付秀，2009）。以儒家文化为核心的传统文化的主旨精神强调严格的等级观念，崇尚君臣有别、上下级不同的人际格局，其导致了下级对上级和领导者的绝对服从，从而为管理者的过度自信提供了文化基础。近年来，众多央企、地方国企经营业绩取得骄人的成果，更进一步加重了国企高管的过度自信心理。而民营企业的高管也利用灵活的机制及较低的交易成本，通过充分挖掘其人力资源的价值，带领企业一路高歌猛进并取得长足的进步，因而民营企业的公司高管主观上也无形地高估自己的能力和水平，从而使他们的自信心得到非理性的"膨胀"。Kang等（2004）通过研究发现企业的保守文化与会计稳健性之间显著正相关，并提出国家文化与立法体系相互作用会共同影响会计稳健性。另外，管理者个人特征也会对会计稳健性产生影响，并且就会计稳健性的影响对不同性别、年龄、学历、工作经历等背景特征的管理者而言却可能存在较大的差异（张兆国等，2011）。不同的人在做决策时的信念和偏好会出现系统性的偏差，表现出过度自信、典型性、锚定、损失规避等心理特征（江伟，2010），更多心理学和经济学的研究也表明，在经济活动中人们普遍存在着过度自信的倾向，总是趋向于过高估计自身的知识和能力水平及其对成功的贡献

### 第九章 管理者的过度自信影响公司的业绩吗——基于会计稳健性视角的经验证据

度,还高估计其所掌握信息的精确性。

过度自信的公司高管会表现出两个典型的特征:第一,他们对于公司的盈余、收入及未来的现金流的估计比较乐观,对于公司的价值估计高于真实水平(Malmendier and Tate,2005b);第二,容易低估公司的债务风险,并且对公司潜在的财务预警信号不能有效识别(Malmendier and Tate,2010)。因此会导致对公司的风险和潜在的损失估计不足,有很大的可能性较早确认收入和现金流,并推迟确认损失,由于对公司现有资产增值的判断充满信心,而缺乏对其承担的债务风险和还款压力的精确估算。同时,管理者由于在有限任期内有明确的业绩考核及其合约的约束,因而基于考核机制和职业声誉的存在,公司的高管有较强动机提前确认收入而推迟或者隐藏损失和风险,基于以上分析,提出如下假设。

假设 H9-1:管理者的过度自信与公司的会计稳健性负相关。

在较短时间内,管理者为了完成业绩考核等主要目标以及管理者企业帝国建造、租金攫取等次要目标,有很大的可能性会使以牺牲股东利益而满足私利的过度投资现象的盛行(李培功和肖珉,2010)。Huang(2011)和 Heaten(2002)发现过度自信的管理者会导致公司的过度投资。因此无论是投资不足还是过度投资,两者都会影响公司的净现金流和公司业绩,进而导致公司价值的下降。而且过度自信的公司高管会进行更多的盈余管理(何威风、刘启亮、刘永丽,2011),所以管理者的过度自信会使公司的价值受到负面影响。

会计稳健性可以有效抑制管理层实施净现值为负的项目动机,同时可以降低经理层声誉受损、报酬降低、被董事会解雇或公司被接管的可能性,并增加了经理层实施机会主义行为的成本,减弱股权投资者与经理层的委托代理冲突(Ahmed and Duellman,2007)。由于会计稳健性的存在使投资者及时获知经理层经营决策中发生亏损的信息,从而能及时地降低经理层由于过度投资所带来的代理成本(刘斌和吴亚玲,2011)。Lafond(2008)发现管理层和股东之间的信息不对称产生了投资者对财务报表稳健性的需求,而会计稳健性能够抑制管理层进行盈余操控的动机,降低信息不对称所造成的损失,进而显著减少公司的融资成本。因而会计稳健性作为一种治理机制,能够降低各类成本和消除公司的信息不对称程度,从而有利于抑制过度自信的管理者的非理性行为对公司业绩和价值的负面影响。Gervais 等(2003)发现过度自信管理者的行为会降低公司的价值,而中等自信程度的公司管理者则会协调股东之间的决策,并且降低薪酬期权的需求而增加公司的价值。由于适度自信的高管更能够在公司创新和研发方面发挥更大的作用；而理性的管理者一般也会从股东的立场出发，进行一些风险可控且回报稳定可靠的新项目，而且过度自信的公司高管能够通过接受好的项目从而获得更高的创新能力（David et al., 2012；Goel and Thakor, 2008；Gervais et al., 2011）。

Salter 和 Niswander（1995）研究发现稳健性与不确定性规避之间存在显著正相关关系。尽管会计稳健性能够有效制止过度自信高管的无效率投资行为对公司价值的侵蚀，但是过于强调会计稳健性，也有可能会束缚公司高管的创造力，进而会使风险与回报匹配的经营理念转化为规避风险至上的企业文化。现代公司的企业间竞争已经趋于白热化，如果一个优秀公司缺乏创新和创造的意识和动力，最终也会被市场淘汰，一个公司会计稳健性越强，也越有可能会束缚和打压高管的锐气和斗志，降低高管投资具有一定风险但具有良好增长潜力项目的动机，甚至会使高管沾染上抱残守缺、不思进取而"撞钟"的习性，最终会对公司未来的发展造成致命性的影响，导致公司业绩的下滑和公司价值的损失，基于以上分析，提出如下对立假设。

假设 H9 - 2a：会计稳健性程度越高，管理者的过度自信与公司业绩的负相关性更强。

假设 H9 - 2b：会计稳健性程度越高，管理者的过度自信与公司业绩的正相关性更强。

对于盈利公司而言，如果一个公司高管具有过度自信的特征，那么这种过度自信程度会由于公司盈利或者已经取得的较好业绩而得到强化，管理者也会对自己的决策和思维模式更加"盲目信赖"，容易形成思维僵化和对已有业绩的"陶醉"，并且会将一时偶然的成功推广为必然的规律，进而表现出更盲目的自信。进一步强调会计政策的稳健性会强化公司高管的风险规避意识，从而会使他有可能放弃或者不再寻找具有增长潜力的投资项目，公司的经营战略也会更加保守，会导致公司高管思维模式的"路径依赖"现象出现，缺乏进一步的创新和变革的勇气和魄力。与此同时，由于盲目过度自信意识的强化，也会使管理者更有可能低估风险和经营环境的不利影响，使未来公司经营发生失败的概率会提高，从而会使公司的业绩在未来发生负面的反转甚至毁灭性的"出局"。

对于亏损公司，公司的股东和董事会希望雇佣具有很强自信心的高管来扭转局面，并寄予较高的期望，因而大多给予公司管理层"放手一搏"的空间，所以高管才会更加有勇气从事高风险的项目。而亏损公司高管的过度自信一般会呈现出一种中等程度的过度自信，而非盲目的过度自信（Gervais et al. 2003）。在此条件下高管也会降低薪酬和薪酬期权的要求，并尽可能发挥自己的创造力和发扬不惧风险的挑战精神。基于公司已有的亏损现状，会计稳健性使高管在选择项目和投资时，在不回避风险的前提下而对其进行有效控制，从而会在一定程度上大大降低项目失败的概率。而精明的高管也会在项目的风险和回报之间进行最优的权衡，将风险的负面效应控制在最小状态，从而会使公司的业绩和价值有可能得到增加和改善，基于以上分析，提出如下假设：

假设 H9-3a：对于盈利公司而言，会计稳健性程度越高，高管的过度自信会使公司的业绩降低。

假设 H9-3b：对于亏损公司而言，会计稳健性程度越高，高管的过度自信会使公司的业绩提高。

## 第四节
### 研究设计

#### 一、高管过度自信的度量

尽管现有国内外研究关于度量高管过度自信的指标有近10种，但许多指标有其特定适用范围和条件，基于现有的研究成果并结合本章的实际，本章采用了两种方法来度量高管的过度自信，首先按照公司主要高管（董事长、CEO、董事）的持股比例（OVERCONFI1）来度量高管的过度自信，因为该指标能综合反映高管对公司经营状况的判断及未来的预测；其次在稳健性检验阶段，借鉴姜付秀（2009）、Hayward（1997）的做法，用薪酬最高的前三名高管薪酬之和占所有高管薪酬的比例（OVERCONFI2）来衡量高管过度自信，在具体运用两个高管过度自信的度量指标时，将大于其中位数的样本组定义为高管过度自信较高组，取值为1，低于中位数的样本组则为过度自信较低组，取值为0。

## 二、会计稳健性与公司业绩的度量

以往会计稳健性研究较多采用盈余-股票报酬计量法和C得分法（Khan and Watts，2009）。然而这些方法并不能具体度量会计稳健性的水平值，为了回避上述方法的局限性，本章采用 Beaver 和 Ryan（2000）提出的净资产账面法以及 Givoly 和 Hayn（2000）、Ahmed 等（2002）提出的市场价值比率法等两个方法来度量会计稳健性。

## 三、回归模型

为了检验假设 H9-1，在参考 Anwer 等（2013）模型的基础上，设计了以下回归模型。

$$CONSERV = \beta_0 + \beta_1 \times OVERCONFI + \beta_2 \times MB + \beta_3 \times CEOSHARE + \beta_4 \times SDR + \beta_5 \times SIZE + \beta_6 \times DUMYEAR + \beta_7 \times LEV + \beta_8 \times CFO + \beta_9 \times SALEGROW + \beta_{10} \times SIGMA + \beta_{11} \times SALRESIDUA + \sum INDUSTRY + \sum YEAR + \varepsilon \quad (9-1)$$

其中，在该模型中被解释变量是会计稳健性（CONSERV），分别采用净资产账面市值稳健（CONSERV1）和应计稳健法（CONSERV2）来表示，解释变量是 OVERCONFI，采用高管持股的变化来表示，并按照中位数分为高过度自信与低过度自信组。控制变量包括：MB 为资产的账面市值比（Roychowdhury and Watts，2007）；CEOSHARE 为年末 CEO 持股数（LaFond and Roychowdhury，2008）；SDR 为年回报的标准差，表示公司回报的风险；SIZE 为年末资产总额的自然对数（Givoly et al.，2007）；DUMYEAR 为控制了 2007 年我国新会计准则实施的哑变量，2007 年取 1，其余年份取 0；LEV 为年末资产负债率；CFO 为年末经营现金流；SALEGROW 为销售额的增长率；SIGMA 是年末市场的风险；SALRESIDUA 为销售额的标准差，代表公司经营业务的稳定性；INDUSTR 表示依据证监会的行业分类标准确定的虚拟变量，制造业按二级代码表示；其他行业按一级代码表示；YEAR 为年度虚拟变量，以 2009 年为基准年，为了检验假设 H9-2 和假设 H9-3，设计了以下模型。

$$ROA = \gamma_0 + \gamma_1 \times CONSER + \gamma_2 \times OVERCONFI + \gamma_3 \times CONSERV \times OVERCON\text{-}$$

# 第九章 管理者的过度自信影响公司的业绩吗——基于会计稳健性视角的经验证据

$$FI + \gamma_4 \times MB + \gamma_5 \times CEOSHARE + \gamma_6 \times SDR + \gamma_7 \times SIZE + \gamma_8 \times DUMYEAR + \gamma_9 \times LEV + \gamma_{10} \times CFO + \gamma_{11} \times SALEGROW + \gamma_{12} \times SIGMA + \gamma_{13} \times SALRESIDUA + \gamma_{14} \times TOP5 + \gamma_{15} \times RINDER + \gamma_{16} \times ITANG + \sum INDUSTRY + \sum YEAR + \mu \quad (9-2)$$

该模型中被解释变量是 ROA，采用年末净资产回报率度量，解释变量是 OVERCONFI，采用高管持股的变化来度量；CONSER 分别采用净资产账面市值稳健法和应计稳健法两个指标来表示，控制变量加入了公司治理变量，用来控制影响高管过度自信的其他因素；TOP5 表示前五大股东持股比例；RINDER 表示独立董事在董事会的比例；ITANG 表示总资产中无形资产的比例。

## 四、样本选择

本章选择我国深沪 A 股市场 2005～2012 年发行 A 股的企业样本，在样本选择过程中，做了以下删除：(1) ST、PT 公司；(2) 金融类企业；(3) 上市时间缺失的公司；(4) 资产负债率大于 1 的公司；(5) 销售增长率大于 1 的公司；(6) 当年上市的企业；(7) 创业板、中小板企业；(8) 同时发行 H 股、B 股的企业，相关财务数据来自 CSMAR 和 CCER 数据库，并对所有样本的极端值做了截尾处理，同时对观测值在 1% 的水平上进行缩尾处理，统计软件使用 STAT 11.0，经过处理后，共获得有效观测值 6773 个，其中 2005 年 786 个；2006 年 797 个；2007 年 752 个；2008 年 913 个；2009 年 851 个；2010 年 872 个；2011 年 905 个；2012 年 897 个。

## 第五节 实证结果分析

### 一、描述性统计与相关性分析

表 9-1 是有关变量的基本统计量，可以看出高管过度自信两个变量的分布接近正态分布，净资产账面市值稳健的最大值为 0.317，最小值为 -10，均值为 -3.45，，中位数为 -0.027，样本分布较离散而且偏差较大，同时该指标的负值分布区间也较大；而应计稳健的均值为 -0.009，标准差为 0.562，最

大值为 8.879，最小值为 -30.63，说明该变量的值大部分小于 0；公司业绩 ROA 的均值为 0.0355，中位数为 0.0339，最小值为 -1.809，最大值为 2.3174，表明样本公司的经营业绩比较稳定且分布均匀，适合于评价管理者的过度自信。

表 9-1　　　　　　　　　　主要变量的基本统计量

| 变量 | N | 均值 | 标准差 | 最小值 | 最大值 | 25 分位 | 中位数 | 75 分位 |
| --- | --- | --- | --- | --- | --- | --- | --- | --- |
| OVERCONFI1 | 6773 | 0.0660 | 0.0630 | 0 | 0.602 | 0.0190 | 0.0480 | 0.0930 |
| OVERCONFI2 | 6773 | 0.424 | 0.143 | 0 | 1 | 0.323 | 0.401 | 0.504 |
| CONSER1 | 6773 | -3.45 | 1.29 | -10 | 0.317 | -0.0450 | -0.0270 | -0.0160 |
| CONSER2 | 6773 | -0.00900 | 0.562 | -30.63 | 8.879 | -0.0430 | -0.00300 | 0.0380 |
| ROA | 6773 | 0.0355 | 0.1212 | -1.809 | 2.3174 | 0.0136 | 0.0339 | 0.0633 |
| SIZE | 6773 | 21.62 | 1.175 | 19.22 | 25.22 | 20.81 | 21.48 | 22.27 |
| LEV | 6773 | 0.531 | 0.515 | 0 | 18.51 | 0.373 | 0.514 | 0.642 |

表 9-2 是变量的相关系数的统计结果，高管过度自信与会计稳健性的相关系数分别为 -0.06、-0.034、-0.0240、-0.0400 且都在 1% 的水平上显著，其与 ROA 的相关系数分别为 0.016 和 0.075 也在 1% 的水平上显著，其余控制变量与会计稳健性和公司业绩的相关系数与理论预期一致，并且控制变量之间的相关系数大部分都小于 0.50，表明控制变量之间的多重共线性程度不严重。

表 9-2　　　　　　　　　　核心变量的相关系数

| | ROA | OVERCONFI1 | OVERCONFI2 | CONSER2 | CONSER1 | SIZE | LEV |
| --- | --- | --- | --- | --- | --- | --- | --- |
| ROA | 1 | | | | | | |
| OVERCONFI1 | 0.0160** | 1 | | | | | |
| OVERCONFI2 | 0.075*** | -0.093*** | 1 | | | | |
| CONSER2 | -0.335*** | -0.06*** | -0.0240*** | 1 | | | |
| CONSER1 | -0.0200*** | -0.034** | -0.0400*** | 0.030* | 1 | | |
| SIZE | 0.078*** | -0.148*** | 0.187*** | -0.00300 | 0.138*** | 1 | |
| LEV | -0.233*** | 0.029* | -0.0200 | 0.053*** | -0.159*** | -0.0160 | 1 |

注：***、** 和 * 分别代表在 1%、5% 和 10% 的显著性水平上显著。

## 二、单变量统计分析

从表9-3的单变量统计检验可以看出,管理者过度自信程度较高组的两个会计稳健性度量指标的值分别为-0.0443和-0.0400,其绝对值都大于过度自信程度较低组相应的-0.0138和-0.021,并且均值检验和中位数差异的非参数检验都显著。公司业绩ROA表现出自信程度较高组明显要好于自信程度较低组,并且均值t检验和中位数的非参数统计检验都显著,初步表明管理者的过度自信在一定条件下有助于改善公司的业绩。

表9-3  核心变量的单变量统计检验

| 变量 | OVERCONFI1 高 | | | OVERCONFI1 低 | | | 均值 | 统计检验 | | |
|---|---|---|---|---|---|---|---|---|---|---|
| | mean | p50 | N | mean | p50 | N | diff | T值 | Z值 | P值 |
| CONSER1 | -0.0443 | -0.0310 | 2458 | -0.0138 | -0.024 | 4315 | -0.0305 | -5.1483*** | -10.538*** | 0.000 |
| CONSER2 | -0.0400 | -0.0030 | 2458 | -0.0210 | -0.004 | 4315 | -0.02 | -2.4769*** | -6.165*** | 0.001 |
| ROA | 0.0510 | 0.0440 | 2458 | 0.0280 | 0.0310 | 4315 | 0.225 | 4.826*** | -7.709*** | 0.000 |

注:***、**和*分别代表在1%、5%和10%的显著性水平上显著。

## 三、多元回归分析

表9-4是高管过度自信与会计稳健性的回归结果,表中模型1到模型3是应用净资产账面市值会计稳健法衡量会计稳健性,并按照管理者过度自信程度的中位数分组,模型4到模型6是采用累计应计稳健法衡量会计稳健性。模型1到模型6管理者过度自信的估计系数都在1%的水平上显著为负,说明管理者过度自信与会计稳健性负相关,假设H9-1得到验证;而且表9-4结果显示,高管理者过度自信组系数的绝对值远小于低管理者过度自信组,如模型2相应变量系数的估计值为-0.126(t=-4.915),而模型3的系数估计值则为-0.478(t=-3.29),模型5和模型6相应的结果也是如此,结果表明,管理者的过度自信会显著降低会计稳健性,但管理者的过度自信程度越高则对会计稳健性的影响越小,原因是其会向市场传递出一个管理者积极进取的信号,从而导致市场的负面反应相对较小。而过度自信程度较低的管理者可能实施比较保守的经营战略而可

能贻误重要的"商机",因而市场对此类"坏消息"反应可能更敏感,从而会显著地降低了会计稳健性,假设 H9-2 得到了初步验证。

表9-4　　　　　　　　　　　高管过度自信与会计稳健性

| 变量 | 模型1<br>被解释变量:<br>CONSER1 | 模型2<br>OVERCONFI1 高 | 模型3<br>OVERCONFI1 低 | 模型4<br>被解释变量:<br>CONSER2 | 模型5<br>OVERCONFI1 高 | 模型6<br>OVERCONFI1 低 |
|---|---|---|---|---|---|---|
| OVERCONFI1 | -0.117***<br>(-5.103) | -0.126***<br>(-4.915) | -0.478***<br>(-3.129) | -0.155***<br>(-3.606) | -0.222***<br>(-3.222) | -0.718***<br>(-4.379) |
| SIGAMA | 2.352***<br>(8.671) | 1.716***<br>(5.629) | 2.510***<br>(5.674) | 2.074***<br>(4.100) | 1.078<br>(1.320) | 2.306***<br>(4.852) |
| MB | -0.000540***<br>(-11.013) | -0.000257***<br>(-4.004) | -0.000672***<br>(-9.540) | -0.000483***<br>(-5.280) | -7.16e-05<br>(-0.417) | -0.000742***<br>(-9.809) |
| CEORSHARE | 0.000889<br>(0.013) | 0.0303<br>(0.450) | 0.0226<br>(0.177) | 0.0619<br>(0.491) | 0.110<br>(0.612) | 0.0999<br>(0.729) |
| SDR | -0.000502<br>(-0.036) | -0.145***<br>(-9.130) | 0.129***<br>(5.835) | -0.144***<br>(-5.578) | -0.360***<br>(-8.458) | 0.156***<br>(6.555) |
| SALRESIDU | -0.00494***<br>(-3.423) | -0.00144<br>(-0.816) | -0.00680***<br>(-3.146) | -0.0106***<br>(-3.953) | -0.00709<br>(-1.497) | -0.0126***<br>(-5.431) |
| SIZE | -0.00795***<br>(-4.136) | -0.0114***<br>(-5.002) | -0.00728**<br>(-2.425) | -0.0123***<br>(-3.419) | -0.0251***<br>(-4.117) | -0.00233<br>(-0.721) |
| DUMYEAR | -0.0138***<br>(-3.021) | 0.0115**<br>(2.128) | -0.0341***<br>(-4.820) | -0.0359***<br>(-4.211) | -0.0394***<br>(-2.725) | -0.0301***<br>(-3.957) |
| LEV | 0.0906***<br>(8.984) | 0.172***<br>(15.384) | 0.0105<br>(0.623) | 0.419***<br>(22.293) | 0.687***<br>(22.927) | 0.0562***<br>(3.114) |
| CFO | -0.0704***<br>(-4.151) | -0.0738***<br>(-3.495) | -0.0609**<br>(-2.423) | 0.970***<br>(30.650) | 1.048***<br>(18.537) | 0.883***<br>(32.719) |
| SALEGROW | -0.0248***<br>(-9.095) | -0.0211***<br>(-5.764) | -0.0251***<br>(-6.558) | -0.0321***<br>(-6.306) | -0.0410***<br>(-4.195) | -0.0261***<br>(-6.342) |
| Constant | 0.182***<br>(6.042) | 0.195***<br>(5.840) | 0.215***<br>(4.183) | 0.276***<br>(4.919) | 0.473***<br>(5.297) | 0.169***<br>(3.052) |
| 行业 | 控制 | 控制 | 控制 | 控制 | 控制 | 控制 |
| 年度 | 控制 | 控制 | 控制 | 控制 | 控制 | 控制 |
| Observations | 6773 | 2458 | 4315 | 6773 | 2458 | 4315 |
| Adjust-$R^2$ | 0.260 | 0.281 | 0.292 | 0.454 | 0.531 | 0.515 |
| F | 51.83 | 29.04 | 31.27 | 121.3 | 82.12 | 78.79 |

注:括号内为t检验值,***、**和*分别代表在1%、5%和10%的显著性水平上显著。

# 第九章 管理者的过度自信影响公司的业绩吗——基于会计稳健性视角的经验证据

表 9-5 的回归结果是按照公司的盈利或亏损状况进行分组,表中模型 1 是混合回归,模型 2 到模型 3 是盈利组的回归,模型 4 到模型 5 是亏损组的回归。模型 1 高管过度自信组的估计系数为 -0.0351 且在 5% 的水平上显著,与会计稳健性交乘项的系数为 1.576（t=6.457）；模型 2 的过度自信组的估计系数为负且不显著,但模型 3 的估计系数为 -0.126（t=-3.385）；模型 3 的交乘项的估计系数为 -6.343（t=-9.114）,表明盈利公司的高管由于受到过去较好业绩的"路径依赖"效应的影响,其经营策略会趋于保守而会放弃一些有增长潜力的项目,又由于会计稳健性使其更加规避风险,导致公司未来的经营业绩在市场竞争中下降；模型 4 的高管过度自信的估计系数为 0.0849（t=3.070）；模型 5 的高管过度自信的估计系数及其交乘项都在 1% 的水平上高度显著为正,表明在亏损公司,高度自信的公司高管有可能会选择一些具有高增长价值、回报周期较短的项目,因而会使公司业绩有明显的提高,假设 H9-3 得到了支持。

表 9-5　　　　　　按照盈利、亏损的分组回归结果

| 变量 | 全模型 | 盈利 | | 亏损 | |
| --- | --- | --- | --- | --- | --- |
| | 模型 1 | 模型 2 | 模型 3 | 模型 4 | 模型 5 |
| CONSER1 | -0.0538*** (-8.578) | -0.0503*** (-5.450) | -0.0401*** (-2.925) | -0.251** (-2.237) | -0.553*** (-4.331) |
| OVECONFI1 | -0.0351** (-1.917) | -0.0566 (-1.435) | -0.126*** (-3.385) | 0.0849*** (3.070) | 0.0245 (1.119) |
| OVECONFI1 × CONSER1 | 1.576*** (6.457) | | -6.343*** (-9.114) | | 2.983*** (2.488) |
| Constant | | 0.123*** (2.661) | 0.0980** (2.270) | -0.0902** (-2.540) | -0.0501* (-1.785) |
| 行业 | 控制 | 控制 | 控制 | 控制 | 控制 |
| 年度 | 控制 | 控制 | 控制 | 控制 | 控制 |
| Observations | 6773 | 3648 | 3125 | 3648 | 3125 |
| Adjusted-$R^2$ | 0.289 | 0.149 | 0.253 | 0.692 | 0.809 |
| F | 62.66 | 18.76 | 34.11 | 126.5 | 228.2 |

注:由于受篇幅限制,部分控制变量的估计结果省略,括号内为 t 检验值,***、** 和 * 分别代表在 1%、5% 和 10% 的显著性水平上显著。

## 四、稳健性检验

首先,为了消除内生问题对估计结果的影响,对表 9-5 的模型所涉及的相关变量全部进行了一阶差分处理并进行回归,表 9-6 为差分回归的结果,表中模型 1 是以账面市值会计稳健性作为解释变量的回归,结果表明,高管过度自信组差分项的估计系数显著为负,而且与会计稳健性的交乘项的估计系数为 0.000364(t=8.601),模型 2 是以累计应计会计稳健性为差分后的解释变量,回归结果与模型 1 完全一致,说明当应用差分回归控制了内生性后,结果依然得到支持。

表 9-6 高管过度自信、会计稳健性与公司业绩的差分模型回归

| 变量 | 模型 1 | | 模型 2 | |
| --- | --- | --- | --- | --- |
| | 系数 | T 值 | 系数 | T 值 |
| DCONSER1 | -2.34e-05*** | -6.132 | | |
| DOVERCONFI1 | -0.112** | -2.453 | -0.0828* | 1.922 |
| DCONSER1 × DOVERCONFI1 | 0.000364*** | 8.601 | | |
| DCONSER2 | | | -0.0295*** | -10.984 |
| DCONSER2 × DOVERCONFI1 | | | 1.457*** | 3.144 |
| Constant | 0.00829 | 0.415 | 0.00737 | 0.392 |
| 行业 | 控制 | | 控制 | |
| 年度 | 控制 | | 控制 | |
| Observations | 3387 | | 3387 | |
| Adjusted-$R^2$ | 0.230 | | 0.313 | |
| F | 29.13 | | 44.05 | |

注:受篇幅限制,本表未列示控制变量的差分估计系数,***、** 和 * 分别代表在 1%、5% 和 10% 的显著性水平上显著。

其次,基于以往研究文献的结论,公司高管男女性别比例、高管的平均年龄、公司的上市时间、公司独立董事的比例、公司的产权性质、前一年公司的业绩、销售收入的波动等因素都会影响公司高管的过度自信水平,因而这几个变量适合作为管理者过度自信的工具变量,所以又应用 2SLS 法进行回归,回归结果与差分处理的结果一致,支持了假设 H9-1。

# 第九章 管理者的过度自信影响公司的业绩吗——基于会计稳健性视角的经验证据

最后，改变了高管过度自信测度方法，借鉴 Brown 和 Sarma（2006）及姜付秀（2009）的方法，利用薪酬最高的前三名高管薪酬之和占所有高管薪酬之和的比例来测量，该值越高表明高管的过度自信程度越高，并利用前面模型进行同样的回归，同时对所有样本进行了行业和年度的 Cluster 处理，回归结果没有改变，假设 H9-2b 依然得到了支持；另外，由于制造业样本所占比例较大，进一步在删掉了所有制造业样本后进行同样的回归，结果也没有变化。

## 第六节 结论及启示

本章利用中国上市公司 2005~2012 年 A 股上市公司的数据，研究公司管理者的过度自信对公司会计稳健性的影响，分析会计稳健性在管理者过度自信与公司业绩之间作用中的调节效应，探讨在盈利企业和亏损企业之间这种调节效应的差异。研究表明：（1）公司管理者的过度自信对会计稳健性有显著的负面影响；（2）会计稳健性能够发挥积极的调节作用，使管理者的过度自信能够发挥其积极的一面，进而有利于改善公司的业绩，然而这种作用只存在亏损企业，而在盈利企业，会计稳健性的调节效应反而会对公司业绩产生负面影响。

本章的启示为：（1）管理者过度自信和会计稳健性分别作为公司治理中两个重要的特征，需要结合各自条件而扬长避短发挥它们对公司有益的一面；（2）会计稳健性的重要性和安全性不容忽视，但不能过度强调会计稳健性，否则会使公司未来的发展受到不利影响；（3）会计稳健性对于管理者过度自信的调节作用必须考虑公司的盈利或亏损的具体条件，并且应针对分析公司不同的经营状况进行分析，未来研究可进一步考虑研究在不同产权性质、不同市场化过程下公司之间此方面的差异。

# 第十章

## 雾霾影响企业的投资行为吗——基于"PM2.5爆表"的自然实验

### 第一节 引言

经济发展与环境质量之间的关系历来是学术界和普通民众的一个重点关注话题,粗放式的经济增长模式带来很多的环境污染事件,而日趋恶化的环境问题又成为"新常态"背景下制约中国经济健康发展的一个"拦路虎"。近年来,雾霾以及与此关联的 PM2.5 等已经成为中国社会公众关注率最高的词汇之一,而 2011 年底的"PM2.5 爆表"事件则进一步将环境问题的社会影响力推向了高潮。由于生态环境与污染问题已经成为影响中国经济可持续发展和人居生活环境的最大一块"短板"(田国强和程旭东,2014)。"PM2.5 爆表"事件后,国家环保部以及雾霾严重的相关省份都采取史上最为严厉的环境管制措施;而且新的《环境空气质量标准》以及京津冀、长三角、珠三角等污染严重地区治理措施的出台,都将矛头指向了重污染企业的生产和投资行为;同时,国务院发布了《大气污染防治行动计划》,认为空气污染治理是新时期转变经济发展方式、改变政府经济职能、追求经济可持续发展的新要求和外在压力,并明确规定了政府、企业和社会的责任,要求暂停产能落后地区重点项目的审批。遗憾的是学术界对于"PM2.5 爆表"后所引发的环境监督的加强对微观企业的财务行为的影响,尚未获得直接的证据与结论。毕竟,中国目前还只是一个处于工业化中期的发展中国家,而实现国家的工业化和现代化则是中国近几代人的奋斗目标。上述担忧并非没有理论依据,因为环境管制可能会给企业施加额外的减排和治污成本,进而降低企业的生产率和市场竞争力(Jorgenson and Wilcoxen,1990)。同样 Gray (1987)的研究发现,美国在 20 世纪 70 年代实行的环境管制政策,使其制造业

## 第十章 雾霾影响企业的投资行为吗——基于"PM2.5爆表"的自然实验

生产率的年均增速下降了 0.17 个~0.28 个百分点,占同期美国制造业生产率下降幅度的 12%~19%。其他针对美国制造业的细分行业(例如,造纸、化工、金属采掘、电力、石油、钢铁等行业)的研究也得到了类似的发现(Gollop and Roberts,1983;Barbera and McConnell,1990;Gray and Shadbegian,1995),Grimaud 和 Rouge(2006)认为,环境管制就好比是在不可再生资源使用上征收了一笔方滨税,尽管起到了污染物减排、要素配置效率改善的作用,但是对 R&D 和技术进步的正面激励作用不大。然而 Porter 和 van der Linde(1995)的研究却表明,严格且适宜的环境管制能够激励企业发展新的生产技术和组织方式,这反而可能提高企业的生产率和市场竞争力。正如 Berman 和 Bui(2001)发现洛杉矶实行的更加严格的空气质量管制,使当地石油冶炼业的生产率增速远远高于美国其他地区的石油冶炼业,尽管严格的环境管制增加了洛杉矶石油冶炼业的污染控制投资,但污染控制投资也显著地提高了生产率。其他文献采用墨西哥近海石油和天然气开采业数据(Managi et al.,2005)、日本的制造业数据(Hamamoto,2006)、加拿大魁北克省的制造业数据(Lanoie et al.,2008)和中国台湾的工业数据(Yang,2011)的研究也发现了环境管制提高生产率的证据,而 Palme 等(1995)却对"波特假说"进一步提出了质疑,认为更加严格的环境监管会导致企业采用新技术所带来的收益低于企业环境监管的费用,限制企业追求利润的能力,并将这种说法称作"昂贵的监管假说",因而在现有文献中,环境管制对企业的影响是正面,抑或是负面,出现了莫衷一是的局面。进一步,对于空气污染与公司投资行为之间的微观机制和机理及其原因并未给出明确的解释。

伴随着人们生活物质水平的提高以及环保意识的增强,保护环境俨然已成为一种被社会成员广泛认可的"稳定的""有影响力的"社会规范(Green,2006)。中国共产党的十八届三中全会提出:"建设生态文明,必须建立系统完整的生态文明制度体系,实行最严格的源头保护制度、损害赔偿制度、责任追究制度,完善环境治理和生态修复制度,用制度保护生态环境",因而分析"史无前例"的环境监管政策对公司投资行为及其相关机制等相关问题就具有重要的理论价值和政策意义,并且从实证角度研究"PM2.5爆表"后政府的环境监管对公司投资行为的影响,不但有助于评价一系列环保监管政策的实际执行效果,而且能够增加与丰富"PM2.5爆表"背景下影响公司投资行为的经验证据。

本章利用 2006~2014 年中国深沪 A 股上市公司财务数据,应用了双倍差分法研究"PM2.5爆表"后政府的环境监管对上市公司中重污染企业的投资支出和投资机会敏感度等投资行为的影响,并分析了其在国企与民企、东部企业与西部企业,以及重污染行业内部企业间的差异,进一步研究了环保监管政策实施的动态效应。研究发现,由于"PM2.5爆表"后政府的环境监管的加强,使地方国企和民企的投资支出明显降低,相对于国有企业,民营企业的投资机会敏感度显著降低;相反,央企的投资支出与投资机会敏感度没有明显变化,进一步研究发现,"PM2.5爆表"后的从业数量少的重污染行业中企业与同类的东部地区企业的投资支出和投资机会敏感度在减少,但西部污染企业的同类指标在增加,本章研究也揭示出中国的环境监管中具有一些有待改进之处,即在某些从业数量少的重污染行业中企业存在监管缺位和个别污染产业异地转移的迹象。

本章可能的研究贡献如下:首先,在研究设计上,本章采用"PM2.5爆表"的自然实验事件,利用双倍差分法来研究环境监管对微观企业投资行为的影响,有效地降低了内生性问题的干扰;其次,本章的研究有利于从企业的制度环境视角检验"PM2.5爆表"后政府的环境监管对于国有与民营企业、央企与地方国企投资行为、西部与东部企业,及重污染从业企业间的影响差异,揭示出环境监管中的职能缺位以及污染企业"异地搬家"的现实问题;再次,与已有研究有所不同的是,本章研究了"PM2.5爆表"后环境监管对不同产权性质企业投资支出与投资机会敏感度的影响,并首次揭示出环保管制政策执行的动态效应,从而为未来重污染企业的环境管制以及降低"PM2.5爆表"事件的发生频率,提供了经验证据和政策制定的参考;本章也是对环境管制与企业投资之间关系等领域文献的拓展和延伸,同时丰富了政府环境管制政策对微观企业财务决策行为影响的有关文献。

本章剩余部分的内容安排如下:第二部分是文献回顾与假设的提出;第三部分是研究设计;第四部分为实证检验;第五部分是进一步的分析;第六部分是稳健性检验;第七部分为结论及启示。

## 第二节

### 文献回顾与假设的提出

#### 一、"PM2.5爆表"与公司投资

事实上,自2011年入秋以来,北京及华北大部分地区出现严重的雾霾天

## 第十章 雾霾影响企业的投资行为吗——基于"PM2.5爆表"的自然实验

气,引起了公众的广泛关注,雾霾造成能见度降低,多个省份高速公路关闭、航班停飞;同时,空气污染严重进一步引发了公众的担忧和抱怨。随着空气污染严重程度的加深,人们逐渐将雾霾的"罪魁祸首"聚集到 PM2.5 指标上,特别是其突破检测仪器阈值的上限 500 时,引起的"PM2.5 爆表"现象更加造成公众的群体性恐慌,不仅北京及周边,中国其他许多地区也出现了"十面霾伏"的现象,许多人是谈"霾"色变。中国地区环境污染问题特别是以京津冀为代表的雾霾重污染区成了全国各界乃至世界各国关注的焦点。PM2.5 作为一类危害人类健康的微细颗粒物质,主要来自电力、水泥、冶金、化工、工业锅窑、取暖锅炉等人类生产过程中煤炭燃烧形成的烟气粉尘排放,以及汽车尾气、汽修喷漆、建筑工地和道路交通产生的扬尘等。由于 PM2.5 引发的雾霾问题而造成严重的环境污染,导致环保部门必须采取"铁腕"环境治理手段来平息公众的关注和担忧。2011 年 11 月底,新的《环境空气质量标准》公开征求社会公众意见;2012 年 3 月 2 日,国务院发布新修订的《环境空气质量标准》,正式将 PM2.5 纳入一般评价项目;北京市 2013 年曾提出要把 PM2.5 作为约束性指标,并在五年内实现 PM2.5 下降四分之一的目标;进一步 2015 年 4 月 14 日,《国务院大气污染防治十条措施》发布,提出"要建立环渤海包括京津冀、长三角、珠三角等区域联防联控机制,加强人口密集地区和重点大城市 PM2.5 治理,构建对各省区市的大气环境整治目标责任考核体系"在以上基础上,2015 年 4 月 25 日国务院颁布的《关于加快推进生态文明建设的意见》进一步明确了"生态文明建设是加快转变经济发展方式、提高发展质量和效益的内在要求,也是积极应对气候变化、维护全球生态安全的重大举措",从而将治理雾霾等环境污染问题提到战略高度。

然而一系列环保监管的政策与制度的落实是关键,我们认为如何引导和规范重污染企业的投资和生产行为则是解决空气污染的主要切入点。Allen 等(2005)在考察中国的法与金融的关系时指出,中国保护投资者书面法律的完备程度介于英国普通法系和法国民法系国家之间。Christian 等(2012)发现在京都议定书实施后,大约33%的企业做出了延期投资和降低投资的决策,原因是政府环保管制有可能增加企业投资回收的风险和不确定性,而熊鹰和徐翔(2007)认为宽松的环境管制对吸引外商直接投资有正向作用,但放松环境管制可能导致外商产业投资于重污染行业,然而在污染严重地区,大气污染对外商直接投资的挤出效应更为明显,而在大气污染较轻的地区,该效应却不明显。近年来中国各地频频出现PX项目的抗议事件，足以说明政府的严厉环境管制和民众的强烈反对，明显会对重污染企业的投资支出有一定的抑制作用，而且环境管制的增强导致企业对未来环境规制预期的不确定性担忧，从而推迟投资（Viscusi，1983）。

在资本市场上，"PM2.5爆表"事件后，重污染企业在面对媒体的追问、公众的质疑和讨伐时，必然要有相应的行动，因为重污染企业的过度排放行为而导致的"PM2.5爆表"行为，已经违背了一个社会的基本运行规范和要求，从而导致重污染企业必然受到社会公众的"口诛笔伐"。Hong和Kacperczyk（2009）发现，烟草及酒类生产企业对环境的污染行为，已经违背了一个企业的基本社会道德底线，导致了福利基金等机构投资者减持现象的出现，进而也使财务分析师减少或拒绝"覆盖"该类企业的股票。换言之，当社会公众对企业应当责无旁贷地减少污染排放这一基本规范的认可度越高时，才会使机构投资者增加对企业的投资，并且也会增加财务分析师的"股票池"（Liu et al.，2014）。如果重污染企业的"社会规范"遵守程度较低时，也会导致机构投资者收回其投资（李培功和沈艺峰，2011）。不仅如此，机构投资者也必然会利用自己"用脚投票"的权力对重污染企业高管施压，而迫使其减少污染项目的投资。所以当GDP指标斗不过PM2.5指标时，企业所面临的选择是：要以引以为豪的企业效益为主，还是默默地收起工业文明带来的光环（刘运国和刘梦宁，2015）。Sudheer Chava（2012）发现那些生产危险物品及污染品的企业只有较少的机构投资者持股，同时，此类公司的债务成本与权益资金成本都较高，债权人会考虑环境污染因素的影响，因而避免给该类企业贷款，公司的环境风险降低了财务分析师的预测准确性，并导致分析师的预测偏差更高，环境风险因素的增加也使分析师更有可能降低对股票的评级（De Franco et al.，2013）；不仅如此，审计师也对环境风险较高的污染企业收取更高的审计费用（Dan Simunic et al.，2014）。Lundgren和Olsson（2010）以欧洲上市公司为样本，发现负面环保事故将给公司市值带来显著损失。Dasgupta等（2006）发现，在韩国，上市公司在违反环保监管条例而被公示后，其市场估值将立即出现明显下滑状态。Darnall（2007）也发现了严格的环境规制与企业经营绩效负相关，理由是如果企业面临的环境规制较为严格，环境事故所付出代价的可能性也就越大，环境评级下降的可能性会随之上升，最终使企业经营成本增加，以及企业的经营绩效下滑，进而导致其进行再投资的动机明显降低。既然重污染企业再融资环节面临诸多限制，而"PM2.5爆表"又使环境

## 第十章 雾霾影响企业的投资行为吗——基于"PM2.5 爆表"的自然实验

管制的强度加大,因而重重重压之下,重污染企业不得不收缩投资规模。基于以上分析,提出如下假设。

假设 H10-1a:其他条件不变,"PM2.5 爆表"事件后,政府的环境监管有效地抑制了公司的投资支出。

虽然重污染企业面对着"PM2.5 爆表"后的各种"煎熬和痛苦",然而针对不同产权性质的企业,其表现可能有所差异。《中国银监会办公厅关于防范和控制高耗能高污染行业贷款风险的通知》(银监办发〔2007〕161 号)要求各金融机构要加强对电力、钢铁、建材、电解铝、铁合金、焦炭、化工、煤炭、造纸、食品等重污染行业贷款发放的监管,但这一政策和规定对于具有银行信贷优势和宽松预算约束的国有企业的影响较小,即使在面对"PM2.5 爆表"等重大事件时,个别国有企业也会以其产品和产业具有维护国家安全战略为由,从而对环保管制措施进行"变通"处理和消极应对,纵然有部分机构投资者和中小投资者的反对与抵制,也很难改变国企高管的准官员制度背景下"晋升锦标赛"的强激励刺激对上马投资项目的"一腔热情"。而地方政府为了保持本地的相对优势,往往采取降低环境标准的方式来吸引外商直接投资(Ljungwall and Linde-Rahr,2005)。因此,只要各级政府仍然高度重视 GDP,只要环境污染没有成为地方政府"一票否决"的指标,环保部门就不可能完全整顿污染行业。而对重污染的民营企业而言,在面对机构投资者的"用脚投票"威胁和大量中小投资者的反对,再加上各大银行及金融机构对民营企业重污染项目的信贷限制和债权人的硬性约束,其必然会减少重污染项目的投资。另外,对地方官员而言,当空气质量变差时,严厉的环境问责制度会使其减少对固定资产项目(尤其是重污染项目)的审批,进一步改善和治理地区环境,从而以较高的环境政绩和群众满意度而弥补经济绩效暂时的下降,而在具体实施的过程中,环境规制强度提高后,地方政府基于自身利益考虑,会对国有企业进行一定的政治庇护,例如,2016 年 5 月 3 日中央环境保护督察组向河北省反馈的环保督查意见显示:作为河北省最大的国有企业——河北钢铁集团下属的唐钢分公司违规新建或续建钢铁产能,违反国务院《关于化解产能严重过剩矛盾的指导意见》规定①,这从另一角度说明"PM2.5 爆表"所带

---

① http://finance.ifeng.com/a/20160503/14360248_0.shtml,河北压钢减煤监督流于形式部分企业新项目,凤凰财经,2016-05-03.

来的持续环境污染问题与部分国有企业并未真正落实环保责任有密切关联。诸多研究与文献都表明,"PM2.5 爆表"所带来的环境管制力度的加强,最终会使重污染行业的民营企业成为此政策的"先行者",基于以上分析,提出如下假设。

假设 H10-1b:相对于国有企业,"PM2.5 爆表"事件后的环境监管对民营企业投资支出的降低影响更为显著。

## 二、"PM2.5 爆表"事件后的投资机会的敏感度

经典公司治理理论认为代理问题是影响公司投资效率的一个主要原因,但对处于转型经济阶段的中国而言,这可能并未切中要害。如果解决环境污染与政府官员的升迁具有密切关联时,政府官员不仅要不惜一切代价而加强重污染企业的监管,同时通过某种激励方式来增强自己在环境治理方面对企业具有的控制力,并试图让污染企业对自己有所依赖,即通过"胡萝卜加大棒"的方式,达到减少"PM2.5 爆表"事件多发频发局面的目的。首先,由于中国政府对企业和经济具有超强的控制力,使自己的政策得到落实。Chen 等(2010)发现中国政府基于政治或社会目的,经常会通过产权或政治关联等方式进行干预企业投资,从而"扭曲"企业投资行为,降低了投资机会敏感度。既然政府对普通企业的干预达到了扭曲企业投资决策的程度,那么对造成"PM2.5 爆表"事件中重污染行业的投资项目必然也会"出重拳",如"区域限批""流域限批",以及投融资环节的"绿色信贷"与"绿色证券"等措施的出台体现了对重污染行业项目的严格管制,从而使那些具有较好"盈利前景"的投资项目,因环境规制的加强而变得不再具备投资价值,而且重污染企业要减少"PM2.5"的大量排放,必然要付出巨大的治理成本,使企业的利润也会受到负面影响,进而影响了该类企业的投资机会。许松涛和肖序(2011)认为中国对环境的管制增大了重污染行业企业的环境政策性风险,加大了投资项目与资本市场间的信息不对称,进而导致企业的投资效率下降。其次,LLSV (1999a)发现政府与企业之间存在着博弈,政治家会使用补贴和贿赂诱使企业家遵从政治目标,即政府为了达到减少"PM2.5"的过度排放及加强对重污染企业的管控,通常会拿出自身资源作为交换,而政府补助就承担了官商博弈均衡的一个重要"砝码"。政府一般通过向重污染行业发放政府补助而让重污

## 第十章 雾霾影响企业的投资行为吗——基于"PM2.5爆表"的自然实验

染企业增加环保信息的披露（林润辉等，2015），从而增加政府与社会公众对这类企业投资项目的监督，间接降低了重污染投资项目的价值。事实上，政府通过制定规划，引导重污染企业进行产业升级和研发创新，逐步减少或制止产生大量"PM2.5"排放项目的上马，导致了重污染项目的投资机会大为减少。此外，尽管重污染企业的生产行为是导致"PM2.5爆表"的重要因素，但与其他行业一样，追求企业价值最大化是其终极目标，只要市场对其产品有需求，增加生产规模与投资项目是其"理性"选择，因而政府的环境管制"偏离"干扰了其最优投资决策，进而导致非效率投资，也使重污染项目的未来投资机会减少，造成了企业内在投资期望与投资机会的不匹配，最终降低了其投资机会敏感度。基于以上分析，提出如下假设。

假设 H10-2a：其他条件不变，"PM2.5爆表"事件后政府的环境监管降低了企业的投资机会敏感度。

探寻"PM2.5爆表"事件背后的原因，不但需要分析重污染企业自身，而且有必要厘清中国的环境管制制度的背景，以及其对企业的内在影响。虽然我国的"十一五"期间约束性减排任务已经完成，中央政府也扩大了"十二五"期间的约束性考核，约束性政策似乎成为扭转生态恶化的关键所在，但颇具讽刺意味的是，2011年之后各大城市纷纷出现的"十面霾伏"似乎又给当前的污染减排一记重重的耳光。以上说明：解决"PM2.5爆表"问题需要从更深的制度层面去着手。

中国环境治理实施的总体思路为污染物总量控制、责任分解落实。现实中，由于各地环境容量有限，导致重污染行业新增投资项目的行政许可成为一个极为"稀缺"的资源。由此导致了环境污染治理中一个很有趣的"政商博弈"游戏，换言之，每个地方降低污染排放的量化指标分配就是该游戏中的关键点。国有企业作为政府的"衍生"机构，由于承担了较多的社会责任，并且其投资行为直接影响着当地官员的政绩，因而其减少污染排放的指标分配就较少，甚至还可能在新投资项目的投资立项中具有竞争优势，因此，在如此高压的环境管制背景下，国有企业仍然有不少的投资机会。笔者通过对Wind数据库和CCER数据库的综合分析，发现国有控股和国有参股的上市公司占整个A股上市公司总数的70%左右，而且国有资本所在的行业中，大约半数以上属于重污染排放行业。此外，国家环保部官网公布的"环保专项督查环境违法问题已处理处罚和整改到位"的企业中，国电、中石油、大唐电力等知名央企是该名单的"主要客户",这从反面说明国有企业的重污染项目的投资受到"PM2.5"所带来的环保管制的影响可能较小。Bardhan 和 Mookherjee(2005,2006)指出,相比中央政府,地方政府更可能被当地企业和精英"利益捕获",进而加剧了地区的环境污染程度。Wang 等(2003)认为,中国企业实际上在与当地环保部门的排污博弈中拥有很强的谈判能力,导致书面环境立法得不到完全执行,相反非国有企业可能会由于承担较少的社会性事物,以及与政府缺乏"天然"的从属关系,因此,在这种"总量控制、任务分解"的环境管制模式中,自然会得到较多"关照",结果会使其投资机会急剧减少,造成了企业的投资需要与投资机会的扭曲,并且民营企业由于要面对舆论压力以及信贷配给所限,不敢在风口浪尖的敏感时刻用自己的血汗钱去增加重污染项目的投资,这些都降低了民营企业的投资机会敏感度。Thomas 等(1995)认为环境管制会阻止行业的新进入者,并使"在位者"有可能变成垄断者,尽管垄断有可能增加了新的社会成本,但至少相对减少了重污染行业总的投资规模。另外,相对于国企,国家发改委、环保部等机构对于民营企业的行业准入具有较强的进入壁垒(包括重污染行业)与政策限制,"PM2.5 爆表"所带来的环保管制的加强会进一步降低民营企业从事重污染行业与项目的概率,从而降低了其投资机会敏感度,基于上述分析,提出如下假设。

假设 H10-2b:相对于国有企业,"PM2.5 爆表"事件后的政府的环境监管降低了民营企业的投资机会敏感度。

## 第三节

### 研究设计

**一、变量选择**

(1)解释变量:"PM2.5 爆表"事件,本章首先基于李培功和沈艺峰(2011)的做法,将国家环保部 2008 年公布的《上市公司环境保护核查行业分类管理名录》规定的火电、钢铁、水泥、电解铝、煤炭、冶金、建材、采矿、化工、石化、制药、轻工、纺织、制革等 14 个行业,认定为重污染行业;

# 第一章 雾霾影响企业的投资行为吗——基于"PM2.5 爆表"的自然实验

同时在环保部 2011 年公布的《关于执行大气污染物特别排放限值的公告》中，也将火电、钢铁、石化、有色金属、化工等六大行业及燃煤锅炉项目认定为重点监控行业，考虑到环保部 2008 年的《管理名录》的规定更为全面和完整，本章将属于其中的 14 个行业认定为重污染行业，取值为 1，否则为 0。

投资机会：本章借鉴 Chen 等（2011）的做法，采用 Tobin Q 作为公司投资机会的代理变量，该指标体现出一个公司的成长性和相对增值潜力，投资机会越多的企业其投资支出越大，投资效率也会相对较高（Fazzaris et al., 1988）。然而，Tobin Q 值作为投资机会在中国的应用受到质疑，主要原因是资本市场的有效性和股权分置改革，而从 2005 年的股权分置改革完成后，使中国资本市场股票价格的价值相关性增加，同时也提高了资本市场的效率（刘维奇等，2010）。

2）被解释变量：公司的投资支出（Invest）主要通过年报现金流量表中的"构建固定资产以及在建工程所支付的现金"来度量，具体定义如表 10-1 所示。

表 10-1　变量的定义

| 变量类型 | 变量名称 | 符号 | 定义 |
|---|---|---|---|
| 被解释变量 | 投资支出 | Invest | 现金流量表中的"支付的固定资产、在建工程及工程物资购建有关的现金"/资产总额 |
| 解释变量 | 重污染企业 | Dumpollute | 凡属于《上市公司环境保护核查行业分类管理名录》中的行业的企业，或者主营业务符合该名录的企业，赋值为 1，否则为 0 |
| | "PM2.5 爆表" | Dum11 | 如果样本属于 2011～2014 年，赋值为 1，否则为 0[a] |
| | 投资机会 | Tobin Q | （流通股市值 + 非流通股账面价值 + 负债账面价值）/资产账面价值 |
| | 公司的销售增长率 | Salegrow | 销售增长额/年初销售额 |
| 控制变量 | 公司规模 | Size | 公司资产总额的对数 |
| | 公司年龄 | Age | 公司成立的时间 |
| | 息税前利润 | Ebit | （净利润 + 所得税 + 利息）/总资产 |
| | 杠杆 | Lev | 年末总负债/年末总资产 |
| | 净资产回报 | Roa | 年末净利润/权益 |

续表

| 变量类型 | 变量名称 | 符号 | 定 义 |
|---|---|---|---|
| 控制变量 | 第一大股东出资比例 | Hold1 | 年末持股最多的前两位高管所持股份数 |
| | 固定资产比例 | Fixas | 固定资产净额/总资产 |
| | 市场化进程 | S0 | 樊纲和王小鲁（2011）的各地区市场化水平指数 |
| | 银行贷款 | Loan | 银行长期借款/总资产 |
| | 应收账款 | Yszk | 应收账款/总资产 |
| | 应付账款 | Yfzk | 应付账款/总资产 |
| | 地方金融业的市场化程度 | S4a | 樊纲、王小鲁（2011）中的各地区金融业市场化水平指数 |
| | 经营现金流 | Eqcash | 现金流量表中的"经营现金净流量" |
| | 地方政府对企业的干预 | S5b | 樊纲、王小鲁（2011）中的减少政府对企业的干预程度指数 |

注：a. 虽然2011年10月底美国驻华大使馆首次发布了北京市空气质量监测数据，PM2.5随即成为新闻热词。但该事件距离次年4月30日年报正式披露还有半年的时间，一般认为企业有充足的时间修改呈报的会计信息，因而将2011年归入事件后（刘运国和刘梦宁，2015）。所以事件前界定为2006～2010年，事件后为2011～2014年。另外，本书的主要观测样本是重污染行业及企业，为了配合之前发布的《关于对申请上市的企业和申请再融资的上市企业进行环境保护核查的通知》和《关于进一步规范重污染行业生产经营公司申请上市或再融资环境保护核查工作的通知》两个文件，2008年国家环境保护部下发《上市公司环境保护核查行业分类管理名录》，2011年的"PM2.5爆表"事件，突然导致媒体与社会公众关注此事件了，加深了重污染企业对PM2.5"贡献"的认识，而2011年后出台的有关文件及规定，更多的是为了解决"PM2.5爆表"问题。

（3）控制变量：借鉴已有研究成果，包括公司年龄（Age）、在表10-1中为解释变量固定资产比例（Fixas）、第一大股东出资比例（Hold1）、公司规模（Size）、公司的负债率（Lev）、公司的盈利能力（Roa）。

## 二、数据和样本选择

本章选择了中国沪深A股2006～2014年的上市公司，在样本选择过程中，做了以下删除：（1）删除ST、PT公司的样本；（2）删除金融或证券类公司的样本；（3）删除资产负债率大于1或小于0的公司；（4）删除发行B股、H股的公司；（5）删除已经退市或当年上市的公司；（6）删除数据有缺失■样本。公司的产权性质划分来自 CCER 数据库,公司的财务数据及公司治■数据来自 CSMAR 数据库,重污染行业的分类数据来自 Wind 数据库,并和■保部的文件与证监会(2001)的行业类型进行了交叉对照,统计软件使■ Stata 12.0。

## 三、模型设计

■了检验假设 H10-1,我们设计了模型(10-1)。

■于 Meyer(1995)、Bertrand 和 Mullainathan(2004)、刘运国和刘梦宁(201■),以及袁飙和左翔(2011)的方法,本章的基准估计模型采用双倍差分法（Difference-in-Difference),该方法是用来估计某项政策实施的净效果,并通■比较其作用对象的处理组(treatment group)和无作用对象的控制组(con■ol group)在该项政策实施前后的差异来判断政策所产生的影响。本章把整个■本分为重污染企业与非重污染企业两组,以及"PM2.5 爆表"事件前后两■时间段,总共四个样本组,而重污染行业(Dumpollute)有关的 14 个行业■为处理组,并赋值为 1,其余行业赋值为 0;并基于刘运国和刘梦宁(20■)的方法,"PM2.5 爆表"事件后的 2011 年(Dum11)及以后年度赋值为 1,其他年度为 0,具体模型如下:

$$Invest = \alpha_0 - \alpha_1 \times Dumpollute + \alpha_2 \times Dum11 + \alpha_3 \times Dumpollute \times Dum11 + \mu_{i,t}$$

(10-1)

■中,系数 $\alpha_3$ 度量了"PM2.5 爆表"事件后就重污染企业的环境管制对企■投资支出影响的差异。当对照组 Dumpollute = 0 时,对照组(非重污染行业■企业)在 2011 年前(Dum11 = 0)及 2011 年后(Dum11 = 1)的投资支出分■为:$Invest = \alpha_0 + \mu_{i,t}$ 和 $Invest = \alpha_0 + \alpha_2 + \mu_{i,t}$,因而在 2011 年前后对照组投■支出的差异为 $\alpha_2$;当处理组 Dumpollute = 1 时,重污染企业在 2011 年前后投■支出分别为 $Invest = \alpha_0 + \alpha_1 + \mu_{i,t}$ 和 $Invest = \alpha_0 + \alpha_1 + \alpha_2 + \alpha_3 + \mu_{i,t}$,因而在 20■ 年前后处理组投资支出的差异为 $\alpha_2 + \alpha_3$;所以"PM2.5 爆表"事件后环境■制对于两类企业投资支出的净影响为 $\alpha_3$。在此基础上,并在控制了公司的■模、负债率、资产净利率、市场化程度、第一大股东持股比例等后,构建了■章的主要回归检验模型(10-2)。

$$Invest = \alpha_0 + \alpha_1 \times Dumpollute + \alpha_2 \times Dum11 + \alpha_3 \times Dumpollute \times Dum11 + \alpha_4 \times Roa + \alpha_5 \times Size + \alpha_6 \times Lev + \alpha_7 \times S0 + \alpha_8 \times Hold1 + \alpha_9 \times Fixas + \alpha_{10} \times Loan + \delta_{i,t} + \varphi_{i,t} + \mu_{i,t} \quad (10-2)$$

其中，在模型（10-2）的基础上，为了检验假设 H10-2，基于 Fazzari 等（1988）、Vogt（1994）的观点，即投资机会越多的企业其投资支出越大，投资效率也会相对较高。而投资机会下降时，投资支出也相应降低，即投资支出对投资机会非常敏感，因而加入了衡量公司投资机会的变量（Tobin Q）[①]，并与其组成了交互项而组成模型（10-3），同时控制了行业、年度、省份效应，模型最后一项是残差项。

$$Invest = \beta_0 + \beta_1 \times Dumpollute + \beta_2 \times Dum11 + \beta_3 \times Dumpollute \times Dum11 + \beta_4 \times Dumpollute \times Dum11 \times Tobin + \beta_5 \times Dumpollute \times Tobin + \beta_6 \times Dum11 \times Tobin + \beta_7 \times Tobin + \beta_8 \times Roa + \beta_9 \times Size + \beta_{10} \times Lev + \beta_{11} \times S0 + \beta_{12} \times Hold1 + \beta_{13} \times Fixas + \beta_{14} \times Loan + \delta_{i,t} + \varphi_{i,t} + \mu_{i,t} \quad (10-3)$$

## 第四节

### 实证检验

#### 一、样本的描述性统计

表 10-2 是有关变量的基本统计量，从该表中可以看出，公司投资支出（Invest）的均值为 0.0590，最小值为 0，最大值为 0.5451，说明其分布相对比较合理，中位数为 0.0390，显示出样本有左偏的趋势；公司投资机会（Tobin Q）的均值为 1.5832，标准差为 0.8880，最小值为 0.7183，最大值为 5.8664，说明该变量的样本分布有明显离散趋势；重污染企业（Dumpollut）公司数目的均值为 0.3032，说明在所选样本中，重污染企业的比例在 30% 左右，而国有企业哑变量的均值为 0.582，表明国有企业的比例已接近 60%。

---

① 在稳健性检验时，依据已有文献的做法，本章进一步采用企业的年度销售增长率来替代 Tobin Q，结论没有变化。

# 第十章 雾霾影响企业的投资行为吗——基于"PM2.5 爆表"的自然实验

表 10-2　　　　　　　　样本的基本统计量

| 变量 | 样本量 | 均值 | 标准差 | 最小值 | 中位数 | 最大值 |
|---|---|---|---|---|---|---|
| Invest | 7308 | 0.0590 | 0.0570 | 0 | 0.0390 | 0.5451 |
| Tobin | 7308 | 1.5832 | 0.8880 | 0.7183 | 1.2563 | 5.8664 |
| Lloan | 7308 | 0.0760 | 0.0960 | 0 | 0.0290 | 0.7993 |
| Dum1 | 7308 | 0.6583 | 0.2354 | 0 | 0 | 1 |
| Fixas | 7308 | 0.2582 | 0.191 | 0 | 0.2325 | 0.9602 |
| Eqcas | 7308 | 19.4126 | 1.5023 | 9.7321 | 19.7410 | 25.8725 |
| Ebit | 7308 | 0.0560 | 0.0610 | 0.0124 | 0.0500 | 0.6757 |
| Dumpollut | 7308 | 0.3032 | 0.4603 | 0 | 0 | 1 |
| Age | 7308 | 13.0829 | 3.262 | 1 | 14 | 30 |
| Salegrow | 7308 | 0.5413 | 0.1677 | 0.0070 | 0.5363 | 1.9902 |
| Hold | 7308 | 36.5012 | 15.8903 | 0.8203 | 34.5002 | 100 |
| Lev | 7308 | 0.5407 | 0.1643 | 0.1128 | 0.5362 | 0.8547 |
| Size | 7308 | 22.2143 | 1.1876 | 18.1625 | 22.039 | 27.7521 |
| Roa | 7308 | 0.0370 | 0.0570 | 0.0023 | 0.0340 | 0.5172 |

表 10-3 是主要变量相关系数的结果，从表中可以看出，投资支出（Invest）与重污染企业（Dumpollut）的相关系数为 0.2001，并且显著性水平为 10%，表明重污染企业普遍存在着投资规模扩张的趋势；"PM2.5 爆表"事件与公司投资支出的相关系数为 -0.313 且在 1% 的水平上显著，由此说明环境管制力度的加强降低了企业的投资支出；投资机会（Tobin Q）与投资支出的相关系数为 0.022，尽管比较小但显著性水平为 1%，销售增长率与投资支出的相关系数为 -0.133 且在 1% 的水平上高度显著，原因是销售增长越快的公司，其流动资金占用很大，因而会导致公司可支配的剩余现金流就较少，剩余变量之间的相关系数基本都在 50% 以下，说明变量的多重共线性问题能够得到有效的解决。

表 10-3　　　　　　　　主要变量的相关系数

| 变量 | Invest | Tobin | Loan | Dum11 | Opcash | Ebit |
|---|---|---|---|---|---|---|
| Invest | 1 | | | | | |
| Tobin | 0.0221 ** | 1 | | | | |
| Loan | -0.0923 *** | -0.3063 *** | 1 | | | |
| Dum11 | -0.3137 *** | -0.0381 *** | 0.1702 *** | 1 | | |

续表

| 变量 | Invest | Tobin | Loan | Dum11 | Opcash | Ebit |
|---|---|---|---|---|---|---|
| Eqcash | 0.2014*** | -0.2518*** | 0.2153*** | 0.1427*** | 1 | |
| Ebit | 0.0971*** | 0.1512*** | -0.0653*** | -0.0756*** | 0.2040*** | 1 |
| Dumpollut | 0.2001* | 0.2451* | 0.0031 | 0.1202 | -0.1003 | -0.0182** |
| Age | -0.3454*** | 0.0150 | 0.1297*** | -0.1628*** | 0.0300 | -0.0442*** |
| Salegrow | -0.033*** | -0.4065*** | 0.4867*** | -0.1382*** | 0.0694*** | -0.1778*** |
| Hold1 | -0.1102 | 0.1001 | 0.0400 | 0.1003 | 0.0900 | -0.0600 |
| Lev | -0.0326*** | -0.4135*** | 0.4932*** | -0.1403*** | 0.0735*** | -0.1463*** |
| Size | 0.4001 | -0.4712*** | 0.4633*** | -0.0702*** | 0.3224*** | 0.1853*** |
| Roa | 0.0357*** | 0.1218*** | -0.1127*** | -0.1602*** | 0.1952*** | 0.3748*** |

| | Dumpollut | Age | Salegrow | Lev | Size | Roa |
|---|---|---|---|---|---|---|
| Dumpollut | 1 | | | | | |
| Age | -0.1003 | 1 | | | | |
| Salegrow | -0.1629* | 0.0153* | 1 | | | |
| Hold1 | 0.4003*** | 0.0300 | 0.0600 | | | |
| Lev | -0.1775* | 0.0140 | 0.3953*** | 1 | | |
| Size | -0.1403 | 0.0598*** | 0.4632*** | 0.4745*** | 1 | |
| Roa | -0.0178* | -0.0249*** | -0.2341*** | -0.2013*** | 0.1628*** | 1 |

注：*** 为 $p<0.01$，** 为 $p<0.05$，* 为 $p<0.1$。

## 二、单变量统计检验

表 10-4 是样本企业按其是否属于环保核查行业对样本进行分组，并对公司的投资支出（Invest）、投资机会（Tobin）统一依照公司的国有与民营，以及中央国有和地方政府国有进行分组。可以看出国有企业的投资支出（Invest）在环境监管加强前后两组间没有显著的差异，均值和中位数的差异都不显著，相反，民营企业在前后两组之间的中位数和均值差异都显著，均值差异在 10% 的水平上及中位数差异在 5% 的水平上都较显著，表明"PM2.5 爆表"事件对民营企业的投资支出影响较大；而国有企业的投资机会（Tobin Q）在"PM2.5 爆表"事件前后无显著的差异，但在民营企业组差异也较明显。从整个样本的分布看，"PM2.5 爆表"事件后三个变量的均值降低，国有企业组普

## 第一章 雾霾影响企业的投资行为吗——基于"PM2.5 爆表"的自然实验

遍在绝对值上大于民营企业组,这表明"PM2.5 爆表"事件后环境管制对各类公司的投资总额、投资机会均有一定的影响,但对表现民营企业的影响更明显。

表 10-4　　　　　　　　　主要变量的单变量检验

|  | "PM2.5 爆表"事件后 | | "PM2.5 爆表"事件前 | | 差异检验 | |
|---|---|---|---|---|---|---|
|  | 均值 | 中位数 | 均值 | 中位数 | T 检验 | Wilcoxon 检验 |
| 国有企业投资支出 | 0.0583 | 0.0538 | 0.0598 | 0.0476 | 1.4284 | 1.3546 |
| 民营企业投资支出 | 0.0517 | 0.0429 | 0.0530 | 0.0327 | 1.9438* | 2.1429** |
| 国有企业投资机会 | 1.5804 | 1.2086 | 1.5968 | 1.3843 | 1.0314 | 1.4732 |
| 民营企业投资机会 | 1.5335 | 1.2328 | 1.5923 | 1.1207 | 3.4718*** | 2.3519*** |

注　*、**、*** 分别代表在 10%、5%、1% 的水平上显著。

表 10-5 是所选样本企业的投资支出在重污染企业与非重污染企业、东部与西部的重污染企业,以及重污染企业数量最多的三个行业与重污染企业数量最少的三个行业彼此投资支出的差异。可以发现,重污染企业与非重污染企业之间的投资支出,在中位数和均值上比较接近,虽然差异很小但是均值的差异在 5% 的水平上显著,而中位数在 10% 的水平上显著;而从企业所属经济区域看,西部重污染企业投资支出的均值为 0.0661,中位数为 0.0386,而且两组企业间的差异都很显著,从而说明东部污染企业有可能进行了污染项目"异地搬家"的处理;进一步从重污染企业的数量来看,与我们直觉相反的是,重污染企业数量最少的行业投资水平显著大于重污染企业数量最大的行业,其原因是污染企业数量越少的行业,其分布较为分散,可能存在环境监管的边际成本较大,以及缺乏监管的规模效应等。

表 10-5　　　　　企业投资的行业、地区及行业内部的差异

| 项　目 | 投资支出的均值 | 投资支出的中位数 |
|---|---|---|
| 重污染企业 | 0.0595 | 0.0386 |
| 非重污染企业 | 0.0593 | 0.0391 |
| 差异（显著性水平） | 0.0018（T = 2.216） | 0.0005（Z = 1.8264） |
| 西部重污染企业 | 0.0661 | 0.0386 |
| 东部重污染企业 | 0.0462 | 0.0113 |
| 差异 | -0.0199（T = -18.57） | -0.0273（Z = -26.155） |
| 重污染企业数量最多的三个行业 | 0.0579 | 0.0386 |
| 重污染企业数量最少的三个行业 | 0.0596 | 0.0425 |
| 差异 | 0.0017（T = 1.8326） | 0.039（Z = 1.926） |

## 三、多元回归分析

表 10-6 是"PM2.5 爆表"事件与投资支出之间的回归结果,从表 10-6 的第 2 列可以看出,重污染行业(Dumpollut)与"PM2.5 爆表"事件后的环境管制(Dum11)的交互项的估计系数为 -0.0159,在 10% 的水平上显著,表明"PM2.5 爆表"事件后政府的环境监管降低了重污染行业所属公司的投资支出,第 3 列和第 4 列是将样本按照产权性质分组后的回归结果,可以看出国有企业组交互项的估计系数为 -0.0124 但不显著,而民营企业组交互项的估计系数为 -0.0246(T = -2.21),同时可以看出两组交互项 $\chi(2) = 55.63$,并且在 1% 的水平上高度显著,该结果表明"PM2.5 爆表"事件后政府的环境监管在执行中有可能存在"选择性"执法行为与企业的产权歧视行为,因而该政策对于从事重污染项目国有企业的制约效力影响较小,但显著地降低了重污染企业中民营企业投资支出,假设 H10-1 得到了支持。

表 10-6    "PM2.5 爆表"与投资支出

| 变量 | (1)<br>全样本 | (2)<br>国有 | (3)<br>民营 |
| --- | --- | --- | --- |
| Dumpollut | 0.032 *<br>(1.83) | 0.018 **<br>(2.15) | 0.0424 *<br>(1.97) |
| Dum11 | -0.0402 ***<br>(-3.43) | -0.0345 ***<br>(-4.87) | -0.0168 ***<br>(-2.91) |
| Dumpollut × Dum11 | -0.0159 *<br>(-1.778) | -0.0124<br>(-1.34) | -0.0246 **<br>(-2.21) |
| Lev | 0.0225<br>(0.96) | -0.148 **<br>(-1.95) | 0.0718<br>(1.47) |
| Size | 0.0121 ***<br>(5.26) | 0.0178 ***<br>(2.75) | -0.0518 ***<br>(-4.22) |
| Hold1 | -0.0014<br>(-1.28) | -0.0012<br>(-1.04) | 0.0305<br>(0.95) |
| Roa | 0.0412 ***<br>(2.48) | 0.0292 ***<br>(2.77) | 0.0728 ***<br>(3.15) |

## 第十章 雾霾影响企业的投资行为吗——基于"PM2.5 爆表"的自然实验

续表

| 变量 | （1）全样本 | （2）国有 | （3）民营 |
|---|---|---|---|
| S0 | 0.0114**<br>(2.16) | -0.0943**<br>(-2.54) | 0.0276***<br>(3.09) |
| Fixas | 0.0017***<br>(5.27) | 0.0004***<br>(2.76) | 0.0026***<br>(2.36) |
| Lloar | -0.0406***<br>(-2.45) | -0.0374***<br>(-3.06) | -0.0219***<br>(-2.87) |
| Constant | -0.217***<br>(-3.75) | -0.0826**<br>(-2.11) | -0.107**<br>(-2.07) |
| 行业 | 控制 | 控制 | 控制 |
| 年度 | 控制 | 控制 | 控制 |
| | | $\chi(2)=55.63$ | |
| P 值 | | 0.000 | |
| Observations | 7308 | 4333 | 2975 |
| Adj-$R^2$ | 0.259 | 0.219 | 0.28 |
| F | 126.74 | 55.68 | 105.47 |

注：括号里的数字为 t 值；*、**、*** 分别代表在 10%、5%、1% 的水平上显著。

表 10-7 是考虑了公司的投资机会后，进一步分析"PM2.5 爆表"事件后政府的环境监管对于投资机会敏感度的影响，从该表的第 2 列可以看出，是否是重污染企业（Dumpollut）、"PM2.5 爆表"（Dum11）与投资机会（Tobin Q）交互项的估计值为 -0.0307，并且在 10% 的水平上显著，表明"PM2.5 爆表"事件后环境管制力度加强，导致可投资的重污染项目急剧减少，从而降低了企业的投资机会敏感度。第 3 列和第 4 列是国有与民营分组后的回归结果，第 3 列三项交互的估计值为 -0.0275 但不显著，而第 4 列民营企业的估计值为 -0.0437 且在 5% 的水平上显著，以上结果说明，"PM2.5 爆表"事件后环境监管力度的加强导致投资机会敏感度的变化，在国有与民营企业之间出现了一个非对称的变化，进一步表明环境监管领域对不同产权企业也存在明显的"出身歧视"。

表 10-7　"PM2.5 爆表"与公司投资机会敏感度

| 变量 | (1)<br>全样本 | (2)<br>国有 | (3)<br>民营 |
|---|---|---|---|
| Dumpollut | 0.0792*<br>(1.79) | 0.0325**<br>(2.19) | 0.0176**<br>(2.14) |
| Dumpollut × Dum11 × Tobin | -0.0307*<br>(-1.834) | -0.0275<br>(-1.25) | -0.0437**<br>(-2.25) |
| Dum11 | -0.0428***<br>(-4.46) | -0.0375***<br>(-2.45) | -0.0124*<br>(-1.81) |
| Dumpollut × Dum11 | -0.0711*<br>(-1.95) | -0.0429<br>(-1.08) | -0.0215**<br>(-2.51) |
| Dumpollut × Tobin | 0.0328**<br>(2.03) | 0.0415*<br>(1.95) | 0.0206***<br>(2.37) |
| Dum11 × Tobin | -0.0218*<br>(-1.79) | -0.0207**<br>(-2.16) | -0.0346**<br>(-2.539) |
| Lev | 0.0572<br>(0.93) | -0.0933<br>(-1.36) | 0.126<br>(1.57) |
| Tobin | 0.0644***<br>(2.84) | 0.0328***<br>(3.25) | 0.0796***<br>(2.45) |
| Size | 0.0112***<br>(7.21) | 0.0131***<br>(3.07) | -0.0258*<br>(-1.76) |
| Hold | -0.0109<br>(-0.55) | -0.0311<br>(-0.96) | 0.0262<br>(0.41) |
| Roa | 0.0315***<br>(2.75) | 0.0292***<br>(3.06) | 0.0703***<br>(4.69) |
| S0 | 0.0125***<br>(2.78) | -0.0832**<br>(-2.06) | 0.0216***<br>(4.05) |
| Fixas | 0.0021***<br>(2.63) | 0.0013***<br>(3.19) | 0.0039***<br>(2.82) |
| Lloan | -0.0272***<br>(-3.63) | -0.0315***<br>(-4.58) | -0.0470***<br>(-3.22) |
| Constant | -0.346***<br>(-4.36) | -0.106***<br>(-3.15) | -0.153***<br>(-2.99) |

续表

| 变量 | (1)<br>全样本 | (2)<br>国有 | (3)<br>民营 |
|---|---|---|---|
| 行业 | 控制 | 控制 | 控制 |
| 年度 | 控制 | 控制 | 控制 |
| Observations | 7308 | 4333 | 2975 |
| Adj $R^2$ | 0.39 | 0.25 | 0.48 |
| F | 102.48 | 65.73 | 103.79 |

注：括号里的数字为稳健性标准误；\*、\*\*、\*\*\*分别代表在10%、5%、1%的水平上显著。

## 第五节

### 进一步的分析

#### 一、考虑国有企业的产权等级和投资机会后的结果

一般来说，中央所属的国有企业多为大型企业，且从事关系国计民生的重要行业，一般为市场的垄断或半垄断者，因而经营风险较小；但地方的国有企业，规模相对较小且在资金、能源和原材料供给方面处于弱势，其市场竞争压力也很大，所从事的竞争性行业会导致较大的经营风险。已有研究假定不同等级的国有企业的特性是一致的，而实际上不同隶属关系的国有企业之间存在很大的差异，其差异会使所有权结构对国有企业生存的作用产生不同的结果。进一步地，地方政府对企业在行业管制、税费收取和信贷支持等方面的政策也对企业有不同的影响，而且这些政策对不同企业（国有与民营、央企与地方国企）的影响是不平衡的（袁渊和左翔，2011）。另外，中国环境监管政策最上层的实施组织是国家环境保护部，而众多央企还保留有"副部"或"正部"的行政级别，其主要高管的任免权在中组部，因而环保部在监管过程中会存在一定的阻力和难度，有可能导致"PM2.5爆表"事件后环境管制政策的执行效果打折扣。在2013年国家环保部官网公布的"环保专项督查环境违法问题已处理处罚和整改到位"的企业名单中，国电、中石油、大唐电力等众多知名央企名列其中，占被处罚单位比例的30%，而且在112家中央国有企业中，

大约有26家企业分别涉及环保核查类的行业，占比达到23.21%。虽然地方国企与中央国企同属一个体制，但是地方国企更多地服务于地方经济发展。

政治庇护理论认为，地方政府官员会从当地国企的经营中获取政治和私有收益，因而地方政府会支持当地国企。Ljungwall 和 Linde-Rahr（2005）发现，中国的地方政府为了保持本地的相对优势，往往采取降低环境标准的方式来吸引外商直接投资。然而当中央已经将环保执行情况纳入地方官员的政绩评价模式后，这又使"庇护"演变为"干预"和"行政命令"，而中国政治机构存在明显的"层层加码"现象，即一些地方政府在污染总量分解和下达指标的过程中，一些减排任务艰巨的省份纷纷主动加压，承诺实现比中央分配更高的指标，而在省向市、市向县层层分解指标时，一些市县政府也自我加压（周黎安等，2015）。由于下级官员为了晋升的考虑而主动要求加压，不断加码上级分配的指标和任务，在此过程中，中央国企会以承担更多的国计民生义务和央企对国民经济持续稳定的责任为理由，首先会将"皮球"踢给民营企业，相对于行政级别较高的央企，地方国企自然也要承担减少重污染投资项目的实施，从而大幅减少重污染行业地方国企的投资机会，导致投资机会敏感度下降。由于"PM2.5爆表"事件后政府的环境监管对中央与地方国企的影响会有差异，以及两者在获取重要投资项目和银行信贷方面也会有显著的不同，因此，我们预期在几个因素的叠加影响下，两类公司的投资支出与投资机会敏感度会有不同的表现。

表10-8是在考虑了国有企业内部的产权等级后的回归结果，可以发现第2列的"PM2.5爆表"（Dum11）与重污染行业（Dumpollu）的两项交乘的估计值为-0.0118但不显著，而第3列相应的估计值为-0.0473（T=-1.94），两列交互项系数差异的$\chi(2)=43.86$，显著性水平为1%，从而说明重污染企业的"PM2.5爆表"事件后政府的环境监管对地方国有企业的投资支出有较强的抑制作用，而对中央国有企业的投资支出无明显的约束作用；第4列和第5列是进一步考察重要的投资机会对"PM2.5爆表"的调节作用，第4列Dumpollut×Dum11×Tobin的估计值为-0.0430但不显著，而第5列相应项的估计值为-0.026，且在5%的水平上显著，说明相对于央企，环境监管的加强对地方国企的重污染企业投资机会敏感度的抑制效应更为明显，而且彼此交互项估计值的差异$\chi(2)=58.62$。

# 第十章 雾霾影响企业的投资行为吗——基于"PM2.5爆表"的自然实验

表10-8 区分国企的产权层级

| 变量 | （1）<br>国有中央 | （2）<br>国有地方 | （3）<br>国有中央 | （4）<br>国有地方 |
|---|---|---|---|---|
| Dumpout | 0.0762*<br>(2.14) | 0.0827***<br>(2.58) | 0.0796*<br>(1.77) | 0.01537*<br>(1.86) |
| Dumpout × Dum11 × Tobin | | | −0.0430<br>(−1.36) | −0.026**<br>(−2.18) |
| Dum11 | −0.0326***<br>(−2.35) | −0.0456***<br>(−3.72) | −0.0468***<br>(−3.19) | −0.0532***<br>(−4.251) |
| Dumpout × Dum11 | −0.0118<br>(−1.083) | −0.0473*<br>(−1.94) | −0.0215<br>(−0.79) | −0.04721<br>(−1.69) |
| Dumpout × Tobin | | | 0.002*<br>(1.78) | 0.015**<br>(2.13) |
| Dum × Tobin | | − | −0.031<br>(−1.52) | −0.042**<br>(−2.13) |
| Lev | 0.725***<br>(2.38) | 0.0346<br>(1.35) | 0.824***<br>(2.62) | 0.0582<br>(1.06) |
| Tobin | | | 0.0736***<br>(2.88) | 0.0718***<br>(3.72) |
| Size | 0.0073***<br>(2.36) | 0.0118***<br>(3.25) | 0.0135***<br>(3.62) | 0.0155***<br>(4.27) |
| Hold | 0.0256<br>(1.26) | 0.0517<br>(1.18) | 0.0294<br>(0.63) | 0.0595<br>(1.47) |
| Roa | 0.0214<br>(1.32) | 0.0633**<br>(2.45) | 0.0279*<br>(1.77) | 0.0225<br>(1.57) |
| SO | 0.0315<br>(1.35) | 0.0328<br>(1.43) | 0.0361<br>(1.38) | 0.0418<br>(1.12) |
| Fix | 0.0037***<br>(2.44) | 0.0028***<br>(3.67) | 0.0017**<br>(2.43) | 0.003***<br>(2.52) |
| Lla | −0.0291***<br>(−2.75) | −0.0314***<br>(−3.92) | −0.0374**<br>(−2.02) | −0.0329**<br>(−2.14) |
| Constant | −0.249***<br>(−3.13) | −0.178***<br>(−3.16) | −0.663**<br>(−2.14) | −0.195***<br>(−3.48) |

续表

| 变量 | (1)<br>国有中央 | (2)<br>国有地方 | (3)<br>国有中央 | (4)<br>国有地方 |
|---|---|---|---|---|
| 行业 | 控制 | 控制 | 控制 | 控制 |
| 年度 | 控制 | 控制 | 控制 | 控制 |
|  | $\chi(2)=43.86$ | | $\chi(2)=58.62$ | |
| P 值 | 0.004 | | 0.023 | |
| Observations | 1531 | 2802 | 1531 | 2802 |
| Adj – $R^2$ | 0.43 | 0.36 | 0.35 | 0.42 |
| F | 26.34 | 48.05 | 55.83 | 62.05 |

注：括号里的数字为稳健性标准误；\*、\*\*、\*\*\*分别代表在10%、5%、1%的水平上显著。

## 二、重污染行业企业的东部、中部与西部差异

空气污染具有外溢效应，可在不同地区之间进行"跨境传递"（Transboundary Pollution Problem）（李胜兰等，2014）。污染避难假说认为，环保管制要求低的地区具有吸引重污染企业投资的先天优势，"市场"化的资源配置手段将会使该类地区成为重污染企业的集聚地。近年来，随着中国各地对环保要求的提高，在产业转移过程中出现了污染企业"异地"转移的新问题。周沂等（2015）发现，1998 年及之前，中国污染的密集型企业主要分布在山东半岛、长江三角洲和珠江三角洲等经济发达地区，而到了 2008 年，污染密集型企业已经开始集中在中部和西部地区。事实上，东部地区的环境管制更加严格，实力雄厚的经济总量，使其在产业结构调整和转移中，减少和降低重污染行业的比例不会对其经济基础和产业结构带来很多影响，而中西部地区有着较低的劳动力成本，同时具有较为丰富和廉价的能源、原材料，同时中西部地区的经济发展水平较为滞后，地方官员迫于升迁和政绩的需求，主观上会主动引进该类企业的投资，从而会放松环境污染的监管标准而招商引资，并且中西部地区相对丰富而又低廉的资源成本又有吸引重污染企业投资的优势。沈静等（2012）发现广东省污染密集型产业空间分布表现为"分散—集中—分散"的空间发展态势，2002～2005 年呈现珠三角地区不断集中的态势，2006 年开始向非珠三角地区分散。从而说明广东省污染密集型产业存在产业转移现象，其

## 第十章 雾霾影响企业的投资行为吗——基于"PM2.5 爆表"的自然实验

内在的动机就在于逃避和弱化已污染地区的环境监管。事实上各类污染企业是制造 PM2.5 的重要元凶,更是造成大气污染的"主力军",因此,本章进一步研究了中国由于环境监管的加强,是否对重污染企业投资的影响存在明显的地区差异?发现在"PM2.5 爆表"事件背景下,中国重污染企业的投资行为是否存在"异地搬家"的现象。另外,多数重污染行业的上市公司都在全国布局,通过资本运作的手段,将其关联产业在全国投资。例如,紫金矿业(601899)在新疆、西藏、青海以及福建本地都有子公司,并成立了紫金矿业集团西北有限公司,紫金矿业集团南方投资有限公司和紫金国际矿业有限公司等,从而能够利用不同地区环境管制的差异以及欠发达地区的"招商引资"激励,从而对污染产业进行"移动迁徙",既保证了承担较少环境污染风险与较低的成本,又保证能够实现企业利润最大化的目的,从而使环境管制的落实打折扣,另外,像宝钢集团在上海、新疆、广东韶关等地都有子公司,从而可以在全国各地进行产业布局,从而使其项目投资的波动不会受到很大影响。李胜兰等(2014)认为由于环境污染具有外部性,并能够在地区之间传递(跨境污染问题),即使本地区企业实行严格的环境规制也不一定会降低环境污染带来的损失,地方政府与企业有较强的激励去大力提高企业投资规模而获取短期利益。因此我们认为,"PM2.5 爆表"事件后的环境管制可能会使污染企业的投资项目进行"地区迁移",从而使总污染项目的投资并不会有实质下降。

表 10-9 是按照企业注册地,将企业分为西部、东部和中部三组而进行的回归,从中可以发现,Dumpollute 与 Dum11 交互项的回归系数在西部企业组为 0.0495,且在 5% 的水平上显著,而东部企业组的系数则为 -0.0386,显著性水平为 10%,中部企业的系数为 0.0971 但不显著。进一步表 10-10 则从投资机会敏感度的分析可以发现,西部企业组三项交乘的回归系数是 0.0325 且在 5% 的水平上显著,而东部企业的该系数是 -0.0296 但不显著,相反地,中部企业组的系数是 0.0379,尽管不显著但也说明中部地区有可能承担部分污染产业转移的污染项目。以上分析表明,"PM2.5 爆表"后,环境监管的加强导致东部重污染企业的投资及其投资机会敏感度在降低,而西部重污染企业的两类指标都在显著增加,其可能的原因是官员的业绩锦标赛、污染企业的需求以及环境监管等多种因素的影响,导致了重污染企业的投资行为发生了"移地搬家"。

表 10-9　　　　　　　按区域分组下的投资支出的回归

| 变量 | (1)<br>西部 | (2)<br>东部 | (3)<br>中部 |
|---|---|---|---|
| Dumpollute × Dum11 | 0.0495**<br>(2.112) | -0.0386*<br>(-1.929) | 0.0971<br>(1.161) |
| Dumpollute | -0.0101<br>(-0.110) | 0.0156<br>(0.814) | -0.0816<br>(-1.243) |
| Dum11 | -0.0741<br>(-0.696) | -0.0363***<br>(-13.729) | -0.0142**<br>(-2.109) |
| Loan | 0.0103**<br>(2.139) | 0.0014<br>(0.042) | 0.0206**<br>(2.511) |
| Roa | 0.0990**<br>(2.267) | 0.0791***<br>(7.658) | 0.0931***<br>(3.116) |
| S0 | -0.0234<br>(-1.558) | 0.0165***<br>(31.689) | 0.0740<br>(0.644) |
| Hold1 | -0.0687<br>(-0.375) | -0.0429<br>(-1.306) | 0.0144<br>(0.119) |
| Lev | 0.0560***<br>(2.930) | 0.0466***<br>(9.159) | -0.0821<br>(-0.539) |
| Fixas | 0.001**<br>(2.443) | 0.014***<br>(3.087) | 0.002<br>(0.518) |
| Size | 0.0131**<br>(2.536) | 0.0269***<br>(3.142) | 0.0108***<br>(3.702) |
| Constant | -0.257**<br>(-2.341) | -0.102***<br>(-5.213) | -0.175***<br>(-2.894) |
| 行业 | 控制 | 控制 | 控制 |
| 年度 | 控制 | 控制 | 控制 |
| Observations | 515 | 5,669 | 1124 |
| Adj-$R^2$ | 0.116 | 0.598 | 0.207 |
| F | 2.673 | 256.6 | 7.911 |

注：括号里的数字为 t 值；*、**、*** 分别代表在 10%、5%、1% 的水平上显著。

# 第十章 雾霾影响企业的投资行为吗——基于"PM2.5爆表"的自然实验

表 10-10　区域分组下的投资机会敏感度回归

| 变量 | (1)<br>西部 | (2)<br>东部 | (3)<br>中部 |
| --- | --- | --- | --- |
| Dumflute × Dum11 | 0.0118***<br>(2.342) | -0.0306*<br>(-1.837) | 0.0159<br>(1.325) |
| Dumflute × Dum11 × Tobin | 0.0825**<br>(2.073) | -0.0296<br>(-1.429) | 0.0379<br>(0.827) |
| Dumflut × Tobin | 0.0133*<br>(1.78) | 0.0379**<br>(2.15) | 0.0206**<br>(2.06) |
| Dum11 × Tobin | -0.0135**<br>(-2.08) | -0.0344<br>(-0.792) | -0.0196*<br>(-1.86) |
| Dumflute | 0.0108<br>(0.267) | 0.0153*<br>(1.842) | 0.0759<br>(1.026) |
| Dum11 | -0.0124<br>(-0.882) | -0.0275***<br>(-5.178) | -0.0149**<br>(-2.126) |
| Tobin | 0.018<br>(0.183) | 0.0436***<br>(2.345) | 0.0787<br>(0.503) |
| Lloss | 0.0012**<br>(2.092) | -0.011<br>(-0.781) | 0.0201**<br>(2.178) |
| Roe | 0.0834**<br>(2.136) | 0.0724***<br>(5.029) | 0.0909**<br>(3.116) |
| SO | -0.0104<br>(-1.256) | 0.0125***<br>(3.716) | 0.0573<br>(0.782) |
| Ho | -0.0517<br>(-0.346) | -0.0427<br>(-1.581) | 0.0506<br>(0.049) |
| Lev | 0.0493***<br>(2.725) | 0.0502***<br>(4.406) | -0.0792<br>(-0.773) |
| Fi | 0.0285**<br>(2.328) | 0.003***<br>(3.354) | 0.0316<br>(0.758) |
| Size | 0.0133***<br>(2.460) | 0.0482***<br>(3.182) | 0.0116***<br>(3.296) |
| Constant | -0.286**<br>(-2.12) | -0.162***<br>(-3.039) | -0.165***<br>(-2.667) |

续表

| 变量 | (1)<br>西部 | (2)<br>东部 | (3)<br>中部 |
|---|---|---|---|
| 行业 | 控制 | 控制 | 控制 |
| 年度 | 控制 | 控制 | 控制 |
| Observations | 515 | 5669 | 1124 |
| Adj-$R^2$ | 0.235 | 0.307 | 0.196 |
| F | 52.07 | 33.89 | 78.52 |

注：括号里的数字为 t 值；\*、\*\*、\*\*\* 分别代表在 10%、5%、1% 的水平上显著。

## 第六节

### 稳健性检验

尽管本章的主要检验模型用的是双倍差分法，该处理已经较好地解决主要变量之间的内生性，但由于本章有较多的缺漏值，以及宏观政策到微观机制的传导环节有较多的干扰因素，因此进一步对投资机会敏感度检验模型进行了处理，根据 Li (2010) 的解释，差分模型有三个优点：第一，考虑对增量的影响，过滤掉因企业文化、管理者偏好等非正式制度等不随时间变动的因素；第二，增量表示新的信息，可以消除陈旧信息带来的影响；第三，再一次减弱内生性问题。具体是将模型的所有连续变量进行一阶差分后再进行同样的回归，表 10-11 是对投资机会敏感度的差分检验模型，结果与前面一致。

表 10-11　　　　　　　　差分检验

| 变量 | 全样本 | (2) 民营 | (3) 国营 |
|---|---|---|---|
| ΔLev | 0.5560\*\*\*<br>(5.772) | 0.0915<br>(0.874) | 0.6324\*<br>(1.693) |
| ΔSize | 0.0650\*\*\*<br>(14.940) | 0.0828<br>(1.642) | 0.0265\*\*\*<br>(3.579) |
| ΔRoa | 0.0516\*\*\*<br>(8.482) | 0.0459<br>(0.226) | 0.679\*<br>(1.735) |
| ΔS0 | -0.3117\*\*\*<br>(-3.461) | 0.1314<br>(1.353) | -0.4796<br>(-1.437) |
| ΔAge | -0.0319\*\*\*<br>(-7.326) | -0.0282<br>(-0.554) | -0.0406\*\*\*<br>(-5.987) |

续表

| 变量 | 全样本 | (2) 民营 | (3) 国营 |
|---|---|---|---|
| $\Delta Tobin$ | 0.1476 *** <br> (2.485) | 0.0304 <br> (0.231) | 0.2379 <br> (1.046) |
| Dumpollut | -0.0128 ** <br> (-2.028) | -0.0121 * <br> (-1.669) | -0.0858 <br> (-1.173) |
| Dum 1 | -0.0263 ** <br> (-2.374) | -0.0318 *** <br> (-3.061) | -0.0217 * <br> (-1.793) |
| Dum 1 × Dumpollut | -0.1275 * <br> (-1.777) | -0.0206 ** <br> (-2.124) | -0.1136 <br> (-1.286) |
| $\Delta Tobin$ × Dumpollut × Dum 1 | -0.0762 ** <br> (-2.265) | -0.0623 * <br> (-1.879) | -0.0260 <br> (-0.753) |
| Dumpollut × $\Delta Tobin$ | 0.0341 * <br> (1.675) | 0.0276 * <br> (1.974) | 0.0484 <br> (1.528) |
| Dum 1 × $\Delta Tobin$ | -0.2016 ** <br> (-2.013) | -0.1803 ** <br> (-2.355) | -0.1795 <br> (-1.036) |
| $\Delta Fin$ | 0.0372 * <br> (1.695) | 0.0255 ** <br> (2.124) | 0.0464 ** <br> (2.017) |
| $\Delta Hold$ | 0.553 <br> (0.885) | 0.175 <br> (0.243) | 0.710 <br> (0.590) |
| $\Delta Lev$ | -0.0429 *** <br> (-2.962) | -0.0516 *** <br> (-3.814) | -0.0471 *** <br> (-2.963) |
| Constant | -0.1738 *** <br> (-3.902) | -0.1447 * <br> (-1.983) | -0.6518 *** <br> (-3.257) |
| 行业 | 控制 | 控制 | 控制 |
| 年度 | 控制 | 控制 | 控制 |
| 省份 | 控制 | 控制 | 控制 |
| Observations | 7215 | 4751 | 2564 |
| Adj-$R^2$ | 0.49 | 0.35 | 0.83 |
| F | 54.41 | 21.34 | 99.05 |

注：括号里的数字为稳健性标准误；*、**、*** 分别代表在10%、5%、1%的水平上显著。

## 第七节

### 结论及启示

中国共产党的十八届三中全会提出建设"美丽中国"的宏伟蓝图，要

"建设生态文明，必须建立系统完整的生态文明制度体系，实行最严格的源头保护制度、损害赔偿制度、责任追究制度，完善环境治理和生态修复制度，用制度保护生态环境"。污染企业是制造 PM2.5 的重要元凶，是造成大气污染的"主力军"。本章利用 2006~2014 年中国深沪 A 股上市公司财务数据，应用了双倍差分法研究"PM2.5 爆表"后政府的环境监管对中国上市公司中重污染企业投资行为的影响，并分析了在国有企业与民营、央企与地方国企投资支出和投资机会敏感度影响的差异，进一步考察了在重污染行业内部、东西部以及环保管制政策的年度变化效应。

本章的研究结论：（1）"PM2.5 爆表"事件后政府的环境监管降低了地方国有企业和民营企业的投资支出与投资机会，而对央企的投资支出无显著影响；（2）地方政府和相关企业对投资机会的"崇拜"削弱了"爆表"事件后的监管效果，降低了民营企业的投资机会敏感度，但对国企的投资机会敏感度的影响不显著；（3）进一步区分国企的产权层级后发现，"PM2.5 爆表"事件后政府的环境监管仅对地方国企的投资支出和投资机会敏感度有抑制效应，对央企无显著影响，最后发现，西部重污染企业的投资支出及投资机会敏感度都显著提高，但东部企业则显著下降。

"PM2.5 爆表"事件后，尽管各级环保部门和地方政府都对雾霾及环境治理出台最为苛刻的政策和规定，但本章的研究表明，其具体的落实效果与建设美丽中国和生态文明的目标还有很大的差距，从而说明雾霾治理及环境管制手段的落实和具体的执行力是解决"PM2.5 爆表"事件现象多发频发问题的关键环节。另外，对于重污染企业的环保治理，不能仅靠环保部门一家，更需要证监会、银监会以及商业银行等多个机构共同联手，不但要降低污染项目的投资，而且要斩断支持污染项目投资的融资来源，并提高重污染项目融资成本及发挥债权人的治理作用，另外，需要地方政府进一步正确理解"投资机会"的内涵，减少对企业和商业银行信贷的过多干预，地方官员也需要树立正确的"政绩观"，减少对重污染企业拉动地方 GDP 的过度依赖。而对于重污染企业的"异地搬家"等问题，也需要各级政府及环境管理部门能够及时应对新情况的出现，尽快拿出具体的解决办法和措施。

# 第十一章

# 结论及展望

## 第一节

### 研究总结

本书基于我国经济的发展阶段进入高质量发展的背景,分析了上市公司的营商环境中的各类要素对企业财务决策的具体影响,并挖掘了部分研究项目的作用机制和路径,经过对系列问题的分析,针对不同研究内容,本书所获得的具体结论如下。

(1) 在职消费对盈余质量产生负面影响,而滞后一年的在职消费则会显著改善公司的盈余质量,在国有企业这种关系更显著,在民营企业虽存在但不显著。并发现市场化水平进程较低地区公司的当年在职消费对盈余质量的负面影响要大于市场化进程高的地区,而且滞后一年的在职消费对盈余质量则会产生正面影响,而该影响则是市场化进程低的地区小于市场化进程高的地区。

(2) 地方官员作为我国营商环境中关键的一个因素,相关研究表明,市委书记变更所带来企业的政治不确定性会明显增加企业的代理成本,该效应在低市场化水平组与国有企业组更为显著,并且本书发现变更官员的外地调入时,会明显增加企业的代理成本,进一步发现,发生变更的市委书记的年龄与企业是否属于管制行业等因素会显著强化两者间的关系。

(3) 针对高管在行业协会任职的研究,我们具体发现:①高管的"红顶商人"身份会显著增加公司的商业信用,并且其社会身份越高,越有可能获得较多的商业信用资源,从而有助于缓解公司的融资约束;②相对于国有企业,民营企业高管的"红顶商人"身份使其获得较多的商业信用,表明其对融资约束影响更为明显；③在高市场竞争环境下，以及在金融危机期间，公司高管的"红顶商人"身份能够显著增加公司获得的商业信用。

（4）高管的行业协会任职如何影响企业的过度投资行为？我们的研究发现，公司高管的行业协会任职显著增加了公司的过度投资规模，该效应在民营企业和省级、市县层级协会关联的企业更为显著，而政府对企业的干预则明显强化了两者的关系，进一步从外部治理机制研究发现，企业产品市场竞争和媒体的监督有助于抑制两者之间的关系，但仅在民营企业与省级、市县级的行业协会关联企业中较为明显。

（5）在针对企业的并购决策问题，研究发现，公司高管的行业协会任职不但可以显著增加企业并购发生的概率，而且可以降低并购溢价，表明高管的行业协会任职有助于打破并购的制度壁垒，并降低并购中的信息不对称性，发现该影响在政府干预强度较大和社会信任较低的地区更为显著，进一步检验发现，高管行业协会任职可以减弱民营企业的产权因素和高融资约束企业在并购中的"短板"效应，经济后果检验揭示出并购后企业业绩和价值得到提高，并购整个完成时间会减少，以及并购成功项目的数量也显著增加。

（6）在劳动保护法律如何影响公司的薪酬契约的研究中，我们的研究揭示出，以《劳动合同法》为代表的劳动保护显著降低了公司整体的薪酬敏感度，考虑员工和高管的人员结构因素后发现劳动保护降低了高管而提高了员工的业绩薪酬敏感性，当考虑了企业行业特征时，发现劳动保护对高劳动密集度企业的业绩薪酬敏感性的降低作用更明显，进一步发现相对于低劳动密集度企业，劳动保护提高了高劳动密集度企业的员工而降低高管的业绩薪酬敏感性，而且公司治理会抑制劳动保护对企业业绩薪酬敏感性的不利影响。

（7）公司管理者过度自信是公司高级管理者中一个普遍存在的心理特质，我们的研究发现，公司管理者的过度自信对会计稳健性有显著的负面影响；会计稳健性在管理者过度自信与公司业绩之间发挥了一定的调节作用，在亏损企业该调解作用提高了公司业绩，而在盈利企业则恶化了公司的业绩。

（8）针对我国"PM2.5爆表"事件后政府的环境监管对我国重污染企业投资行为的影响，研究的结果表明，由于"PM2.5爆表"后政府环境监管的加强，使地方国企和民企的投资支出明显降低，相对于国有企业，民营企业的投资机会敏感度显著降低；相反，中央国企的投资支出与投资机会敏感度没有明显变化，进一步研究发现，"爆表"后的重污染行业从业数量较少的企业与同类;东部地区企业的投资支出和投资机会敏感度在减少,但西部污染企业的同类指标在增加。本书的研究也揭示出中国的环境监管中具有一些有待改进之处,且在某些从业数量少的重污染企业中存在着监管缺位和个别污染产业异地转移的迹象。

## 第二节

## 展 望

### 一、研究的不足

学术界对中国经济高质量发展的研究是近两年开始兴起的,作为一个全新的研究热点,此研究很好地顺承了党的十九大提出的"由经济高速增长阶段迈向高质量发展阶段"以及中央经济工作会议关于"推动经济高质量发展"的指示。首先,由于高质量发展的提出是一个新命题,学术界对于此问题的研究材料日臻完善,可参考的文献虽然日益增多,但具有权威性的专著文献不多,仍处于探索阶段,尤其本书是针对上市公司的具体财务决策及治理等微观的问题,如何准确地将高质量发展具体化到上市公司的具体融资、投资和运营决策中,是一个挑战性很高的学术问题,本书尝试性的研究,可能存在一些不足和局限性。其次,营商环境也只是近几年才提出来的,可以说对其具体的内涵和指标,从政府的权威文件到学术界,对我国的高质量发展中是否包括营商环境,都尚未达成共识。截至当前,政策制定部门和学术界都鲜有人提出具体的观点和结论,这也使本书的结论推广性和应用范围受到了一些限制。

### 二、未来的展望

首先,我国经济的高质量发展战略是一个长期目标,其内涵和外延可能会随着外部环境的变化会有所调整,为了实现学术研究的与时俱进和不断创新,在未来营商环境与企业的财务决策、公司治理等问题的研究中,需要明确具体研究问题的场景,并不断解决新的公司经营中的具体现实问题,此外,需要尽快在理论上明确高质量发展模式下,完善和优化企业营商环境的具体指标或者方向，从而使研究问题的方向性和应用价值得到保证和提高。

其次，公司财务决策涉及的问题很多，在高质量发展战略指引下，如何能够针对当下的不同行业企业所面临的最为迫切的问题而展开及时性的研究，也是很重要的方面，具体而言，由于营商环境所涉及的具体问题很多，而且彼此之间可能还存在一定的交叉关系，这使在研究具体问题时，如何进行必要的隔离而保证研究结论的可靠性？这也是未来研究需要下大功夫解决的问题。

最后，本书是针对上市公司的样本，上市公司基本上代表了我国企业中最为优质的一部分，但现实中还有更多的中小微企业，实现我国经济的高质量发展离不开千千万万这类企业的健康发展，但目前这方面的研究很少，同时这类企业对当地营商环境的变化最为敏感，其抗风险和承受意外打压的能力也是最低的，因而，在未来的研究中，如果研究条件和样本有一定的保证，进行这些方面的研究也具有重要的价值和意义。

# 参考文献

[1] 白让让. 竞争驱动、政策干预与产能扩张——兼论"潮涌现象"的微观机制 [J]. 经济研究, 2016 (11): 56-69.

[2] 边燕杰, 丘海雄. 企业的社会资本及其功效 [J]. 中国社会科学, 2000 (2): 89-90.

[3] 边燕杰, 张磊. 论关系文化与关系社会资本 [J]. 人文杂志, 2013 (1): 103-109.

[4] 蔡庆丰, 郭春松, 黄凯松. 社会关系与社会经历对资本市场影响研究进展 [J]. 经济学动态, 2016 (2): 126-140.

[5] 曹春方. 政治权力转移与公司投资——中国的逻辑 [J]. 管理世界, 2013 (1): 143-157.

[6] 曹建海, 李芳琴. 中国是否存在过度投资——基于1995~2014年投资效益的测算 [J]. 财经问题研究, 2016 (5): 54-61.

[7] 曹伟, 程六兵, 赵璨. 地方政府换届会影响企业纳税行为吗——来自市委书记变更的证据 [J]. 世界经济文汇, 2016 (3): 91-110.

[8] 曹向, 匡小平. 制度环境与商业信用融资有效性 [J]. 当代财经, 2013 (5): 115-128.

[9] 曾建光, 王立彦. Internet治理与代理成本——基于Google大数据的证据 [J]. 经济科学, 2015 (1): 112-125.

[10] 曾昭灶, 李善民, 陈玉罡. 我国控制权转移与投资者保护关系的实证研究 [J]. 管理学报, 2012 (7): 960-967.

[11] 陈德球, 陈运森, 董志勇. 政策不确定性、税收征管强度与企业税收规避 [J]. 管理世界, 2016 (5): 27-39.

[12] 陈德球, 李思飞, 王丛. 政府质量, 终极产权与公司现金持有 [J]. 管理世界, 2011 (11): 127-141.

[13] 陈冬,孔墨奇,王红建. 投我以桃,报之以李:经济周期与国企避税 [J]. 管理世界, 2016 (5): 46-63.

[14] 陈冬华,陈信元,等. 国有企业中的薪酬管制与在职消费 [J]. 经济研究, 2005 (2): 92-101.

[15] 陈冬华,梁上坤,蒋德权. 不同市场化进程下高管激励契约的成本与选择:货币薪酬与在职消费 [J]. 会计研究, 2010 (11): 56-64.

[16] 陈冬华. 地方政府、公司治理与补贴收入——来自我国证券市场的经验证据 [J]. 财经研究, 2003 (9): 15-21.

[17] 陈仕华,姜广省,卢昌崇. 董事联结、目标公司选择与并购绩效——基于并购双方之间信息不对称的研究视角 [J]. 管理世界, 2013 (12): 117-132.

[18] 陈仕华,卢昌荣. 国有企业党组织的治理参与能够有效抑制并购中的"国有资产流失"吗 [J]. 管理世界, 2014 (5): 106-120.

[19] 陈艳艳,罗党论. 政治周期、地方官员变更与资源配置 [J]. 上海财经大学学报, 2016 (10): 40-52.

[20] 陈运森,郑登津. 网络关系、信息传递与投资趋同 [C]. 2016年中国实证会计国际会议论文集.

[21] 戴亦一,肖金利,潘越. "乡音"能否降低公司代理成本——基于方言视角的研究 [J]. 经济研究, 2016 (12): 147-162.

[22] 戴亦一,潘越,刘新宇. 社会资本、政治关系与我国私募股权基金投融资行为 [J]. 南开管理评论, 2014 (4): 88-97.

[23] 戴亦一,潘越,冯舒. 中国企业的慈善捐赠是一种政治献金吗——来自市委书记更替的证据 [J]. 经济研究, 2014 (4): 74-86.

[24] 戴亦一,潘越,刘思超. 媒体监督、政府干预与公司治理:来自中国上市公司财务重述视角的证据 [J]. 世界经济, 2011 (11): 121-144.

[25] 董敏杰,梁泳梅,张其仔. 中国工业产能利用率:行业比较、地区差距及影响因素 [J]. 经济研究, 2015, 50 (1): 84-98.

[26] 窦欢,张会丽,陆正飞. 企业集团、大股东监督与过度投资 [J]. 管理世界, 2014 (7): 134-144.

[27] 杜兴强,曾泉,杜颖杰. 政治联系、过度投资与公司价值——基于国有上市公司的经验证据 [J]. 金融研究, 2011 (8): 93-110.

[28] 杜兴强, 赛薇, 曾泉, 常莹莹. 宗教影响, 控股股东与过度投资: 基于中国佛教的经验证据 [J]. 会计研究, 2016 (8): 50-57.

[29] 樊纲, 王小鲁, 朱恒鹏. 中国市场化指数——各地区市场化进程相对进度2011年报告 [M]. 北京: 中国经济出版社, 2012.

[30] 樊纲, 王小鲁. 中国市场化指数——各地区市场化相对进程2009年报告 [M]. 北京: 经济科学出版社, 2011.

[31] 方军雄. 政府干预, 所有权性质与企业并购 [J]. 管理世界, 2008 (9): 118-123.

[32] 冯必扬. 人情社会与契约社会——基于社会交换理论的视角 [J]. 社会科学, 2011 (9): 67-75.

[33] 甘思德, 邓国胜. 行业协会的游说行为及其影响因素分析 [J]. 经济社会体制比较, 2012 (4): 147-156.

[34] 高勇强, 何晓斌, 李路路. 民营企业家社会身份、经济条件与企业慈善捐赠 [J]. 经济研究, 2011 (12): 111-123.

[35] 耿强, 江飞涛, 傅坦. 政策性补贴, 产能过剩与中国的经济波动——引入产能利用率RBC模型的实证检验 [J]. 中国工业经济, 2011 (5): 27-36.

[36] 顾智鹏, 武舜臣, 曹宝明. 中国产能过剩问题的一个解释——基于土地要素配置视角 [J]. 南京社会科学, 2016 (2): 31-38.

[37] 郭峰, 石庆玲. 官员更替, 合谋震慑与空气质量的临时性改善 [J]. 经济研究, 2017 (7): 155-169.

[38] 郭峰, 胡军. 官员任期、政绩压力和城市房价——基于中国大中城市的经验研究 [J]. 经济管理, 2014 (4): 9-18.

[39] 韩洁, 田高良, 杨宁. 连锁董事与并购目标选择: 基于信息传递视角 [J]. 管理科学, 2014 (2): 15-25.

[40] 郝颖, 刘星, 林朝南. 我国上市公司管理人员过度自信与投资决策的实证研究 [J]. 中国管理科学, 2005 (5): 142-148.

[41] 何威风, 刘启亮, 刘永丽. 管理者过度自信与企业盈余管理行为研究 [J]. 投资研究, 2 (11): 73-92.

[42] 贺小刚, 朱丽娜. 地方官员更替与创业精神: 来自省级经验的证据 [J]. 中山大学学报 (社会科学版), 2016 (3): 194-208.

[43] 胡国柳，周遂．会计稳健性、管理者过度自信与企业过度投资 [J]．东南大学学报（哲学社会科学版），2013（3）：50 - 55．

[44] 胡泽，夏新平，余明桂．金融发展、流动性与商业信用：基于全球金融危机的实证研究 [J]．南开管理评论，2013（3）：4 - 16．

[45] 黄福广，彭涛，田利辉．风险资本对创业企业投资行为的影响 [J]．金融研究，2013（8）：180 - 192．

[46] 纪莺莺．转型国家与行业协会多元关系研究——一种组织分析视角 [J]．社会学研究，2016（2）：149 - 169．

[47] 贾俊雪，郭庆旺，赵旭杰．地方政府支出行为的周期性特征及其制度根源 [J]．管理世界，2012（2）：7 - 18．

[48] 贾倩，孔祥，孙铮．政策不确定性与企业投资行为——基于省级地方官员变更的实证检验 [J]．财经研究，2013（2）：81 - 93．

[49] 江飞涛，曹建海．市场失灵还是体制扭曲——重复建设形成机理研究中的争论，缺陷与新进展 [J]．中国工业经济，2009（1）：53 - 64．

[50] 江伟，曾业勤．金融发展、产权性质与商业信用的信号传递作用 [J]．金融研究，2013（6）：89 - 103．

[51] 江伟．董事长过度自信对上市公司融资偏好行为的影响 [J]．经济管理，2010（2）：112 - 122．

[52] 姜付秀，黄磊，张敏．产品市场竞争、公司治理与代理成本 [J]．世界经济，2009（10）：46 - 59．

[53] 姜付秀，张敏，刘志彪，经济发展，政府干预与国内经济一体化——基于中国上市公司同区域并购视角的研究 [J]．学术研究，2015（6）：63 - 74．

[54] 姜付秀，张敏，陆正飞．管理者过度自信、企业扩张与财务困境 [J]．经济研究，2009（1）：131 - 143．

[55] 靳光辉，刘志远，花贵如．政策不确定性与企业投资——基于战略性新兴产业的实证研究 [J]．管理评论，2016（9）：3 - 16．

[56] 雷光勇，王文忠，刘茉．政治不确定性、股利政策调整与市场效应 [J]．会计研究，2015（4）：121 - 131．

[57] 黎文靖，郑曼妮．空气污染的治理机制及作用效果——来自地级市经验数据 [J]．中国工业经济，2016（4）：93 - 109．

[58] 李敏才,刘峰.社会资本、产权性质与上市资格——来自中小板IPO的实证证据[J].管理世界,2012(11):110-123.

[59] 李培功,沈艺峰,2011.社会规范、资本市场与环境治理:基于机构投资者视角的经验证据[J].世界经济,2011(6):126-146.

[60] 李培功,肖珉.CEO任期与企业资本投资[J].金融研究,2011(2):127-140.

[61] 李培功,沈艺峰.媒体的公司治理作用:中国的经验证据[J].经济研究,2010(4):14-27.

[62] 李培馨,陈运森,王宝链.社会网络及其在金融研究中的应用:最新研究述评[J].南方经济,2013(9):62-74.

[63] 李善民,朱滔.多元化并购能给股东创造价值吗——兼论影响多元化并购长期绩效的因素[J].管理世界,2006(3):129-137.

[64] 李胜兰,初善冰,申晨.地方政府竞争、环境规制与区域生态效率[J].世界经济,2014(4):88-110.

[65] 李四海,高丽.企业家社会资本与研发投入及其绩效研究——基于社会资本工具效用异质性视角[J].科学学与科学技术管理,2014(10):105-115.

[66] 李维安,姜涛.公司治理与企业过度投资行为研究——来自中国上市公司的证据[J].财贸经济,2007(12):56-62.

[67] 李小荣,张瑞君.股权激励影响风险承担:代理成本还是风险规避[J].会计研究,2014(1):57-63.

[68] 李学楠.行业协会的政治行为方式、影响力与资源依赖——基于上海的实证分析[J].天津行政学院学报,2014(4):43-79.

[69] 李曜,宋贺.风险投资支持的上市公司并购绩效及其影响机制研究[J].会计研究,2017(6):60-66.

[70] 李云鹤.公司过度投资源于管理者代理还是过度自信[J].世界经济,2014(12):95-117.

[71] 李增泉,余谦,王晓坤.掏空,支持与并购重组[J].经济研究,2005(1):95-105.

[72] 连立帅.国企过度投资溯因:政府干预抑或管理层自利[J].会计研究,2014(2):41-48.

· 225 ·

[73] 梁彤缨, 冯莉, 陈修德. 金字塔结构、在职消费与公司价值——来自中国上市公司的经验证据 [J]. 山西财经大学学报, 2012 (11): 75-83.

[74] 林南. 社会资本——关于社会结构与行动的理论 [M]. 上海: 上海人民出版社, 2004.

[75] 林润辉, 谢宗晓, 李娅, 王川川. 政治关联、政府补助与环境信息披露——资源依赖理论视角 [J]. 公共管理学报, 2015 (4): 30-43.

[76] 林毅夫. 潮涌现象与发展中国家宏观经济理论的重新构建 [J]. 经济研究, 2007 (1): 126-131.

[77] 林钟高, 陈曦. 社会信任, 内部控制重大缺陷及其修复与财务风险 [J]. 当代财经, 2016 (6): 118-129.

[78] 刘斌, 吴娅玲. 会计稳健性与资本投资效率的实证研究 [J]. 审计与经济研究, 2011 (7): 60-68.

[79] 刘彩凤. 《劳动合同法》对我国公司解雇成本与雇用行为的影响——来自公司态度的问卷调查 [J]. 经济管理, 2008 (21-22).

[80] 刘春, 李善民, 孙亮. 独立董事具有咨询功能吗?——异地独董在异地并购中功能的经验研究 [J]. 管理世界, 2015 (3): 124-136.

[81] 刘娥平, 关静怡. 商业信用对企业非效率投资的双向治理 [J]. 管理科学, 2016, 29 (6): 131-144.

[82] 刘峰, 涂国前. 中国上市公司控制权转移的动机研究 [J]. 财经研究, 2016 (10): 140-154.

[83] 刘凤委, 李琳, 薛云奎. 信任、交易成本与商业信用模式 [J]. 经济研究, 2009 (8): 60-71.

[84] 刘海洋, 林令涛, 黄顺武. 地方官员变更与企业兴衰——来自地级市层面的证据 [J]. 中国工业经济, 2017 (1): 62-81.

[85] 刘仁伍, 盛文军. 商业信用是否补充了银行信用体系 [J]. 世界经济, 2011 (11): 103-120.

[86] 刘维奇, 牛晋霞, 张信东. 股权分置改革与资本市场效率——基于三因子模型的实证检验 [J]. 会计研究, 2010 (3): 65-72.

[87] 刘行. 政府干预的新度量——基于最终控制人投资组合的视角 [J]. 金融研究, 2016 (9): 145-160.

[88] 刘运国, 刘梦宁. 雾霾影响了重污染企业的盈余管理吗——基于政

治成二假说的考察[J].会计研究,2015(3):26-33.

[89] 柳建华,魏明海,郑国坚.大股东控制下的关联投资:"效率促进"抑或"转移资源"[J].管理世界,2008(3):133-141.

[90] 卢洪友,张楠.地方政府换届,税收征管与税收激进[J].经济管理,2016(2):160-168.

[91] 卢锐,魏明海,等.管理层权力、在职消费与产权效率——来自中国上市公司的证据[J].南开管理评论,2008(5):85-92.

[92] 陆嘉玮,陈文强,贾生华.债务来源,产权性质与房地产企业过度投资[J].经济与管理研究,2016(9):126-136.

[93] 陆瑶,施新政,刘璐瑶.劳动力保护与盈余管理——基于最低工资政策变动的实证分析[J].管理世界,2017(3):146-158.

[94] 陆正飞,杨德明.商业信用:替代性融资,还是买方市场?[J].管理世界,2011(4):6-14.

[95] 罗党论,廖俊平,王珏.地方官员变更与企业风险——基于中国上市公司的经验证据[J].经济研究,2016(5):130-142.

[96] 罗宏,黄文华.国企分红在职消费与公司业绩[J].管理世界,2008(9):139-148.

[97] 罗宏,宛玲羽,刘宝华.国企高管薪酬契约操纵研究——基于业绩评价指标选择的视角[J].财经研究,2014(4).

[98] 罗家德.人际关系连带、信任与关系金融:以嵌入性观点研究台湾民间借贷[M].清华社会学评论,北京:清华大学出版社,2002.

[99] 罗进辉,万迪昉.大股东减持对管理者过度在职消费行为的治理研究[J].证券市场导报,2009(6):64-70.

[100] 罗劲博.参股非上市金融企业:优化资本配置还是创造融资通道——基于上市公司过度投资视角的实证检验[J].山西财经大学学报,2015(4):21-34.

[101] 罗劲博.高管的"红顶商人"身份与公司商业信用[J].上海财经大学学报,2016(3):48-62.

[102] 吕长江,金超,韩慧博.上市公司的资本结构、管理者利益侵占与公司业绩[J].财经研究,2007(5)50-61.

[103] 潘爱玲,刘文楷,王雪.管理者过度自信,债务容量与并购溢价

[J]. 南开管理评论, 2018, 21 (3): 35-45.

[104] 潘红波, 余明桂. 支持之手, 掠夺之手与异地并购 [J]. 经济研究, 2011 (9): 108-120.

[105] 潘岳, 戴亦一, 李财喜. 政治关联与财务困境公司的政府补助 [J]. 南开管理评论, 2009 (5): 6-16.

[106] 潘越, 宁博, 肖金利. 地方政治权利转移与政企关系重构——来自地方官员变更与高管变更的证据 [J]. 中国工业经济, 2015 (6): 135-147.

[107] 潘泽清, 张维. 大股东与经营者合谋行为及法律约束措施 [J]. 中国管理科学, 2004 (6): 118-123.

[108] 彭红枫, 张韦华, 张晓. 银行关系, 政治关联与信贷资源配置效率——基于我国上市公司的实证分析 [J]. 当代经济科学, 2014, 36 (5): 52-60.

[109] 钱先航, 曹廷求, 李维安. 晋升压力, 官员任期与城市商业银行的贷款行为 [J]. 经济研究, 2011 (12): 72-85.

[110] 钱先航. 官员任期, 政治关联与城市商业银行的贷款投放 [J]. 经济科学, 2012 (2): 89-101.

[111] 任小平. 盈余管理研究: 基于雇员工资合约的视角 [M]. 北京: 中国财政经济出版社, 2011.

[112] 单伟, 张庆普, 刘臣. 企业内部隐性知识流转网络探析 [J]. 科学学研究, 2009, 27 (2): 255-261.

[113] 邵帅, 吕长江. 实际控制人直接持股可以提升公司价值吗?——来自中国民营上市公司的证据 [J]. 管理世界, 2015 (5): 134-146.

[114] 申宇, 傅立立, 赵静梅. 市委书记更替对企业寻租影响的实证研究 [J]. 中国工业经济, 2015 (9): 37-52.

[115] 沈红波, 张广婷, 阎竣. 银行贷款监督、政府干预与自由现金流约束——基于中国上市公司的经验证据 [J]. 中国工业经济, 2013 (5): 96-108.

[116] 沈静, 向澄, 柳意云. 广东省污染密集型产业转移机制——基于2000~2009年面板数据模型的实证 [J]. 地理研究, 2012 (2): 357-368.

[117] 石碧涛, 张捷. 社会资本与行业协会的治理绩效分析——以广东东莞行业协会为例 [J]. 经济管理, 2011 (5): 165-174.

[118] 石晓军, 张顺明. 经济周期中商业信用与银行借款替代行为研究

[J]．管理科学学报，2010（12）：10-22．

[119] 树丛林．高管权力、货币薪酬与在职消费关系的实证研究[J]．经济动态，2011（5）：86-89．

[120] 宋凌云，王贤彬，徐现祥．地方官员引领产业结构变动[J]．经济学季刊，2013（10）：71．

[121] 宋渊洋，黄礼伟．为什么中国企业难以国内跨地区经营？[J]．管理世界，2014（12）：115-133．

[122] 隋敏，王竹泉．社会资本对企业价值创造影响研究：理论、机理与应用[J]．当代财经，2013（6）：111-120．

[123] 孙浦阳，李飞跃，顾凌骏．商业信用能否成为企业有效的融资渠道——基于投资视角的分析[J]．经济学季刊，2014（4）：1638-1653．

[124] 孙谦．盈余持续性研究综述及启示[J]．厦门大学学报（哲学社会科学版），2010（1）：33-37．

[125] 唐建新，陈冬．地区投资者保护、企业性质与异地并购的协同效应[J]．管理世界，2010（8）：102-116．

[126] 唐跃军，赵武阳．二元劳工市场、解雇保护与劳动合同法[J]．南开经济研究，2009（1）．

[127] 唐跃军，左晶晶，李汇东．制度环境变迁对公司慈善行为的影响机制研究[J]．经济研究，2014（2）：61-73．

[128] 田高良，韩洁，李留闯．连锁董事与并购绩效——来自中国A股上市公司的经验证据[J]．南开管理评论，2013（6）：112-122．

[129] 田高良，封华，于忠泊．资本市场中媒体的公司治理角色研究[J]．会计研究，2016（6）：21-29．

[130] 田国强，程旭东．2014．生态文明体制改革与环境污染治理[M]．上海财经大学高等研究院政策研究报告，

[131] 田志龙，高勇强，贺远琼．拓展企业生存空间——企业政治策略与行为的理论研究[M]．北京：清华大学出版社，2007．

[132] 万华林．国外在职消费研究述评[J]．外国经济与管理，2007（9）：39-41．

[133] 万良勇，胡璟．网络位置、独立董事治理与公司并购——来自中国上市公司的经验证据[J]．南开管理评论，2014（2）：64-73．

[134] 万良勇, 郑小玲. 董事网络的结构洞特征与公司并购 [J]. 会计研究, 2014 (5): 67-72.

[135] 汪锦军, 张长东. 纵向横向网络中的社会组织与政府互动机制——基于行业协会行为策略的多案例比较研究 [J]. 公共行政评论, 2014 (5): 88-110.

[136] 王兵, 卢锐, 等. 薪酬激励治理效应研究——基于盈余质量的视角 [J]. 山西财经大学学报, 2009 (7): 76-73.

[137] 王凤荣, 任萌, 张富森. 政府干预, 治理环境与公司控制权市场的有效性——基于地方国有上市公司并购的经验证据 [J]. 山东大学学报 (哲学社会科学版), 2011 (2): 77-85.

[138] 王化成, 孙健, 邓路, 卢闯. 控制权转移中投资者过度乐观了吗 [J]. 管理世界, 2010 (2): 38-45.

[139] 王谨乐, 史永东. 机构投资者, 代理成本与公司价值——基于随机前沿模型及门槛回归的实证分析 [J]. 中国管理科学, 2016 (7): 155-162.

[140] 王雷. 劳动保护的微观经济效应与传导机理研究——公司层面的经验证据 [D]. 重庆: 重庆大学, 2016.

[141] 王立国, 张日旭. 财政分权背景下的产能过剩问题研究——基于钢铁行业的实证分析 [J]. 财经问题研究, 2010 (12): 30-35.

[142] 王伟进. 一种强关系: 自上而下型行业协会与政府关系探析 [J]. 中国行政管理, 2015 (2): 59-64.

[143] 王文甫, 明娟, 岳超云. 企业规模, 地方政府干预与产能过剩 [J]. 管理世界, 2014 (10): 17-36.

[144] 王贤彬, 徐现祥, 李郇. 地方官员更替与经济增长 [J]. 经济学 (季刊), 2009 (4): 1301-1328.

[145] 王小鲁, 樊纲, 李飞跃. 中国分省企业经营环境指数2015年报告 [M]. 北京: 中信出版社, 2015.

[146] 王小鲁, 樊纲, 余静文. 中国分省份市场化指数报告 (2016) [M]. 北京: 社会科学文献出版社, 2017.

[147] 王小鲁, 余静文, 樊纲, 中国分省企业经营环境指数2013年报告 [M]. 北京: 北京: 中信出版社, 2013.

[148] 王晓辉. 生产政治——中小型私营公司劳动关系研究 [M]. 成都:

西南交通大学出版社，2012．

[149] 王砚羽，谢伟，乔元波．隐形的手：政治基因对企业并购控制倾向的影响——基于中国上市公司数据的实证分析［J］．管理世界，2014（8）：102-114．

[150] 王艳，李善民．社会信任是否会提升企业并购绩效？［J］．管理世界，2017（121）：125-140．

[151] 王元芳，马连福．国有企业党组织能降低代理成本吗——基于"内部人控制"的视角［J］．管理评论，2014（10）：138-51．

[152] 巫岑，唐清泉．关联并购具有信息传递效应吗——基于企业社会资本的视角［J］．审计与经济研究，2016（2）：81-90．

[153] 吴宝，李正卫，池仁勇．社会资本、融资结网与企业间风险传染——浙江案例研究［J］．社会学研究，2011（3）：84-106．

[154] 吴军民．行业协会的组织运作：一种社会资本分析视角——以广东南海专业镇行业协会为例［J］．管理世界，2005（10）：50-57．

[155] 夏立军，陆铭，余为政．政企纽带与跨省投资——来自中国上市公司的经验证据［J］．管理世界，2011（7）：128-140．

[156] 肖峰雷，李延喜，栾庆伟．管理者过度自信与公司财务决策实证研究［J］．科研管理，2011（8）：151-160．

[157] 谢德仁，姜博，刘永涛．经理人薪酬辩护与开发支出会计政策隐性选择［J］．财经研究，2014，40（1）．

[158] 谢纪刚，赵立彬．融资约束，现金持有量与并购支付方式——来自中国资本市场的经验证据［J］．北京交通大学学报（社会科学版），2014（3）：77-83．

[159] 熊鹰，徐翔．环境管制对中国外商直接投资的影响——基于面板数据模型的实证分析［J］．经济评论，2007（2）：122-125．

[160] 徐业坤，杨帅，李维安．政治晋升，寻租与企业并购［J］．经济学动态，2017（4）：64-77．

[161] 徐业坤，钱先航，李维安．政治不确定性、政治关联与民营企业投资［J］．管理世界，2013（5）：116-130．

[162] 许芠哲．公司治理的历史：从家族企业集团到职业经理人［M］．上海：格致出版社，上海人民出版社，2011．

［163］许松涛，肖序. 环境规制降低了重污染行业的投资效率吗？［J］. 公共管理学报，2011（7）：102-116.

［164］许苏明. 论社会交换行为的类型及其制约因素［J］. 南京大学学报（哲学·人文科学·社会科学版），2000（3）：144-152.

［165］杨德明，赵璨. 超额雇员、媒体曝光率与公司价值——基于劳动合同法视角的公司价值［J］. 会计研究，2016（4）.

［166］杨海涛. 体制转型背景下的中国行业协会失灵［J］. 经济研究参考，2011（42）：4-9.

［167］杨其静，彭艳琼. 晋升竞争与工业用地出让——基于2007~2011年中国城市面板数据的分析［J］. 经济理论与经济管理，2015（9）：5-17.

［168］杨其静，郑楠. 地方领导晋升竞争是标尺赛、锦标赛还是资格赛［J］. 世界经济，2013（12）：130-156.

［169］杨育敏，魏翔，韩玉灵. 行业协会的市场作用——基于信号传递模型的分析［J］. 财经研究，2009（5）：104-114.

［170］于蔚，汪淼军，金祥荣. 政治关联和融资约束：信息效应与资源效应［J］. 经济研究，2012（9）：125-139.

［171］扈文秀，杨栎，章伟果. 高管社会联结与并购绩效——来自中国A股上市公司的经验证据［J］. 软科学，2016（11）：76-80.

［172］余明桂，潘红波. 金融发展、商业信用与产品市场竞争［J］. 管理世界，2010（8）：117-129.

［173］袁渊，左翔. "扩权强县"与经济增长：规模以上工业企业的微观证据［J］. 世界经济，2011（3）：89-107.

［174］翟学伟. 关系与中国社会［M］. 北京：中国社会科学出版社，2012.

［175］翟学伟. 人情、面子与权力的再生产［J］. 社会学研究，2004（5）：48-5.

［176］张光利，钱先航，许进. 经济政策不确定性能够影响企业现金持有行为吗？［J］. 管理评论，2017（9）：15-28.

［177］张华. 连接纽带抑或依附工具：转型时期中国行业协会研究文献评述［J］. 社会，2015（3）：221-240.

［178］张建红，周朝鸿. 中国企业走出去的制度障碍研究［J］. 经济研究，2010（6）：80-119.

[179] 张军,高远. 官员任期、异地交流与经济增长——来自省级经验的证据 [J]. 经济研究, 2007 (11): 91-103.

[180] 张俊瑞,曾振等. 现金流操控对盈余质量的影响——基于盈余持续性的视角 [J]. 西安交通大学学报(社会科学版), 2011 (1): 40-43.

[181] 张林. 金融发展、科技创新与实体经济增长——基于空间计量的实证研究 [J]. 金融经济学研究, 2016, 31 (1): 14-25.

[182] 张沁洁,王建平. 行业协会的组织自主性研究——以广东省级行业协会为例 [J]. 社会, 2010 (5): 75-95.

[183] 张维迎,柯荣住. 信任及其解释: 来自中国的跨省调查分析 [J]. 经济研究, 2012 (5): 59-70.

[184] 张雯,张胜,李百兴. 政治关联、企业并购特征与并购绩效 [J]. 南开管理评论, 2013 (2): 64-74.

[185] 张新. 并购重组是否创造价值 [J]. 经济研究, 2003 (6): 20-29.

[186] 张颖. 不完全契约视角下中国劳资关系的政府干预研究 [D]. 沈阳: 辽宁大学, 2015.

[187] 张兆国,何威风,闫炳乾. 资本结构与代理成本——来自中国国有控股上市公司和民营上市公司的经验证据 [J]. 南开管理评论, 2008 (1): 39-47.

[188] 张兆国,刘永丽,谈多娇. 管理者背景特征与会计稳健性——来自中国上市公司的经验证据 [J]. 会计研究, 2011 (7): 11-18.

[189] 赵文彬,秦博宇. 政治选举影响公司投资吗——来自中国资本市场的经验证据 [J]. 南方经济, 2015 (5): 15-27.

[190] 甄红线,张先治,迟国泰. 制度环境、终极控制权对公司绩效的影响——基于代理成本的中介效应检验 [J]. 金融研究, 2015 (12): 162-177.

[191] 周黎安,刘冲,厉行,翁翕. "层层加码"与官员激励 [J]. 世界经济文汇, 2015 (1): 1-15.

[192] 周黎安. 中国地方官员的晋升锦标赛模式研究 [J]. 经济研究, 2007 (7): 36-50.

[193] 周黎安. 转型中的地方政府: 官员激励与治理 [M]. 上海: 格致出版社, 2017.

[194] 周伟,徐玉德,李慧云. 政企关系网络、在职消费与市场化制

度建设 [J]. 统计研究, 2011 (2): 53-58.

[195] 周亚虹, 蒲余路, 陈诗一, 文房. 政府扶持与新型产业发展——以新能源为例 [J]. 经济研究, 2015, 50 (6): 147-161.

[196] 周沂, 霍灿飞, 刘颖. 中国污染密集型产业地理分布研究 [J]. 自然资源学报, 2015 (7): 1183-1196.

[197] 朱英. 中国行会史研究的回顾与展望 [J]. 历史研究, 2003 (2): 155-174.

[198] Acharya V V, Baghai R P, Subramanian K V. Labor laws and innovation [J]. The Journal of Law and Economics, 2013, 56 (4): 997-1037.

[199] Adrienne R. The relation between earnings-based measures in firm debt contracts and CEO pay sensitivity to earnings [J]. Journal of Accounting and Economic. 2016, 61 (1): 1-22.

[200] Ahmed A S, B Billings, R. Morton; et al. The role of accounting conservatism in mitigating bondholder—shareholder conflicts over dividend policy in reducing debt costs [J]. The Accounting Review, 2002 (77): 867-904.

[201] Ahmed A S, Duellman S. Accounting conservatism and board of director characteristics: an empirical analysis [J]. Journal of Accounting and Economics, 2007, 43 (2-3): 411-437.

[202] Aliberti, V., M. Green. "A Spatio-temporal Examination of Canadas Domestic Merger Activity, 1971-1991" [J]. Cahiers de géographie du Québec, 1999, (119): 239-250.

[203] Allen F, Gale D. A comparative theory of corporate governance [R]. Wharton Financial Institutions Center, 2002.

[204] Allen, F., J. Qian, and M. J. Qian. Law, Finance, and Economic Growth in China [J]. Journal of Financial Economics, 2005, 77 (1): 57-116.

[205] Almeida, H., and M. Campello. Financing frictions and the substitution between internal and external funds [J], Journal of Financial and Quantitative Analysis, 2010 (45): 589-622.

[206] An, Heng, Yanyan Chen, Danglun Luo, and Ting Zhang. Political uncertainty and corporate investment: Evidence from China [J]. Journal of Corporate Finance, 2016 (36): 174-189.

[207] Anek Laothamatas. Business associations and the new political economy of Thailand [M]. Boulder Westview Press, 1992.

[208] Anwer S A, S Duellman. Managerial overconfidence and accounting conservatism [J]. Journal of Accounting Research, 2013 (3): 1-30.

[209] Baber W. R., S. Kang, Y. Li. Modeling discretionary accrual reversal and the balance sheet as earning management constraint [J]. The Accounting Review, 2011 (86): 1189-212.

[210] Ball R, Shivakuma. L. Earnings quality in UK private firms [J]. Journal of Accounting and Economics, 2005 (39): 83-1291.

[211] Barbera, A. J., V. D. McConnell. The impact of environmental regulation on industry productivity: Direct and indirect effects [J]. Journal of Environmental Economics and Management, 1990 (18): 50-65.

[212] Bardhan, P., Mookherjee, D. Decentralizing anti-poverty program delivery in developing countries [J]. Journal of Public Economics, 2005 (89): 675-704.

[213] Bardhan, P., Mookherjee, D. Corruption and decentralization of infrastructure delivery in developing countries [J]. Economic Journal, 2006 (116): 107-133.

[214] Beaver, W H, S G. Ryan. Conditional and unconditional conservatism: concepts and modeling [J]. Review of Accounting Studies, 2005 (10): 269-310.

[215] Belot M, Boone J, Van Ours J. Welfare-improving employment protection [J]. Economica, 2007, 74 (295): 381-396.

[216] Ben Ross Schneider. Big business and the politics of economic reform: Confidence and concentration in Brazil and Mexico. In Business and the State in Developing Countries [M]. Edited by Sylvia Maxfeld and Ben Ross Schneider. Cornell University Press, 1997.

[217] Bertrand, M., Mullainathan. S. Are emily and gregmore employable than lakisha and jamal? a field experiment on labor market discrimination [J]. American Economic Review, 2004, 94 (4): 991-1013.

[218] Betcherman G, Luinstra A, Ogawa M. Labor market regulation: Inter-

national experience in promoting employment and social protection [R]. World Bank, Social Protection Discussion Paper Series, 2001, 128.

[219] Biddle, G. C., G. Hilary and R. S. Verdi. How does financial reporting quality relate to investment efficiency? [J]. Journal of Accounting and Economics, 2009 (4): 112 – 131.

[220] Brown R, N Sarma. CEO overconfidence, CEO dominance and corporate acquisitions [C]. Working Paper, 2006.

[221] Bryan Kelly, Lubos Pa Stor, and Pietro Veronesi. The price of political uncertainty: Theory and evidence from the option market [J]. The Journal of Finance. 2016 (5): 2417 – 2480.

[222] Burt, R. S., and M. Knez. Kinds of third-party effects on trust [J]. Rationality and Society, 1995 (7): 255 – 292.

[223] Burt, R. The contingent value of social capital [J]. Administrative Science Quarterly, 1997 (42): 339 – 365.

[224] Cai, Y., Sevilir, M. Board connections and M&A transactions [J]. Journal of Financial Economics, 2012 (103): 327 – 349.

[225] Chen H J, Kacperczyk M, Ortiz-Molina H. Labor unions, operating flexibility, and the cost of equity [J]. Journal of Financial and Quantitative Analysis, 2011, 46 (1): 25 – 58.

[226] Chen Q, Hemmer T, Zhang Y. On the relation between conservatism in accounting standards and incentives for earnings management [J]. Journal of Accounting Research, 2006 (45): 541 – 5651.

[227] Chen T, Harford J, Lin C.. Do analysts matter for governance? Evidence from Natural Experiments [J]. Journal of Financial Economics. 2015 (15): 383 – 410.

[228] Chen, S., Sun, Z., Tang, S., W. Donghui. Government intervention and investment efficiency: Evidence from china [J]. Journal of Corporate Finance, 2011, 17 (2): 259 – 271.

[229] Christian, Engau., Volker. H. Hoffmann. Corporateresponse strategies to regulatory uncertainty: Evidence from uncertainty about post-kyotoregulation [J]. Policy Sciences, 2011 (44): 53 – 80.

[230] Connections: Evidence from firms' access to informal financing resources [J]. Journal of Corporate Finance, 2016, 41 (41): 179-200.

[231] Cross-county difference in cost behavior [J]. Journal of Accounting and Economics, 2013, 55 (1): 111-127.

[232] Cull, Robert, Xu, Lixin Colin. Who gets the credit? The behavior of bureaucrats and state banks in allocating credit to Chinese state-owned enterprises [J]. Journal of Development Economics, 2003 (71): 533-559.

[233] Dai, Lili, and Phong Ngo. Political uncertainty and accounting conservatism [R]. Working Paper, 2016.

[234] Dan, Simunic., Minlei. Ye., Yue, Li. Do auditors care about clients' compliance with environmental regulations? [R]. SSRN, 2014.

[235] Darnall, N., Jolley. J., Ytterhus. B. Understanding the relationship between a facility's environmental and financial performance [J]. Corporate Behaviour and Environmental Policy, 2007, 5 (6), 213-259.

[236] Dasgupta, Susmita, Hong Jong Ho., Laplante Benoit. Disclosure of environmental violations and stock market in the republic of korea [J]. Ecological Economics, 2005, 58 (4): 759-777.

[237] De, Franco. G., Y. Li., Y. Zhou. Corporate environmental risk exposure and analyst behavior [R]. University of Toronto, Working paper, 2013.

[238] Dechow, P. M., A. P. Hutton, R. G. Sloan. Detecting earning management: A new Approach [J]. Journal of Accounting Research, 2012, 50 (2): 275-333.

[239] Dechow, P. M., I. D. Dichev. The quality of accruals and earnings: The role of accrual estimation errors [J]. The Accounting Review, 2002 (77): 35-59.

[240] Defond, M. L., and C. W. Park. The reversal of abnoramal accruals and the markets valuation of earning surprings [J]. The Accounting Review, 2001 (76): 375-404.

[241] Dominguez-Martinez S, Swank O, Visser B. Disciplining and screening top executives [R]. Working Paper, Erasmus University and Tinbergen Institute, 2006.

[242] Doner R F, Schneider B R. Business associations and economic development: Why some associations contribute more than others. Business and politics, 2000, 2 (3): 261-288.

[243] Doukas J A, Dimitris Petmezas. Acquisitions. overconfident managers and self attribution bias [C]. Working Paper, 2006.

[244] Dyck, A., N. Volchkova, and L. Zingales. The corporate governance role of the media: Evidence from Russia [J]. Journal of Finance, 2008b, 58 (3): 1093-1135.

[245] Faccio, M. Politically connected firms [J]. Amercian Economic Review, 2006, 96 (1): 369-386.

[246] Fama, E. F. Agency problems and the theory of the firm [J]. The Journal of Political Economy, 1980, 88 (2): 288-307.

[247] Fazzari, S. M. Hubbard, R. G., Petersen, B. C., Blinder, A. S., Poterba, J. M. Financing constraints and corporate investment [J]. Brookings Papers on Economic Activity, 1998 (1): 141-206.

[248] Fazzaris, Hubbard., R. G., Petersen. B. C. Financing constraints and corporate investment [J]. Brooking Papers on Economic Activity, 1988, 45 (1): 141-195.

[249] Fisman, Raymond and Love, Inessa. Trade credit, financial intermediary development, and industry growth [J]. Journal of Finance, 2003, 58 (1): 353-374.

[250] Foster, K. W. Embedded within state agencies: Business associations in Yantai [J]. The China Journal, 2002 (47): 41-65.

[251] Ge, Y., J. Qiu. Financial development, bank discrimination and trade credit [J]. Journal of Banking and Finance, 2007 (31): 513-530.

[252] Gervais, J Heaton, T Odean. Overconfidence, investment policy, and executive stock options [R]. working paper, 2003.

[253] Gervais, Simon, John Heaton, Terrance Odean. Overconfidence, compensation contracts, and capital budgeting [J]. Journal of Finance, 2011 (66): 1735-1777.

[254] Givoly D, C Hayn. The changing time series properties of earnings,

cash flows, and accruals: Has financial reporting become more conservative? [J]. Journal of Accounting and Economics, 2000 (29): 287-320.

[255] Gollop, F. M., M. J. Roberts. Environmental regulation and productivity growth: The case of fossil-fueled electric power generation [J]. Journal of Political Economy, 1983, 91 (4), 654-674.

[256] Gompers P, Ishii J, Metrick A. Corporate governance and equity prices [J]. Economics, 2003, 118 (1): 107-155.

[257] Gray, W. B., R. J. Shadbegian. Pollution abatement costs, regulation, and plant-level productivity [C]. NBER Working Paper, 1995.

[258] Gray, W. B. The cost of regulation: OSHA, EPA and the productivity slowdown [J]. American Economic Review, 1987, 77 (5): 998-1006.

[259] Green, A. You can't pay them enough: Subsidies, environmental law, and social norms [J]. Harvard Environmental Law Review, 2006 (3): 407-426.

[260] Grimaud, A., Rouge, L. Environment, directed technical change and economic policy [C]. Toulouse School of Economics working paper, 2006.

[261] Guadalupe, M. and Perez-Gonzalez. The impact of product market competition on private benefits of control [R]. Working Paper, Columbia University, 2005.

[262] Hadlock, C. J. and J. R. Pierce. New evidence on measuring financial constraints: Moving beyond the KZ index [J]. Review of Financial Studies, 2010, 23 (5): 1909-1940.

[263] Hayward L A M, Donald C H. Explaining the premiums paid for large acquisitions: Evidence of CEO hubris [J]. Administrative Science Quarterly, 1997, 42 (1): 103-127

[264] Heaton, J B. Managerial optimism and corporate finance [J]. Financial Management, 2002 (31): 3-45.

[265] Holmstrom, B. Moral hazard in teams [J]. Bell Journal of Economics, 1982 (13): 324-340.

[266] Hong, H., M. Kacperczyk. The price of sin: The effects of social norms on markets [J]. Journal of Financial Economics, 2009 (93): 15-36.

[267] Hong, Yongtao, Huseynov, F. and Zhang Wei. Earnings management

and analyst following: A simultaneous equations analysis [J]. Financial Management, 2014 (43): 355 – 390.

[268] Hongbin, Cai. Hanming, F. and Lixin, C. X. Investigation of corruption from the entertainment and travel costs of Chinese firms [J]. Journal of Law and Economics, 2011 (54): 55 – 78.

[269] Hopenhayn H, Rogerson R. Job turnover and policy evaluation: Ageneral equilibrium analysis [J]. Journal of Political Economy, 1993, 101 (5): 915 – 938.

[270] Hosseini, Fatemeh. Labor protection laws and firm volatility [R]. Working Paper, StockholmSchool of Economics. , 2013.

[271] Huang Wei, Fuxiu Jiang, Zhibiao Liu, et al. Agency cost, top executives' overconfidence and investment-cash flow sensitivity: Evidence from Listed companies in China [J]. Pacific-Basin Finance Journal, 2011 (19): 261 – 277.

[272] Jens, C. E. Political uncertainty and investment: Causal evidence from US gubernatorial elections [J]. Journal of Financial Economics, 2017, 124 (3): 563 – 579.

[273] Jensen M. C. Meckling W. H. Theory of the firm: Managerial behavior, agency costs and ownership structure [J]. Journal of Financial Economics, 1976, 3 (4): 305 – 360.

[274] Jensen, M. Agency Costs of Free Cash Flow, Corporate Finance and Takeovers [J]. American Economic Review, 1986 (76): 323 – 339.

[275] Jensen, M. C., &Meckling, W. H. Theory of the firm: Managerial behavior, agency costs and ownership structure [J]. Journal of Financial Economics. 1976, 3 (4): 305 – 360.

[276] Jensen, M. C., and R. S. Ruback. The market for corporate control: The scientific evidence [J]. Journal of Financial Economics, 1983 (11): 5 – 50.

[277] Jensen MC, Murphy KJ. Performance pay and top-management incentives [J]. Journal of Political Economy, 1990, 98 (2): 225 – 264.

[278] Jesnen, M. Agency costs of free cash flows, corporate finance and takeovers [J]. Amercian Economic Review, 1986, 76 (2): 323 – 329.

[279] Jorgenson, D. W. , P. J. Wilcoxen. Environmental regulation and U. S.

Conomic Growth [J]. Rand Journal of Economics, 1990, 21 (2): 314-340.

[280] Judith Tendler. Good Government in the Tropics [M]. Baltimore Johns Hopkins University Press, 1997.

[281] Julio B, Yook Y. Political uncertainty and corporate investment cycles [J] Journal of Finance, 2012, 67 (1): 45-83.

[282] Karg, L Fen, J Ng, et al. The impact of culture on accounting choices: Can cultural conservatism explain accounting conservatism? [C]. In the Fourth Asia Pacific interdisciplinary research in accounting conference. ingapore, 2004.

[283] Khan M, R L Watts. Estimation and empirical properties of a firm-year measure of accounting conservatism [J]. Journal of Accounting and Economics, 2009 (48): 132-50.

[284] Khwaja, A. I. and A. Mian. Do lenders favor politically connected firms? Rent provision in an emerging financial market [J]. The Quarterly Journal of Economics, 2005, 120 (4): 1371-1411.

[285] Kim H. Doeshuman capital specificity affect employer capital structure? evidence from anatural experiment [R]. Working Paper, Duke University, 2011.

[286] La Porta R., Lopez-de-Silanes F. Shleifer, A., & Vishny, R. Law and finance [J]. Journal of Political Economy, 1998, 106 (6): 1113-1155.

[287] Lafond R, S Roychowdddhury. Managerial ownership and accounting conservatism [J]. Journal of Accounting Research, 2008 (46): 35-101.

[288] Larcker D, Richardson S, Tuna I. Corporate governance, accounting outcomes, and organizational performance [J]. The Accounting Review, 2007, 82 (4): 963-1008.

[289] Li, F. Managers' self-serving attribution bias and corporate financial policies [R]. Available at SSRN, 2010.

[290] Liang J H, Wen X Y. Accounting measurement basis, market mispricing and firm investment efficiency [J]. Journal of Accounting Research, 2007 (1): 155-197.

[291] Liu, Laura Xiaolei, Haibing Shu, and K C John Wei. The impacts of political uncertainty on asset prices: Evidence from the Bo scandal in China [J].

Journal of Financial Economics, 2017 (125): 286 - 310.

[292] Liu, Q. G., J. B. Luo., and G. G. Tian. Managerial professional connections versus political connections: Evidence from firms access to informal financing Resources [J]. Journal of Corporate Finance, 2016 (16): 179 - 200.

[293] Ljungwall, C, M. Linde-Rahr.. Environmental policy and the location of FDI in China [R]. CCER Working Paper, No. E2005009., 2005.

[294] Love, I., L. Preve, and V. Sarria-Allende, Trade credit and bank credit: Evidence from recent financial crises [J]. Journal of Financial Economics, 2007, 83 (2): 453 - 469.

[295] Lundgren, Tommy, Olsson, Rickard. Environmental incidents and firm value-international evidence using a multifactor event study framework [J]. Applied Financial Economics, 2010, 20 (16): 1293 - 1307.

[296] Malmendier, U Tate G. Ceo overconfidence and corporate investment [J]. Journal of Finance, 2005 (6): 2661 - 2700.

[297] Malmendier, U Tate G. Overconfidence and early-life experiences: the impact of managerial traits on corporate financial policies [C]. Working Paper, SSRN, 2010.

[298] Malmendler Ulrike, Tate Geoffrer. Who makes acquisitions? CEO overconfidence and the markets reaction [C]. Working Paper, 2003.

[299] Mateut, S., S. Bougheas, and P. Mizen, Trade Credit, Bank Lending and Monetary Policy Transmission [J], European Economic Review, 2006, 50 (3): 603 - 629.

[300] Mayer, B. D. Natural and quasi - experiments in economics [J]. Journal of Business Economic Statistics, 1995, 13 (2), 151 - 161.

[301] Nahapiet, J., Ghoshal, S. Social capital, intellectual capital, and the organizational advantage [J]. Academy of Management Review, 1998 (23): 242 - 266.

[302] Nguyen N H, Phan H V. Policy uncertainty and mergers and acquisitions [J]. Journal of Financial and Quantitative Analysis, 2017, 52 (2): 613 - 644.

[303] North, D. C. Institutions, institutional change and economic perform-

ance [M]. Cambridge University Press, Cambridge, 1990.

[304] OECD Employment outlook [R]. Paris: OECD, 1990.

[305] Palmer, K. L. , Wallace. E. Oates. , Paul. R. Portney. Tightening environmental standards: The benefit-cost or the no-cost paradigm? [J]. Journal of Economic Perspectves, 1995, 9 (4): 119-132.

[306] Pástor, L'. , Veronesi, P. Political uncertainty and risk premia [J]. Journal of Financial Economics, 2013, 110 (3): 520-545.

[307] Peng, M. W. Institutional transitions and strategic choices [J]. The Academy of Management Review, 2003, 28 (2): 275-296.

[308] Petersen, M. A. and Rajan, R. G. The benefits of lending relationships Evidence from small business data [J]. The Journal of Finance, 1994, 49 (1): 3-37.

[309] Petersen, M. , R. Rajan. Trade credit: Theoriesand evidence [J]. Review of Financial Studies, 1997 (10): 661-691.

[310] Petersen, M. Estimating standard errors in finance panel data sets: Comparing approaches [J]. Reviewof Financial Studies, 2009 (22): 435-480.

[311] Piotroski, Joseph D. , T. J. Wong, and Tianyu Zhang. Political incentives to suppress negative information: Evidence from Chinese listed firms [J]. Journal of Accounting Research 2015, 53 (2): 405-459.

[312] Poncet, S. Measuring Chinese domestic and international integration [J] China Economic Review, 2003 (14): 1-21.

[313] Porter, M. E. , C. Van. Der. Linde. Toward a new conception of the environment-competitiveness relationship [J]. Journal of Economic Perspectives, 1995 (4): 97-118.

[314] Raghuram G. Rajan and Julie Wulf. Are perks purely managerial excess [J]. Journal of Financial Economics, 2006 (79): 1-33.

[315] Richardson, S. Overinvestment of free cash flow [J]. Review of Accounting Studies, 2006, 11 (2-3): 159-189.

[316] Rosenbaum, P. R. , and D. B. Rubin. The central role of the propensity score in observational studies for causal effects [J]. Biometrika, 1983 (70): 41-55.

[317] Rossi, S. and P. F. Volpin. Cross-country determinants of mergers and acquisitions [J]. Journal of Financial Economics, 2004, 74 (2): 277 - 304.

[318] RoychowduryS, R L Watss. Asymmetric timeliness of tarnings, market-to-book and conservatism in financial reporting [J]. Journal of Accounting and Economics, 2007 (44): 2 - 31.

[319] Ruback R S, Zimmerman M B. Unionization and profitability: Evidence from the capital market [J]. Journal of Political Economy, 1984, 92 (6): 1134 - 1157.

[320] RwanEl-Khatib; KathyFogel; Tomas Jandik. CEO network centrality and merger performance [J]. Journal of Financial Economics, 2015 (116): 349 - 382.

[321] Salter S B, F Niswander. Cultural influence on the development of accounting systems internationally: A test of Gray's (1988) theory [J]. Journal of International Business Studies, 1995 (26): 379 - 397.

[322] Schonlau, R., and P. V. Singh. Board Networks and Merger Performance [R]. Working Paper, Tepper School of Business, 2009.

[323] Schwartz, R. A. An Economic Model of Trade Credit [J]. The Journal of Financial and Quantitatie Analysis, 1974, 9 (4): 643 - 657.

[324] Shleifer A, Vishny R W. A survey of corporate governance [J]. The journal of finance, 1997, 52 (2): 737 - 783.

[325] Shleifer, A., and R. W. Vishny. Stock market driven acquisitions [J]. Journal of Financial Economics, 2003 (70): 295 - 311.

[326] Sirower, M. The synergy trap: How companies lose acquisition game [M], New York: Free Press, 1997.

[327] Stiglitz, Joseph E. Formal and informal institutions in social capital: A multifaceted perspective [C]. The World Bank, 2000.

[328] Stulz, R. M. Managerial discretion and optimal financing policies [J]. Journal of Financial Economics, 1990, 26 (1): 3 - 28.

[329] Sudheer, Chava. Environmental externalities and cost of capital [R]. College of Management Georgia Institute of Technology, Working paper, 2010.

[330] Thomas. J., Brown. Robert. L. Pollution regulation as a barrier to new

firm entry: initial evidence and implications for future research [J]. Academy of Management Journal. 1995, 38 (1): 288 – 303.

[331] Viscusi, W. K.. Frameworks for analyzing the effects of risk and environmental regulation on productivity [J]. American Economic Review, 1983, 73 (4): 793 – 801.

[332] Vogt. S. C., The cash flow/investment relationship: evidence from U. S. manufacturing firms [J]. Financial Management, 1994, 123 (2): 3 – 20.

[333] Waarden. F. Dimensions and types of policy networks [J]. European Journal of Political Research, 1992 (21): 29 – 52.

[334] Wang, H., N. Mamingi., B. Laplante., S. Dasgupta. Incomplete enforcement of pollution regulation: Bargaining power of chinesefactories [J]. Environmental R source Economics, 2003, 24 (3): 245 – 262.

[335] Warren, D. E., T. W. Dunfee and N. Li. Social exchange in China: The double-edged sword of Guanxi [J]. Journal of Business Ethics, 2004 (55): 355 – 372.

[336] Wasmer E. Interpreting Europe and US labor markets difference: The specificity of human capital investments [R]. CEPR Discussion Paper, 2004.

[337] Weber, Y. and I. Drori. Integrating organizational and human behavior perspectiveson mergers and acquisitions [R]. International Studies of Management and Organization, 2011, 41 (3): 76 – 95.

[338] Why some associations contribute more than others [J]. Business & Politics, 2000, 2 (3): 261 – 88.

[339] Wiel K. Better protected, better paid: Evidence on how employment protection affects wages [J]. Labor Economics, 2010, 17 (1): 16 – 26.

[340] Williamson O. E. The economics of discretionary behavior: Managerial objectives in a theory of the firm [M]. Englewood Cliffs, NJ: Prentice-Hall 1964.

[341] Xu, fvbbnNianhang, et al. Political uncertainty and cash holdings: Evidence from China [J]. Journal of Corporate Finance, 2016 (40): 276 – 295.

[342] Xue S, Hong Y. Earnings management, corporate governance and expense stickiness [J]. China Journalof Accounting Research, 2016, 9 (1):

41-58.

[343] Yanju, Liu, Hai Lu., Kevin Veenstra. Is sin always a sin? Theinteraction effect of social norms and financial incentives on market participants' behavior [J]. Accounting, Organizations and Society, 2014, 39 (4): 289-307.

[344] Yu, Fang. Analyst coverage and earnings management [J]. Journal of Financial Economics. 2008 (88): 245-271.

[345] Zingales L. In search of new foundations [J]. The Journal of Finance, 2000, 55 (4): 1623-1653.